谨以此书

向新中国成立 75 周年献礼！

向第 40 个教师节献礼！

向全国乡村教师献礼！

拐杖校长

向晏漪 著

湖南电子音像出版社
Hunan Electronic And Audio-visual Publishing House
· 长沙

图书在版编目（CIP）数据

拐杖校长 / 向晏漪著. -- 长沙：湖南电子音像出版社，2024. -- ISBN 978-7-83004-531-9

Ⅰ. K825.46

中国国家版本馆CIP数据核字第20242RT018号

拐杖校长

GUAIZHANG XIAOZHANG

出 版 人：黄永华
作　　者：向晏漪
责任编辑：朱　懿　傅　蓉　曾　散
责任校对：刘德华　陈镜好　张　洁
技术编辑：李沛璇　邹梦实　钟　瑛
音频统筹：张　凌
音频创作：饶　骥
封面设计：谢俊平　张　剑　陈　攀

出　　版：湖南电子音像出版社
印　　刷：湖南天闻新华印务有限公司
开　　本：710mm×1000mm　1/16
印　　张：22
字　　数：310千字
版　　次：2024年8月第1版
印　　次：2024年8月第1次印刷
书　　号：ISBN 978-7-83004-531-9
定　　价：88.00元

如有印装质量问题，请与我社生产服务中心联系调换。
联系电话：0731-82228602

好老师应该把自己的温暖和情感倾注到每一个学生身上。

——习近平

（2014年9月9日习近平总书记同北京师范大学师生代表座谈时的讲话）

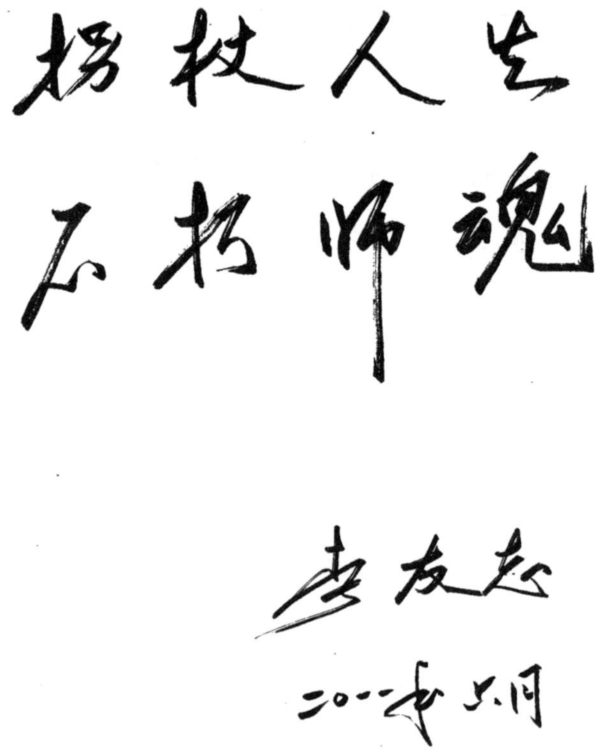

李友志题词

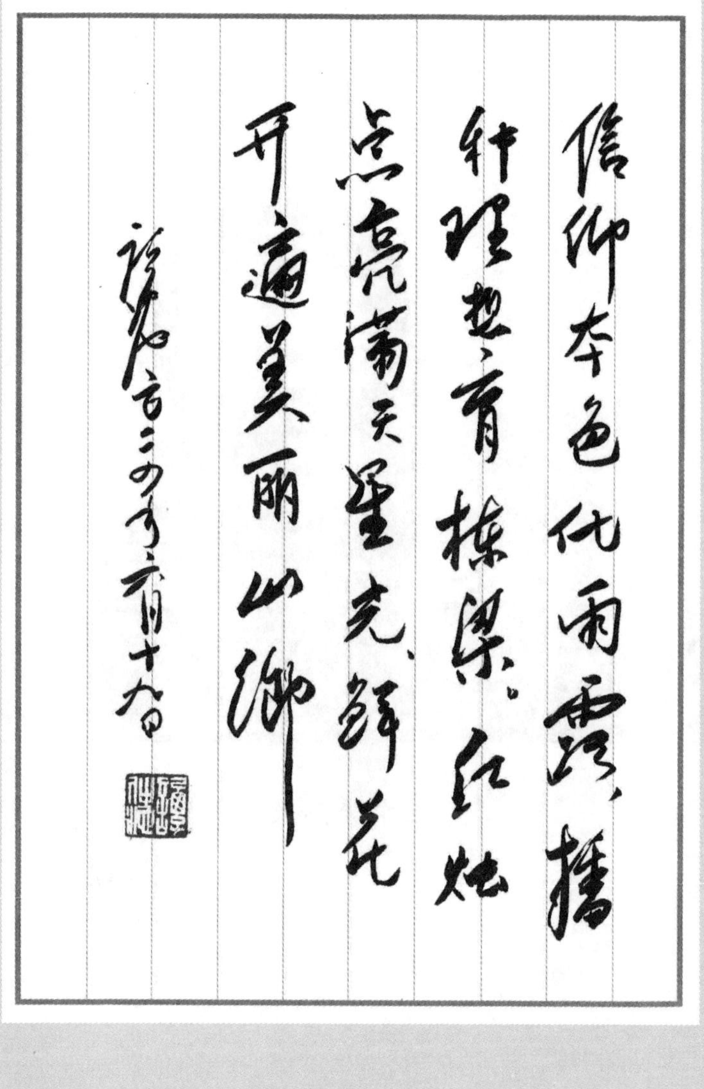

谭仲池题词

覃东荣画像

序

春天来了，惠风和畅，万物萌生。校园的花草格外水灵鲜艳。我走过学校门口，看着一群群系着红领巾的小学生，活泼蹦跳地走进校园，我心里充满着期待和挚爱，自然也会让我在写《拐杖校长》读后感时，胸中泛起感情的涟漪。

那是2015年底，在一次编剧培训班上，我去讲课，不期认识了张家界的一位作者，他叫向晏漪。次年的3月，向晏漪找到我，说他要创作一部电影剧本《不朽师魂》。以一个乡村校长的办学经历作为素材，希望得到省文联文艺发展基金的资助。我当时表示给予支持。时间流逝，将近十年过去，春暖花开的三月初，我又收到他的微信消息："近几年，我对《不朽师魂》主人公覃东荣生前的亲朋好友又作了深入的采访，写成的长篇纪实文学《拐杖校长》即将出版……敬请您在百忙之中为该书撰写序言。"

这些年我退休在家，总会回忆起曾经在家乡度过的童年时光和曾经在偏僻山村教书的岁月，便常常去乡村采访，写一些关于乡村振兴的散文，很少再给人写序。这次我为向晏漪的文学坚守精神感动，答应为他的《拐杖校长》写读后感。于是我翻开《拐杖校长》认真阅读起来，渐渐“拐杖校长”覃东荣的形象就在我眼前浮现。“身着蓝色对襟排布纽扣衬衫、黄色裤子的覃东荣，左手拿着课本，右手拿着粉笔，神情严肃地站在讲台上讲课。课堂就是他的舞台。他记不清这是左腿残疾后的第几个年头了，那年的事故让他从此与拐杖同行……或许明天，或许后天，就是生命的终点。只要有一息尚存，就得捧着一颗心，兢兢业业地工作。”这是第一章《走出大山》的开头叙述。

沈从文说：“人类的欲望正驱逐着劳动本身的古典诗意，风干着生命中的浪漫情趣，陷在这种物化和类化的涡流之中，作为万物之灵长的人，怎样才能纯洁地栖居在大地上，守住生命的清气，这像魔魇一样困绕着人的灵魂。然而，对于每个个体的人而言，自我救赎的路其实就在脚下，我们的灵魂必须以廉洁的姿态，回到我们生命清纯的源头。”

《拐杖校长》中的主人公覃东荣就是一个以自己的浩荡正气和敏慧的心灵回到大地与自然，去寻找和建筑个体清白的精神家园，并用自己的精神光芒去照亮孩子们的心灵，在他们心中播种理想的人类灵魂工程师。《拐杖校长》一书以细腻真实的笔触、炽热的感情，记录覃东荣在尘世中顽强地守护着生命的正气，用智慧和生命书写自己的精神逆旅的深刻感悟和坎坷的人生之路。该书可称之为集思想性、文学性、启迪性于一体的正能量读物。在当下大抓党纪学习教育、廉政建设的今天，作者采撷了覃东荣这朵红艳如火的梅花，来为道德教育的花园增添色彩，无疑会起到一花引来万花开的理想效果。

覃东荣生前系湖南省张家界市永定区教字垭镇中心完小校长，他情系山乡，心系学生，工作踏实，业绩突出。更重要的是，他廉洁奉公、一身正气的红烛精神，在偏僻山区的教育天地，放射着不息的生命光辉。人们从书中叙述的一些小的事件上，就可以窥见他纯粹的精神世界。比如上级来人检查工作，他规定在学校食堂招待；学校的课桌椅坏了，都是他和老师们自己修整的；自己家里非常困难，有三个儿女上学，却累计为贫困学生垫付学杂费、生活费三万多元，并收留了六名贫困学生。他因抢救落水学生，左腿落下了终身残疾；为不让一个学生失学，他在担任教字垭镇中心完小校长十二年间，拄着拐杖拖着残腿走遍了全镇的每一个角落。与其说是走，倒不如说是爬。为了让孩子们有书念，为了帮助孩子们走出大山，他拖着那条残腿，拄着拐杖，手脚并用，每年到贫困生家里走访近四百次。他节假日在学校义务值守二千多个工作日，没要一分钱。这一切似乎很平常，很普通，很不显眼，但对于一个乡村的校长来说，能做到这些，是何等的不易。

我掩卷沉思，覃东荣为什么能这样严于律己，甘于清贫，关爱师生，乐于奉献，为振兴乡村教育，扎根乡村，无怨无悔，直到生命的最后一息。其根源就是来自信仰的力量和为孩子们播种理想的人间至爱。正如他本人所言“要留正气满乾坤”。

覃东荣能做到：自己仅有一碗饭，也要给别人分半碗；自家再困难，也要想办法送别人家的孩子上学读书。其实这都是他对“信仰”和“使命”的承诺，对时代和未来的期许。

这让我深切地意识到，《拐杖校长》一书的出版，不仅向人们展示了一个具有崇高信仰的乡村教师的光辉形象，也寄托着人们对这样的新时代园丁的敬仰和深深怀念。

信仰本色化雨露

播种理想育栋梁

红烛点亮满天星光

山花开遍美丽山乡

是为序。

谭仲池

（本文作者系湖南省政协原副主席、湖南省文联原主席）

2024 年 4 月

目录

第一章

走出大山

湘西北大山深处，大庸县教字垭中心完小，六年级语文课堂上，书声琅琅，响彻校园。

身着蓝色对襟排布纽扣衬衫、黄色裤子的覃东荣，左手拿着课本，右手拿着粉笔，神情严肃地站在讲台上讲课。课堂就是他的舞台。

他记不清这是左腿残疾后的第几个年头了，那年的事故让他从此与拐杖同行，形影不离。如果人生可以重来，他还会选择舍己救人，牺牲自我。学生就是他生命的全部。

堂堂七尺之躯，身残志不残。三尺讲台、两袖清风，书写平凡人生。一到课堂上，覃东荣浑身充满力量，感觉自己就如二千五百多年前的至圣先师孔子，因材施教、诲人不倦、弟子三千、贤者七十二。他教书不收学生的“拜师费”，大多时候还要倒贴不少，可是他依然乐此不疲。

自从左腿行走不便以来，他都是靠着拐杖，艰难地在崎岖不平的山路上来来回回走着。究竟能够走到何时，他心里没底。或许明天，或许后天，就是生命的终点。只要有一息尚存，就得捧着一颗心，兢兢业业地工作。

与其说是走，倒不如说是爬。为了让孩子们有书念，为了帮助孩子们走出大山，覃东荣拖着那条残腿，拄着拐杖，手脚并用，爬遍所在镇的每个村村寨寨，劝勉、资助贫困学生上学，已是家常便饭。

虽然这很苦，也很累，得花费不少时间和体力，还耽误家里的农事，但他却从不后悔，反而心里更加踏实。“老吾老以及人之老，幼吾幼以及人之幼”成了他一生中永不变更的人生信条。所有学生就是他的孩子，有时他关爱学生甚至超过自家的孩子。

为了省钱资助贫困学生，覃东荣连拐杖都舍不得买。他拄的拐杖是雨伞的伞柄，触地的部分用铁皮包上，一根拐杖能够用上很多年。如此一来，变废为宝，何乐而不为？

一字眉，国字脸，板寸头，目光如炬，一看就是耿直中正的那种类型。覃东荣在老师面前，一般不苟言笑。他清楚，无规矩不成方圆。作为一校之长，如果太随意了，就无法在老师中树立威信，而且言多必失，笑容太多显得不庄重。

“……桃花潭水深千尺，不及汪伦送我情。”覃东荣拿着语文课本，在讲台上轻声地念着。《赠汪伦》这首诗，上小学的时候，自己就学过，而且教了很多次了，所以上课连教案都不用看，可以一字不落地背出来。

他赞叹李白斗酒诗百篇，诗风飘逸洒脱；朋友遍天下，也吃遍天下美食；喝酒写诗，写诗喝酒。曾几何时，覃东荣也想像李白一样，仗剑行走于天地之间，游历祖国大好河山。

可是他不能，有家人，有孩子，有学生，怎么可能一走了之？因为李白，他爱上了古典文学，爱上了写诗，更爱上了湘西北的山山水水，爱上了茹水河畔的一草一木，还有这里成千上万的父老乡亲。

弯弯曲曲的茹水，清澈见底，游鱼细石，一览无余。一到夏天，土家族少年儿童成群结队，拿着渔具，光着膀子下河溪捕鱼虾，不惧恶毒的阳光。夕阳西下，满载而归的他们，回家可以打打牙祭，大人们顺便喝上几盅。

那个年代物质匮乏，一个月没有肉吃是常事，所以人们就下河溪沟渠捕鱼虾，滋补身体，其乐融融。

茹水静静地流淌了很多年，如果不是七家坪村的覃东荣，或许外人根本就不会知道她的神秘存在。

“覃老师，我们读完课文了。”

语文课代表伍良平蹑手蹑脚走到覃东荣的身边，附在他耳边小声地报告。

覃东荣慈父般地抚摸了一下伍良平的小脑袋：“知道了，下去吧。”

“是。”

伍良平转身小跑到了自己的座位上，而后击掌三下，教室里顿时安静下来，鸦雀无声，目光齐刷刷地看向讲台上的覃老师。

覃东荣将拐杖轻轻地碰触了一下地板：“同学们……”

不等老师说完，所有学生会意地合上了书本，双手反背在身后，一齐背诵起课文来：“李白乘舟将欲行，忽闻岸上踏歌声……”

覃东荣教语文有他的一套方法。书读百遍，其义自见。每次在上新课之前，大声朗读是必不可少的环节，尤其是古诗词，只要熟读成诵了，课文大意自然而然就懂了六七分。

课堂上要求背诵的课文，那些篇幅较短的，必须当堂完成，雷打不动。“滥竽充数”的学生还要一个个在小组长那过关，绝不容许舞弊。在覃东荣的强化训练下，学生们进步神速。

“同学们，真棒！”覃东荣脸上露出了久违的笑容。

“谭老师……”一个嘴唇上挂着黄鼻涕、脸上满是尘土的学生举起了手。

糟了，这个刚从别班转来不到两天的四毛，把老师的姓都弄错了，“覃”念成了“谭”。

“唉，四毛，站起来——”

语文课代表伍良平不等覃老师回话，就向四毛发号施令了。

四毛只好乖乖地站了起来，两手不自然地来回摩挲着裤缝，小脸蛋羞得通红。

“咋回事？”伍良平提高了音量。

覃东荣向伍良平摆摆手，示意他不要吓着四毛。伍良平赶紧捂着嘴不说了。

四毛憋了很久，才怯生生地回答：“我奶奶说，语文老师姓‘谭’，和潭水的‘潭’一个读音。”

“你奶奶是谁？”

“田翠花……”

“哦，我想起来了，就是那个常叫我‘谭’老师的老人家，是不是？”

“嗯……”四毛抿着嘴，点点头，“哄”地一下把快到嘴里的鼻涕吸回了鼻腔。

“没事了，你坐下。”覃东荣示意四毛坐下。

四毛这才大胆将左手手心的手纸晃了晃，“谭老师，我想上厕所……”

“懒人屎尿多！”

不知哪个学生蹦出了一句。

“我才不懒呢。昨天我在河里抓了一条三斤的鱼，送给了隔壁范大婆，不信你去问……”

“说谎也不脸红，呃呃呃……”同桌小花冲着四毛吐了吐舌头。

范大婆是个孤寡老人，早年丧夫。她三十五岁那年，儿子下田捉泥鳅得了钩端螺旋体病，不治身亡，后来特意收留了一个孤儿，就是小花。小花不知道四毛送鱼的事，所以四毛说送鱼，小花认为是百分之百的假话，才不相信他呢。

四毛做了好事，不承想小花还不识好歹，气不打一处来，随手将手纸扔在了一边，“信不信由你！厕所我不上了，老师。”

覃东荣呵呵一笑：“这哪成，会拉在裤子上的，快去。”

“好咧——”

四毛如得大赦，赶紧捂着肚子，飞快地冲出教室……

几分钟后，四毛回到了教室。见四毛回来了，覃东荣拿着白粉笔，在黑板上写下了一个大大的“谭”字，而后用红粉笔把偏旁“讠”给圈了起来，背对着黑板，问伍良平：“良平同学，你告诉四毛，老师姓啥？”

“覃（qín）——”伍良平响亮地回答。

“不对，是谭（tán）。”四毛固执己见。

“唉，四毛，我说你这鼻涕虫怎么这么顽固不化！”坐在最后一排的萧章说道。

“与你不相干！”

萧章“噻”地一下站了起来，四毛也不示弱，就要往后排冲，大战一触即发。

覃东荣见状，用眼神凝视着两人。

看到覃老师的眼神，四毛、萧章两个心惊胆战，乖乖地坐下来。

“同学们，我们接着上课……”覃东荣清了清嗓子。他一米七三的身高、七十多公斤的体重，尽管靠拐杖行走，但只要往学生面前一站，没有谁敢再胡闹。

覃东荣用带着浓重方言味的普通话一字一顿地说：“其实嘛……四毛同学读 tán 也没有错……这个‘覃’是个多音字，作为姓氏，读 tán、qín 都对……”

四毛立马高兴得手舞足蹈道：“我就说嘛，我奶奶说的是对的。”

“你奶奶错了……”

覃东荣拿起讲台上的水杯，放至嘴边，仰头喝了一口水，而后正眼看着台下的四毛。

“这……可就尴尬了……”一脸疑惑的四毛挠挠头，“老师……您到底姓啥？”

覃东荣轻轻地放下了水杯，呵呵一笑：“老夫行不改名，坐不改姓，覃（qín）东荣，可记住了，读 qín，和秦国的‘秦’，读音一样。”

四毛更加迷惑不解了：“老师，那我以后遇到和您同一个姓的‘覃’，怎么读？”

“很简单啊，你问对方‘贵姓’，不就得了。”覃东荣回答。

四毛抹了抹即将落下的鼻涕，似懂非懂地说：“老师，我明白了。”

覃东荣拄着拐杖，慢步走到窗前，侧身望了望窗外的群山，而后目光转向求知若渴的学生：“孩子们，你们知道山的外边是什么吗？”

“是山！”

学生不假思索，异口同声地回答。

“还有别的答案吗？”

“山的外边还是山……”小花嘟囔着说。

四毛冲着小花翻了一个白眼：“你知道个啥，我说山的那边是大海！”

“不对，就是山！”伍良平反驳道。

“是海，大海——”

“是山，就是山！”……

伍良平和四毛两个争得面红耳赤，互不相让。刚刚因为课堂纪律和四毛差点动手的萧章，出乎意料地与四毛站在一个战壕，附和着说：“山的那边是大海，我支持你，四毛。”

“为什么呀？”小花托着下巴问。

四毛拿出笔，在草稿纸上画了一个地球，得意洋洋地说：“我看了我表哥的地理书，书上说地球是圆的，陆地、海洋三七开，陆地是被海洋给包围着的。地球其实是水球，所以大山的外边肯定是大海！”

“嗯，有道理。”萧章拿着笔，在纸上画了一片海。

覃东荣特别关注他们的讨论，不仅没有叫停的意思，反而拄着拐杖走到了四毛的座位旁，亲切地问道：“你们两个……商量好了吗？”

“嗯。”四毛和萧章几乎同时点头，结果两人的小脑袋碰在了一块儿，然后两人各自揉揉额头，相视一笑。

覃东荣看着这两个小家伙，很是开心，相逢一笑泯恩仇嘛。何不来个思想政治教育课？覃东荣灵机一动，他斜靠在课桌边上，缓缓举起了被他叫作“拐杖”的伞柄，开始了他的精彩演说——

“同学们……对于我们大山里的孩子来说，读书虽然不是唯一的出路，却是最好的出路。四毛说得对，山的那边是大海。努力学习，走出大山，才能领略大海的蔚蓝与壮美。理想决定高度，只要心中有信念，并为之坚持不懈，终有一天，你们会走出大山。我相信你们一定行，一定会比你们的老师走得更远，飞得更高……”

听圣人一席话，胜读三年书。覃东荣不是圣人，但这一节思想教育课让每一位学生受益匪浅。“走出大山”四个字被他们铭记在心，且常在耳畔响起。他们深深懂得了“走出大山，至少可以改变命运”。于是，他们在学习上很是用功，形成一种你追我赶的学习氛围。

许多年以后，覃东荣教过的学生中，有不少走出了大山、走向大城市，有的甚至远渡重洋，出国留学。他们把覃校长的故事分享给身边的亲朋好友。对于“桃李满天下”一事，覃东荣从未以此自夸，他认为教师不过就是一个摆渡者，在摆渡学生的同时，也在摆渡自己。

博士覃领、石振清，“养子”伍良平感慨良多。覃校长大爱无疆，始终心怀群众，舍小家为大家，拖着残腿、拄着拐杖，甘愿做一个大山深处的乡村教育守望者。他这一坚守，就是三十多年。

第二章
喜得贵子

覃东荣生前所在的教字垭镇，有一块狭长的冲积平原，曲曲折折的茹水从平原中间流过。

茹水河畔的东边为罗家岗，背靠朝天观。茹水河畔的西边就是七家坪，从前叫“姚家坪”。

当地人认为这地名不吉利，不利于安居乐业，不利于子孙繁衍，决定更改地名。恰好这里住着覃、吴、李、陈、张、曹、钱七姓人家，因此人们就把此地更名为“七家坪”，该名一直被沿用至今。

人们日出而作，日落而息。无论哪家有什么红白喜事，大伙儿都会来帮忙。他们不计报酬，相处得非常融洽，因此，七个家族之间相互通婚是常事。七家坪三面环山，景色优美、民风古朴，有着许多美丽动人的古老传说。

北面的山像一个圆柱形的甑子，人们把它取名为甑子岩。离甑子岩不远处有座黄桃山，黄桃山上地势平坦，向东可望及武陵源景区的朝天观、三姊妹峰、黄石寨、袁家界、天子山的红岩壁。

清晨，你走在黄桃山脚下仰望山顶，那云雾好似一条长龙，盘浮在山顶的上空，你会忍不住爬上去看个究竟。

黄桃山上盛产桃子。阳历八月正是黄桃采摘的季节，黄桃山山下停满了各种各样车，来山顶采摘的游客络绎不绝。

住在七家坪村齐家岗（新中国成立后叫覃家岗）的覃家，祖上出了不少文人和官员。覃东荣的祖父覃章锦，是个私塾先生，文秀才，出生于光绪十二年（1886 年）。他有一个大哥，名章桂，武秀才，大章锦十四岁；弟弟章淡，精通医学，比章锦小八岁。

章锦老先生与妻子吴氏养育了四个儿子，即遵燧、遵炳、遵勉、遵众。一家六口居住在两间木板房内，太拥挤了。

1930 年，章锦老先生借了四十块大洋，买了一大片山林，选了齐家岗一处坡度平缓的地方，建造了一栋气势恢宏的土家族木板房。新房有五间，章锦老先生按照孩子们的年龄大小，从北到南，依次为他们分配房屋。

新房子落成后的第二个年头，即 1934 年，长子遵燧为掩护贺龙领导的湘西红军大部队突围，壮烈牺牲，时年二十八岁。

噩耗传来，章锦夫妇悲痛欲绝，白发人送黑发人，怎不凄凉？

长子遵燧的意外离去，对章锦老先生打击很大。很长一段时间，他都沉默寡言，连去私塾教书都恍恍惚惚。

三子遵勉，出生于民国七年（1918 年），字服周，号周三公。1935 年，十七岁的覃服周长得身强力壮，为了减轻家中的负担，打算出去闯一闯。天无绝人之路，只要有力气，勤劳致富这条路还是走得通的。二哥遵炳非常支持他的想法，就给了三弟一些本钱。

于是，覃服周约了几个合得来的同伴，共谋创业大计。他们看到本地的茶叶、桐油非常走俏，食盐奇缺，价格也贵，思前想后决定从小本生意做起，等钱赚够了，再在七家坪开油坊。

“对，先就这么着！”几个年轻人一拍即合。

他们辞别了爹娘，挑着茶叶、桐油出发了。抵达四川，他们就将货物售出，转而采购食盐，再挑回大庸县售卖。

在一番番买卖往来中，他们以诚信为本，货物品质上乘，一年下来，覃服周几个凭借差价，获利颇丰。家中的日子没有那么拮据了，除去日常的开销，尚有积蓄，他们的生活渐入佳境。

转眼之间，两年过去了。前来给覃服周说媒的络绎不绝，但他均婉言谢绝。因为，他早就有了心上人——吴幺妹。在父母的操持下，覃服周与吴幺妹举办了婚礼。

吴幺妹，出生于民国五年（1916 年），是本地吴家逻人氏，父亲吴贵德是西教乡一带首屈一指的锣鼓师。吴幺妹秀外慧中、温柔贤淑、善解人意、勤俭持家。虽然没读过私塾，斗大的字不识一个，丈夫却很尊重她。

覃服周快二十岁时，在当地已经是有名的摔跤能手、耕作能手，犁耙栽种，样样都会，且为人心地善良。

1937 年，日本侵略者发动全面侵华战争，战争的阴云笼罩着中国。覃服周的生意不好做了，加之身怀六甲的妻子需要照顾，他只好老老实实地待在家里种田。

1938 年农历三月十一拂晓，七家坪村西南部齐家岗。鸡叫三遍了，覃服周还在小木屋里睡得正酣，只因他白天种地太累了……

妻子吴幺妹不忍打搅他，挺着个大肚子慢慢起身，小心翼翼地披好衣服，整理了一下发髻，去灶房准备生火做饭。

吴幺妹在火塘边刚刚坐下，突然门外响起了一阵急促的敲门声。

“谁呀——”吴幺妹在屋内问道。

“快开门……”

屋外的敲门声愈发急促了，听声音，屋外的人是一个中年男子。

“来了，来了——”

吴幺妹移着小碎步，到了堂屋，打开大门。她定睛一看，来人拄着手杖，穿着一身黑马褂，五短身材，大腹便便，一脸的络腮胡子，还戴着墨镜，后面跟着六七个扛枪的自卫队员，神秘兮兮的。

“墨镜”粗声粗气道：“覃服周在家吗？让他赶快出来见我！”

“服周他……您是？”一脸惊诧的吴幺妹自从嫁到覃家后，从没见过有这么多扛枪的人找上门来，心里多少有点慌张，说话语无伦次。

“墨镜”甚是不快：“服周那小子在哪？”

“叔……快屋里坐……”

吴幺妹赶紧搬了几条凳子，放在了堂屋里的板壁旁。

“墨镜”拄着手杖，走进了屋内：“不坐了……”

吴幺妹多少有点尴尬，再一次问道：“大叔，我眼睛不好，您是……”

“墨镜”摘下眼镜，别在衣服上，嘿嘿一笑：“我们是本家啊……”

中年男子摘下眼镜的瞬间，吴幺妹认出来了，惊叫起来：“吴叔……”

“哎。”吴成龙拄着手杖，走到凳子边，一撩衣袍前摆，正襟危坐下来。他就是自卫队队长，吴成龙！

吴成龙家里有钱有势，他在省立第一师范上过学，因为三十多岁的时候救一个落水的孤儿，右腿受伤，有点残疾，但这并不影响他在当地的威望。

吴成龙的到来，让吴幺妹感到惊喜。仰慕书香之家的吴幺妹能够成为覃家媳妇，还是吴成龙的妻子做的媒呢。

她有预感，头胎是个男孩，沾着吴成龙的喜气，必定以后也是个文化人。然而，吴幺妹对吴成龙此次的来意存有一丝疑惑，于是问道：“我家服周犯什么事了？叔。”

吴成龙绕弯子了：“喜事……喜事一桩……”

“叔，有事你就直说，别拐弯抹角的。我去给您倒杯水来……您喝完水再说。”

“不用。”吴成龙重新戴上了墨镜，抽出一支烟，一个满脸横肉的自卫队员马上凑上前，给他点烟。他闭上眼，深深地吸了一口，吞云吐雾起来。

“我三弟最近来信说，有一支游击队到了湘西，有点麻烦……”

不知道什么时候，覃服周站在了堂屋中间，问：“吴叔，有什么麻烦呀？”

“你跟我出来……”一脸严肃的吴成龙拄着手杖走出堂屋。

“是。”覃服周愿闻其详，赶紧跟着出去了。

走到茂密的树林中，吴成龙才停住了脚步，说：“服周呀……你想不想加入我们的队伍？”

覃服周指了指自己的鼻子：“我？行吗？”

吴成龙呵呵一笑：“你是这一带的摔跤好手，身手不错，我们需要这样的人。有酬劳的呢。”

“多少？”

吴成龙伸出了五根手指：“这个数。”

“五百元？”

“不，是五十大洋，一年五十，干不干？”

“这事我真的做不好。”

“唉，别人还求之不得呢。”吴成龙拍了拍覃服周的肩膀，嘿嘿一笑，“你好好想想。”

一年五十大洋，对于覃服周来说，绝对是一笔不小的额外收入，可是做欺压老百姓的事儿，他良心上过意不去，于是找了一个借口推托道：“吴叔，您看眼下我媳妇就要……恐怕没有时间。”

“好吧，位置我给你留着。等你想通了，随时告知我。”

吴成龙也不再为难覃服周，说完就带着自卫队员离开了齐家岗。

几天后，吴幺妹在煮饭的时候，肚子疼得不行，豆粒大的汗珠从脸上抖落下来。估计是要临盆了，她在厨房叫道：“服周，我要生了……快去叫产婆……”

正在屋外洗菜的覃服周听到喊声，赶紧跑进屋，把妻子扶到了内屋的床上，心疼不已道："我这就去叫娘过来，你忍着点啊……我很快就回来……"

虚龄才二十岁的覃服周少不更事，未免有点手忙脚乱，他迅速地给妻子盖好被子，飞一般地出了门，往老屋场方向父母家跑去。

覃服周气喘吁吁地跑到老屋场，一进门就大喊："娘，幺妹她要生了……"

在灶屋淘米的母亲听到儿子的喊声，丢下饭勺，走出灶屋。

"幺妹一个人在家里……爹呢？"

"到田里看水去了。"

"娘，那我先回了。"

"好咧，我准备一下，马上过来。"母亲赶紧脱下围裙，进屋去拿接生的药箱……

很快，附近的邻居齐聚覃服周家，大家七手八脚地忙活起来，洗的洗菜，杀的杀鸡，切的切肉。小屋一下子就热闹起来了。只有覃服周在堂屋走来走去，焦急地等待着孩子的临世。

"哇——"

一声婴儿的啼哭声划破了七家坪的上空。

吴幺妹生下了一名男婴，这名男婴出生在东升的太阳刚映红天空之时，时辰真好。

片刻之后，母亲打开房门，乐呵呵道："老三，是个男孩，你进去抱抱孩子吧。"

初为人父的覃服周激动不已，三步并作两步进了内屋，走到吴幺妹的床前，憨憨地笑着，而后一把抱起孩子，靠着孩子的脸，闻了又闻，嗅了又嗅："儿子，快叫爹……"

身体虚弱的吴幺妹微笑着看着丈夫，有气无力地说道："你个傻样，孩子刚出生，怎么会叫爹呢？"

"也是哦。"

覃服周抱着孩子来到堂屋，大伙儿立马围了上来，纷纷祝贺道：“哦呦，浓眉大眼的，将来肯定大有出息。”

“保不准是个将军。”

“一定是个秀才。”

“恭喜侄子，喜得贵子。”

…………

这时，覃章锦笑眯眯地从外边走进来了，自言自语道：“老夫又有孙子了，取啥名字好呢？”

老秀才覃章锦读过不少诗书，文墨好，他抬头望了望天边，只见太阳冉冉升起，映红了天际，瞬间就给孩子取了一个很有诗意的名字——字正松，名东荣，号冬云。同时老秀才作了首诗庆贺：

前山天门对园开，后依狮岭望军岩。
左侧天子张家界，右邻教字书箱岩。
大河弯曲环舍过，桂中五桂抱庭开。
园圃一帜迎风展，芳名留世永不衰。

这首诗构思巧妙，把七家坪的地方风物、史事及对孩子的期望都写进去了，全家人听了高兴不已。

覃服周家境并不宽裕，随着孩子的到来，他肩膀上的担子越来越重。他知道为人父是一种责任，更是一种担当。

覃章锦似乎有预感，这个孩子必成人中龙凤。后来这个孩子确确实实成了师德师风楷模，成了一面旗帜，尽管他走过的路异常艰辛，超乎常人想象。

第三章

教字来历

俗话说，穷人的孩子早当家。覃服周一样，其长子覃东荣也一样。没有乘凉的大树，那就自己努力成为大树，给后人乘凉。

孩子满月之后，家里入不敷出，覃服周又开始盘算着做生意了。因资金不足，他特意来到隔壁二哥遵炳家中。兄弟俩一边喝着小酒，一边商议开榨油坊的事儿。

遵炳眉头紧锁："三弟，你得想清楚，油坊不是说开就能开的。"

覃服周胸脯拍得啪啪响："不就榨油吗？体力活，难不倒我的。"

二嫂插话了："老三啊，谁给你照看幺妹呢？"

覃服周抿了一口酒，笑着说道："不是有娘和二嫂子你吗？"

话都说到这个份上了，不答应也不行。二嫂只好点头说："行吧。只是开油坊需要很多劳力，雇人是要花本钱的，这怎么办呢？"

遵炳心里清楚，妻子是担心开榨油坊冒风险，特别是在这动荡的岁月。为了不让弟弟难堪，他把妻子出的难题给挡了回去："我们请不起人力，就用水力呗。”

二嫂还是不放心，又问道：“那榨出来的油谁来卖？”

覃服周露出自信的笑容，胸有成竹地说：“我在外面闯荡了几年，很多地方都没有通电，不用担心桐油的销路。再说了，我们的桐油、菜油、茶油色泽透明，油香浓郁，不愁卖不出去。”

听覃服周这么一说，二嫂的口气缓和了许多，她说：“老三啊，开榨油坊这事，你嫂子我全力支持。”

第二天天刚亮，兄弟俩便到自家田畴为建造水碾榨油坊选址，经商议，他们一致决定将水碾榨油坊建在靠近扒龙潭河边的张家嘴自家良田上。两兄弟说干就干，没过多久，一座崭新的榨油坊就建成了。

水碾榨油坊共三间岩砌房子，南北向，房顶盖着茅草。北面的一间安装了直径六米的碾坊，由一个高八寸、宽两寸的岩槽和一个绕岩槽转动的碾轮组成。

在水碾榨油坊上游六百米远的土崩岩处，他们筑了一道拦河坝，且修筑了一条宽一米、深一米五的水渠，将水源引向碾坊。水流的动能推动木叶转动，碾轮也就跟着匀速转动起来。在碾轮的不断碾压下，原材料变成了半成品。

中间的那座房子是榨油坊，即兄弟二人劳作的场所；南面那间房子做储藏原料和油桶之用。

彼时，兄弟俩经营的榨油坊收费亲民、出油率高，油品质量上乘，赢得乡亲们的一致好评。兄弟俩因此满面春风，干劲十足。随之，他们的客户数量成倍增长，财运滚滚，势不可当。

水碾榨油坊生意火爆，榨出来的成品油顺着澧水而下，出洞庭、下长江，销往长江中下游的城市。

可是，好景不长，人间有情水无情。一年夏季，大庸县突发千年难遇的特大洪水。

暴雨持续下了五天五夜，洪水冲毁了沿河的庄稼和良田，整个七家坪、古城坪成了一片汪洋。

第六天晚上，暴雨还在稀里哗啦地下着，丝毫没有停下来的迹象。凌晨四点，洪水发狂了，怒吼着要吞噬所有能够带走的东西。

榨油坊内，巨大的洪水轰鸣声和木床摇晃摆动的声音越来越大，兄弟俩从沉睡中猛然惊醒。

“糟了，油坊已遭洪水侵袭！”

两人借着昏黄油灯的光亮，赶紧跳下床，只见洪水已没过膝盖，鞋子早已被洪水冲走，不知去向。

覃服周看到隔屋榨油坊里的物品随着水流往外涌，心痛不已，不顾一切地想从洪水中抢救点物品回来，却被大水冲得摇摇晃晃。

二哥遵炳见势不妙，焦急万分，他使劲拽着覃服周的手，大声喊道：“三弟，速速撤离，刻不容缓，我们保命要紧！”

这时，救物心切的覃服周才清醒过来，赶紧扔掉手中的物品，跟着二哥一块冲出了榨油坊。

出了油坊，漆黑的天空电闪雷鸣、暴雨瓢泼。他们逃出榨油坊不到一百米，只听身后“轰隆”一声巨响，榨油坊顷刻之间倒塌了。

幸亏兄弟俩跑得及时，否则后果不堪设想！他们苦心经营的水碾榨油坊，就在这一瞬间，被无情的洪水化为乌有。

兄弟俩蹲在张家嘴一户农家的屋檐下，许久才回过神来，他们双手抱头呜呜大哭：“完了，全完了——”

天亮后，雨终于停了，风也停了，一切都安静了下来，却见四处水汪汪的一片。

两兄弟卷着裤脚，打着赤脚跑向水碾榨油坊，想要看个究竟。

肆虐的洪水带走了一切，什么也没留下。水碾榨油坊以下两米，连墙脚都被冲走了。

两兄弟盘点了一下，这次水灾损失了两千多斤菜籽、茶籽、桐籽，一千多斤的茶油、菜油、桐油，这可是他们的全部家当啊，往后的日子怎么过呀？

覃服周一家的生活因这场变故，再度陷入困境。他内心充满懊悔，如果他当初能听从妻子的劝告，将榨油坊内的物品妥善转移到安全地带，就能避免造成如此大的损失。然而，人生没有如果，也无法重来。

多年以后，兄弟俩回忆起这场特大洪灾，仍心生余悸。

因为这场洪灾，吴幺妹受了很大的打击，时常生病，干不了重体力活。她经常给孩子们讲述民间故事和当地的名人趣事，唯有在讲故事时，她才会忘却过去的种种不快与苦难。

仲夏的一天晚上，吴幺妹和六岁的长子覃东荣、两岁的次子覃正柏，坐在塔内乘凉。

两兄弟抬头仰望着天空，群星闪烁。无法数清的星星，大的璀璨夺目、小的若隐若现，仿佛在向兄弟俩眨着眼睛微笑。兄弟俩兴奋不已，不禁数起星星来。

“一颗、两颗、三颗……”

覃东荣刚数到一百的时候，二弟正柏伸出稚嫩的小手，轻轻拉着哥哥的衣袖，指着满天繁星，好奇地说：“哥，星星太多了，好像数不完。这么多星星，怎么不会从天上掉下来呀？”

覃东荣眯着眼睛，带着几分疑惑回答：“是呀，星星多得数不清，我也不知道它们为何能稳稳挂在天上。要不，你去问问娘吧。”

然而，对于不懂天文的农村妇女吴幺妹来说，这是一个深奥的问题。

吴幺妹笑着摇摇头，温柔地说：“娘没读过书，这个问题娘也不知道答案。等你们长大了，读书有文化了，自然就会明白的。”

两兄弟听后，又缠着母亲，央求道：“娘，给我们讲个故事吧。”

吴幺妹望着孩子们期盼的眼神，笑着说：“好吧，今晚的月亮又圆又亮，我就给你们讲讲清朝康熙年间，湖北荆州人伍铁岩在我们厔垭办学的故事。你们可要认真听，听完后我要提问的哦！”

覃东荣用一双小手摇了摇母亲的手臂，撒娇道：“好，好。娘，您快讲吧！”

吴幺妹抚摸着两个儿子稚嫩的脸庞，高兴地说起当地一个古老的传说来——

“康熙末年，湖北荆州人伍铁岩，三十岁左右，来到我们厘垭。

他看到这里的人精神愚昧，缺少文化，便决心在这创办私塾，为唤醒山民的智慧尽一份绵薄之力。

伍先生学识渊博、教学严谨、勤勤恳恳、任劳任怨，培育了一批又一批优秀学生。这些学生中，有的步入仕途，有的开堂讲学，还有的涉足商海，成为儒商。

三十多年中，伍先生竟未给家里写过一封信，与家人断绝了所有的联系。

后来，他的大儿子从襄阳的一个学生口中偶然得知父亲的音信，便千里迢迢、跋山涉水来到大庸县厘垭关庙，哭着央求父亲回家，但伍老先生舍不得离开。

他大儿子回到家禀报母亲，老夫人大哭，毅然咬破手指，以血为墨，含泪在白布上写下血书。

那一年，是乾隆五年（1740 年），伍老先生已是六十九岁的老人，即将步入古稀之年。

老夫人要她的三个儿子及两个孙子带着血书，再次不远千里，来到大庸县厘垭关庙，央求丈夫回家。

伍老先生看完妻子的深情血书，泪流不止。经过一番激烈的思想斗争后，他仍然决定暂不回家。

三个儿子及两个孙子一起下跪，不吃不喝。在子孙下跪两天两夜的真情感召之下，伍老先生老泪纵横。

此事一传十，十传百，集镇及附近乡民奔走相告。两个时辰后，成百上千的乡民涌来关庙，里三层外三层地将伍老先生及其子孙团团围住。

弟子们和乡民们目睹伍老先生的五个子孙向伍老先生下跪的情景，

深受感动，纷纷劝伍老先生先回家乡探望亲人。

在众人的簇拥下，伍老先生缓缓步入学馆，一名弟子紧随其后，众人纷纷给伍老先生让出一个通道。不一会儿，伍老先生取来五支大排笔，一名弟子拿着一大瓶磨好的墨汁和一个大碗，一前一后走出学馆，向西边书箱岩走去。

众弟子、乡民们及伍先生的五个子孙，浩浩荡荡地紧跟其后。伍老先生走到关庙西侧约四百米处的书箱岩下，在紧邻茹水河边一块巨石下驻足停下。

弟子会意，将墨汁倒入大碗中。伍老先生手抚胡须，思索片刻，用五支大排笔蘸好墨汁，一气呵成地在这块巨石上写下了一个五尺见方的“教”字。

书写完毕，伍老先生咳嗽不止，但他仍不忘再三叮嘱众弟子，一定要把这里的教育办好。他承诺，只要身体条件允许，他必将重返这片热土。

伍老先生回到湖北荆州老家后，身体每况愈下，再未能重返屋垭。但他的心，永远和我们屋垭人民在一起。”

覃东荣聚精会神地听着，他听完对母亲说：“娘，我也想读书，想学习文化知识。长大后我也要当个秀才，像伍先生那样办学堂教书，把我们这的教育办好。”

“你的想法很好，家里要是有钱，肯定会送你上学。”吴幺妹又叹息道，“可我们家里穷，送不起你读书啊！”

覃东荣安慰母亲道：“娘，不急。说不定再等几年，家里就会好起来，穷人家的孩子也能读书了。”

母亲惊诧道：“如果真是那样，那就太好了！”

覃东荣天真地说：“娘，总会有那么一天的！”

…………

当天晚上，覃东荣躺在床上，翻来覆去，睡不着。

他在想：一个外地人都对我们这的教育这么执着，这么尽心尽力。

我如果哪天有出息了，不把这里的教育办好，愧对伍先生，愧对先人！

“教”字寓意深刻，左边是“孝”，右边是“文”，意思是说要有文化懂孝道。当地人深感伍先生教化之德，请石匠把这个“教”字刻成窝形字，免致磨灭。

这“教”字虽经两百多年的风风雨雨，迄今犹存。伍先生千里迢迢来到这里办学，其忘我的精神令人感动。他在此播下文化的种子，对开辟蛮荒之地的教育事业作出了巨大的贡献。新中国成立后，当地百姓为纪念伍先生办学的功绩，把原来的地名“屋垭”改名为“教字垭”。

1945年，日本宣布无条件投降。七岁的覃东荣到了读书的年龄，因家庭贫困，还是未能上学。

看到同龄的孩子背着书包，高高兴兴到私塾读书，覃东荣羡慕不已，他多么渴望读书啊！可家里实在穷得揭不开锅，哪来钱读书？

细心的母亲看出了他的心思，觉得很对不住他，只能看在眼里，疼在心里。

接下来的几年，吴幺妹相继给覃东荣增添了三弟正贤、四弟正毛。一家六口，一间木板房，怎么住得下？覃服周只好暂时占用四弟覃遵众那间木板房，以缓解居住之难。

一家子连吃饭都成问题，哪还有钱粮供孩子们上学。作为父亲的覃服周为此常自责无能，母亲也常常在夜深人静时以泪洗面。

覃东荣十分懂事，为了照顾生病不能沾冷水的母亲和年纪尚幼的三个弟弟，他主动承担了作为长子的责任，帮父亲挑起了家中的重担。他做家务，干农活，从不叫苦叫累，还时刻告诉自己，吃得苦中苦，方为人上人。

只是到了晚上，覃东荣做梦都想读书。

漫漫长夜，不知他的愿望，何时才能够实现？

第四章

梦想成真

盼星星，盼月亮，受苦受难的老百姓好不容易盼来了一个崭新的时代。

毛主席登上了北京天安门城楼，向全世界庄严地宣告新中国成立。这个消息就像长了翅膀，一夜之间传遍大江南北。

1953 年春天，是覃东荣最难忘的一个春天。在共产党和人民政府的亲切关怀下，少年覃东荣在这个春天实现了多年来的愿望，人生开启了快捷键。

开学的那天，覃东荣早早吃过早饭，挎着帆布书包，告别了父母和三个弟弟，独自一人往大庸县立第十三完小飞奔而去。

一路上，阳光灿烂，微风拂面，鸟语花香。覃东荣的步子很是轻松，心情特别愉快，简直就像刚刚喝了蜂蜜一般，甜到心里头去了。

然而，他心存一丝忧虑，他想：快满十五岁的我此时才能上一年级，老师会接纳我这个大龄学生吗？小朋友会不会嘲笑我呢？不想那么多了，等到了学校再看吧。

到了学校，已是人山人海，挤满了大人和小孩。覃东荣有点不好意思去报名，在学校外徘徊。

等了许久，覃东荣终于鼓足勇气，走到一位老师跟前，怯生生地说道："老师，我叫覃东荣，报名读一年级……"

这名老师站了起来，发现眼前的小伙子个头比自己还要高，惊诧不已道："小伙子，你不是在开玩笑吧？"

覃东荣把书包往桌上一放，给老师深深鞠了一个躬，满脸通红道："老师，我真是读一年级。"

"这……"报名的老师一时不知所措。

此时，身边一个身高不及覃东荣腰际的小朋友，用一根手指刮了刮自己的小脸蛋，仰头咧嘴笑道："你这么大个汉子，还和我们小孩子一起读书，羞不羞呀？"

覃东荣一把抱起这个小朋友，一本正经道："孔夫子十五岁才有志于学，我也是十五岁有志于学。我娘说了，活到老，学到老，还有三分学不到。所以我觉得学习是不分年龄的，读书可是一件很光荣的事哦。过去咱家穷，送不起我读书。现在解放了，有中国共产党和人民政府的支持，我也要扫盲呀！不然，怎么叫解放？"

说完，他放下了怀中的小朋友，那小朋友随即拍手大声叫道："好，我们就叫你解放大哥吧！"

一喊可不得了。在场的小朋友竟然一齐对着覃东荣大喊起来——

"解放大哥！"

"解放大哥！"

…………

覃东荣面带微笑，一个劲地低头应答着："嗳、嗳……"

覃东荣语出惊人，令人震撼。家长们纷纷向他投来赞许的目光，他们觉得这小伙子勇气可嘉，必将大器晚成。

与此同时，报名的老师飞快在花名册上，写好了覃东荣的名字："覃东荣同学，你可以读书了。”

老师同意报名了，覃东荣可高兴坏了，激动得手舞足蹈。接着，他把帆布书包搂在怀里，不停地弯腰向老师致谢：“谢谢老师，谢谢老师！……”

老师起身拍了拍他的肩膀：“东荣同学，我是你的班主任，我看好你，好样的。”

“嗯嗯嗯……”覃东荣点头回答，“我一定不会辜负老师对我的期望。”

报名结束了，身材比覃东荣矮小、年纪比他大不了几岁的班主任将他带入一年级教室。

一进教室，班上三十几个七八岁的同学惊奇地看着身材颀长的覃东荣，他有些不好意思起来。

几分钟后，他调整好心态，双手抱拳对同学们笑着说道：“各位小弟弟、小妹妹，大哥哥我快十五岁了，今天能和你们这些小家伙一起开始读书，心里很高兴！”说着，他不禁眼眶湿润，转过身抹了抹眼眶，不让眼中激动的泪花掉下来。

这时，教室里响起了一阵热烈的掌声。班主任和同学们异口同声道：“欢迎大哥哥入学！”

覃东荣笑着向大家鞠了个躬，而后开心地走到教室中间最后一排坐下。

论年龄，他是班上最大的一个，是班上一般的同学年龄的两倍多，同学们都亲昵俏皮地叫他“解放大哥”。

开学第一天，班主任老师给他发了新课本。他兴奋得双手抚摸着飘着墨香的书本，热泪盈眶，心中久久不能平静。

他深深知道，知识就是财富。这读书的机会来之不易，得好好珍惜才是。

课堂上，覃东荣全神贯注地听讲，目光不曾离开过黑板一秒。读书已经输在了起跑线上，要想追赶上同龄人，就必须不惧艰辛，比他人跑得快。

放学后，覃东荣挎着帆布书包，哼着土家山歌，飞一般地回到覃家岗的小木屋。

前脚刚踏进门，一放下书包，他就大喊："二弟、三弟，大哥我，读书回来啦！"

十一岁的二弟正柏、六岁的三弟正贤，听到覃东荣的声音，急急忙忙跑过来，抢着打开大哥的书包。

兄弟俩翻看着新课本，就像看到了西洋镜一样，争相抢看着。尽管他们两个不识字，脸上却写满了羡慕不已的表情。

两兄弟像过年吃了肉似的，激动得不得了，翻完这本翻那本，翻来覆去地看，爱不释手。

覃东荣站在一边静静地看着，心想：要是弟弟们也能像我一样，可以上学，我们兄弟几个就不再是文盲了，那该多好啊！

两个弟弟意犹未尽，覃东荣也不去打搅，悄悄离开去做晚饭了……

晚饭后，幼小的三弟背着大哥的帆布书包走来走去，嘴里得意地喊着"一、二、一，一、二、一……"

三弟来来回回走了很多遍，也不知疲倦。此刻感觉他已经走在去上学的路上了。

当夜，二弟、三弟太兴奋了。在昏暗的油灯下，三弟拽着语文课本，二弟拿着算术课本，不知不觉地睡着了。

半夜时分，兴奋得睡不着的覃东荣，微笑着掰开两个弟弟的手，取回新课本，轻轻地给他们掖好被褥，而后一边抚摸着新课本，一边憧憬未来。他在心里默默发誓：我一定要尽最大努力，学好科学文化知识，以实际行动回报父母，回报党和国家。

这一夜，覃东荣睡得并不踏实。

一个贫穷人家的孩子，到十五岁，终于实现了读书的梦想，他怎能不兴奋，怎能不感慨万千？

那一夜，他心里真有说不出的狂喜啊！

当年，这所完小开设的课程有语文、算术、自然、史地、公民、劳作等学科。覃东荣不仅学习认真刻苦，各门功课名列前茅，还主动打扫卫生，主动帮老师做一些力所能及的事。他团结同学、乐于助人。学校领导和老师都很欣赏他。

为了追赶上同龄人，覃东荣每天放学回家，干完农活后，只要一有空，就会捧着书本，温故知新，提前预习功课，很快，他就学完了一年级的课程。寒暑假期间，他从本村其他年级的校友那借书，学完了二至四年级的课程。

当时，大庸县立第十三完小很注重学生的思想品德教育，经常邀请一些老红军、老八路来校做讲座，给孩子们讲述革命战争年代的故事，以培养学生的爱国主义情感。

幸福来之不易，感动之余，覃东荣在笔记本上写道——

“我们穷人在旧社会连猪狗都不如，更不用说读书了。共产党让我们翻身做主人，我们才有机会进学堂。我的生命是党给的，我的知识也是党给的，我要报答党恩，报效祖国，把我的一生献给党和祖国的教育事业，尽我所能让读不起书的贫困子弟上学读书……”

1954年春，二弟正柏入学了。接下来的几年，三弟正贤、四弟正毛也相继入学读书。

四个孩子都上学了，覃服周夫妻两个更忙了。他们要给孩子凑学费、攒钱粮。父母不遗余力养育孩子，为的就是让孩子们过上好日子，别无他图。可怜天下父母心。

一天晚饭过后，吴幺妹将四兄弟聚集到一起，语重心长道：“你们四兄弟是在共产党和人民政府的关怀下，才能上学读书！你们要好好珍惜这难得的读书机会，努力学习文化知识。咱虽然穷，但穷也要穷得有志气、有骨气！你们长大后，将来不管干什么，都要学会堂堂正正地做人。一定要记得报答共产党的恩情，心中始终装着老百姓，咱不能忘本！”

母亲没文化，并不妨碍相夫教子。她说的这番话，言辞并不华丽，但句句发自肺腑，几个弟弟似懂非懂，只知道频频点头。作为长子的覃东荣，感触颇深。他把母亲的谆谆教导当成座右铭珍藏起来，一辈子铭记于心。

第五章

千里跋涉

上学后的第二年，十六岁的他学习刻苦、成绩突出，通过老师的考核，脱颖而出，直接跳级至五年级。这让平日亲切地称他“解放大哥”的同学们羡慕不已，望尘莫及。毕竟他们年纪小，心智是不能和覃东荣相比的。

1955 年，湖南出现了极寒天气，持续低温。三九寒冬后，大庸县教字垭乡一带冰雪覆盖，银装素裹，美丽极了。乡民趁着农闲，带着猎犬，成群结队在望军岩、狮子垴、茂古岭、甑子岩、黄桃山、白马山一带狩猎，收获颇丰。

覃东荣的三个弟弟吃不饱、穿不暖，骨瘦如柴。覃东荣看在眼里，急在心头，却又无计可施，心里很不是滋味。

寒假前夕，覃东荣回到家，独自坐在塔子里，眉头紧锁，心神不宁。

细心的母亲发觉他有点不对劲，便问道：“荣儿，你有何心事，跟娘说，不要憋在心里。”

覃东荣闪烁其词，轻轻摇了摇头，连声说：“娘，我没事，真没事……”

母亲伸手摸了摸他的额头，关切地问："你不会是生病了吧？"

覃东荣再次摇头，强装笑颜："娘，我挺好的，真的没事，您放心吧。"

"那就好。我去给你弄点好吃的。"

母亲说完就转身离开了。

然而，她并不知道，长子此刻正在思考如何减轻家里的经济负担。他萌生了外出打工的想法，希望能挣钱贴补家用。

原来，几天前，覃东荣与在同校就读的堂兄覃正业秘密商议，决定利用寒假时间，投奔在贵州省体委工作的四叔覃遵众，并尝试在那里找份工作。可是这个想法有点不切实际，一旦把信息透露给了父母，兄弟两个就没法行动。

因此，两人决定瞒着家人，悄无声息地离开。

为确保计划万无一失，覃东荣做了充分的准备。他告诉堂兄，四弟正毛年纪小跟父母睡，他和二弟、三弟三人睡四叔覃遵众那间木板房的里间那张床，他与三弟正贤睡一头，二弟正柏睡另一头。他们必须得晚上秘密行动。

正业拍了拍他的肩膀："那你可得小心行事哦。"

"嗯。火把的事儿……"

"你不用管，我自有办法。"……

放寒假的当天晚上，覃东荣表面上装作若无其事，像往常一样帮着母亲准备晚餐。饭后，他早早地就睡下了。

窗外狂劲的北风呼呼地刮着，塔子里的桃树枝在寒风中簌簌作响。刺骨的寒风嗖嗖地从屋檐下、板壁下的间隙灌入屋内，使得整个房屋冷得如冰窖一般。

覃东荣蜷缩在床上，不觉打了个冷战，心想："这么冷的天，怎么走呀？"

他有点想打退堂鼓了，但一想到和正业兄的约定及家庭的困境，他咬咬牙，暗自鼓励自己："大丈夫何惧艰难和困苦？"

想着想着，他索性坐起来，将一件补丁累累的外衣穿在身上，听到二弟、三弟均匀的呼吸声，心中大喜：时机到了！

他小心翼翼地将四周被褥往下掖了掖，伸手摸到了床头的火柴盒，抽出一根火柴，在火柴盒侧面轻轻一划，“哗”地一下擦出了火花，随即点上煤油灯。

覃东荣迅速穿上草鞋，提着煤油灯，蹑手蹑脚地走向隔壁父母的房间，站在门口静立片刻，确定父母已熟睡后，他松了一口气。

“甚好，一切按计划行事。”

他猫着腰，折回房间，含泪写下了给父母的留言条。而后，他走进灶房，将留言条放在一张破旧的饭桌上，用一本旧书压好，以防被风吹走。

接下来，他找来几张厚纸，将一床破旧的棉被包裹好，在上面放一把油纸伞，再用棕绳捆扎成背包状。

一切准备就绪后，他再次来到父母房间门口，泪流满面地朝里边磕了三个头，然后，他背上棉被，轻手轻脚地走出堂屋，顺手掩上了门。

屋外，寒风依旧凛冽，但已不似先前那样猛烈。正业兄早已等候多时，只见他背着棉被，手举的两个火把在夜色中若隐若现。

覃正业见到覃东荣后很开心，他小声地说：“东荣，你终于出来了。”

覃东荣把手指放在嘴边，轻声说道：“嘘……别说话，快走。”

他从正业兄手里接过火把，疾步往前走，覃正业紧跟其后。

冒着凛冽的寒风，两人快步走过了那棵千年桂花树，路过茹水的扒龙潭西岸向南走去，消失在茫茫的夜色之中。

出门时，两人上身都只穿两件破烂的单衣，下身穿一条单裤，脚穿一双草鞋，背上背着一床棉被和一把油纸雨伞。为了不迷失方向，覃东荣特意在口袋里揣了一张皱巴巴泛黄的《中国地图》。或许是天气太冷了，居然没有狗叫声，因此，沿途村民没有一个人发现他们的秘密行动。就这样，他们成功地踏上了征途。

第二天，拂晓。

吴幺妹一觉醒来，感觉脑子里空荡荡的。她依稀记得昨晚在睡梦中隐隐约约发现有什么不对，又想不起来，很快她就想到了长子前几天奇怪的神情："不好了——"

她马上起床，来到隔壁房间，推开房门，扫视了一下，发现长子不在床上，二儿子和三儿子正在酣睡。她往外一看，大门门栓没上插销，越发感觉不对劲。

"这小子，不会上茅房了吧？"

她立即跑到茅房寻找，没有发现有人，心里一惊，难道长子莫名其妙地飞了？

心急如焚的吴幺妹连忙跑回屋，摇醒了二儿子，惊慌失措道："柏……柏儿……看到你大哥没？"

正柏睁开双眸一看，平时都是大哥叫他起床的，今天怎么变成了娘。他慌乱坐起来，揉着眼眸说："娘，昨晚，我还听到大哥睡在床对面，给三弟讲故事呢，这么早他去哪儿了？"

吴幺妹四个儿子中，要数二儿子正柏脾气最暴躁，桀骜不驯。正柏一骨碌爬起来，一声不吭地出门寻找大哥去了。

吴幺妹在屋里屋外翻了个遍，还是没有发现长子的踪影，急得要哭了。突然之间，她无意中发现家中唯一的一床烂棉被和一把破油纸伞不见了，更加慌张了。

心火嗖嗖往上蹿，唇干口燥的她想进灶房找点水解渴。一进灶房，不觉眼前一亮，饭桌上有一本旧书，书下压着一张纸条。

吴幺妹不识字，便拿着纸条快步跑回房间，大叫道："覃服周，快起来，快起来！你还有心思睡，你大儿子不见了，这里有一张纸条，你快，你快来看一下！"

覃服周一听，顿觉大事不妙，麻利地穿好衣服，跳下床，打着赤脚几步跨过来，抢过纸条一看，傻眼了。

吴幺妹看到丈夫脸色一下变得青白起来，感觉神色不对，着急道："你愣着干什么？倒是念给我听听，上面到底写的啥呀？"

覃服周不紧不慢地念道：

两位大人：

对不起，实在对不起！让你们受惊了，请原谅儿子的不孝。我安然无恙，请不要为我担忧，也无需寻找。你们醒来时，说不定我与正业兄已经到了温塘。此次远行，我俩未事先告知你们，是怕你们伤心，怕你们不同意。为了让你们二老过上好日子，让三个弟弟衣食无忧，学业有成，我决定放弃学业。我都十七岁了，理应挑起家里的大梁。我与正业兄将前往贵阳投奔四叔，谋求生计。出门在外，我俩会彼此照应，勿挂念。抵达贵阳后，我一定会写信报平安。

不孝儿子：东荣

一九五六年一月二十一日晚泣书

温塘与七家坪相隔数十公里，吴幺妹听完后，方才意识到长子已离家多时，追赶已是徒劳，不禁泪如泉涌，号啕大哭道："儿啊，是娘对不起你，你离家远行，为何不事先告知爹娘？若你有心远行，爹娘不会阻拦，定会给你筹措点盘缠！路途遥远，你们身无分文，叫我们如何安心啊！"

覃服周历经风霜、见过世面，他镇静地安慰妻子道："他俩都已十七八岁，你何必如此伤心。想当年，我在他们这个年纪，正挑着桐油远赴四川谋生呢！让他们外出闯荡一番也好，年轻人到外面见见世面才有出息。"

"你说没事就没事吗？……这么大的孩子不见了，我这做娘的，能不着急吗？”

吴幺妹哭得更厉害了，一把眼泪一把鼻涕的。

十三岁的正柏在覃家岗上湾、中湾、下湾来回寻找，始终不见大哥的踪迹，沮丧地往家里走去。他老远就听到母亲的哭声，急忙跑进屋，得知大哥已出远门的消息后大惊，连忙从父亲的手上接过纸条看个究竟。

虽然只是二年级的学生，但正柏还是能把纸条上的内容读懂，他看完留言条，右手紧握成拳，捶打着结实的胸脯，痛心疾首地说：“我的大哥啊，你怎么这么傻！咱家虽穷，但我们可以一起面对困难，你出远门，身无分文怎么行？我怎么就睡得那么沉，未能察觉你的离去！”

八岁的三弟正贤和三岁的四弟正毛先后被母亲的哭声惊醒，他们立即起床寻找大哥。

三弟正贤听说大哥已出远门找工作去了，哭闹着要大哥回家给他讲故事。

不一会儿，覃服周家围满了乡亲们。族长及众人纷纷劝慰吴幺妹，要她不要担心，吉人自有天相，东荣那小伙子聪明伶俐、机智善辩，定能平安归来。吴幺妹这才逐渐停止了哭泣……

覃东荣出走时，为了不惊动父母，身上没带一分钱。幸好正业兄带了十元钱，还可以支撑几天。覃东荣与堂兄约定，这钱两人先用着，等以后他有钱了，一定还堂兄五元钱。

可是区区十元钱，在漫长的路途中，连吃饭都难以维持，更不用提住宿和交通费用了。从大庸到贵阳，有近两千里的路程，两人毅然决定徒步前行。

为了节约费用，两人选择抄近道，翻山越岭。根据手中的地图，边走边问，每日艰难跋涉约八十里。

就这样，两人夜里从七家坪悄然启程，直到第二天黄昏，才抵达永顺的石堤西。

在石堤西的集镇上，两人各花费一角二分钱，买了一碗热腾腾的面条，以满足果腹之需，随即继续踏上征途。

当晚，两人舍不得花钱住宿，就在一户人家的屋檐下铺上几张厚纸，再在厚纸上铺上棉被。覃东荣的棉被又薄又烂，仅能作为垫被使用，而正业那床稍厚一点，作为两人的盖被。为防脚臭，两人同睡一头。这一夜，尽管条件艰苦，他们居然进入了香甜的梦乡，或许是因为他们长途跋涉感到太疲惫了。

翌日清晨，天边刚泛起鱼肚白。两人迅速卷好铺盖，用棕绳捆好，随后走到小河里洗把脸，背上破旧的棉被，在一家面馆匆匆吃了碗面条，又继续赶路了。他们足足走了十天，才抵达四川的秀山。

他们继续往南走，进入了贵州的地界。当行至松桃时，已是腊月二十八。

家家户户都在忙于筹备年货，没有谁注意到这两个远道而来的青年。在集镇稍作歇息，两人脚步匆匆，继续前行。直到大年三十，他们终于走到贵州东部铜仁境内。

这天，天气晴朗，冬日的暖阳懒洋洋地悬挂在天空。两人各背着一床破旧的棉被，沿着宽宽古幽的石条路，由铜仁城北往城南走去。

岩板路两旁，客栈、商铺林立，行人如织，熙熙攘攘，一片热闹非凡的景象。两人无心观赏沿途风景，一门心思只顾往前走。

他们走着走着，突然一阵饥饿感袭来，两人不约而同地想找家面馆吃点儿东西。

此时，城南一家很简陋的面馆映入眼帘。两人急忙走进去，放下棉被，招呼老板煮一碗面条。

面馆老板六十多岁，神采奕奕，头戴毡帽，脸庞瘦削，一对“3”字形的大耳直垂双肩，双眼深陷，却炯炯有神。面馆老板见两个衣衫褴褛的青年各背着一床破烂棉被，在大年三十声称各吃一碗面条，心存疑惑，忙问其究竟。

面馆老板是一位心地善良、乐于助人的老人，他听覃东荣讲述徒步去贵阳投亲的事儿后，惊诧不已，顿生同情之心，而后说道：“从湖南大庸到贵阳有近两千里路程，你们竟徒步前往，这份勇气与决心实在令人钦佩！”说罢，他和老伴盛情邀请两人在他家过年。

面对这份突如其来的温暖与关怀，两人感动不已。他们对面馆老板老两口说：“你们的恩情，我俩永生永世都不会忘记！”

这时，老板娘早已准备好一桌丰盛的菜肴，而后热情地招呼两人一起吃年夜饭。

两位年轻人自从离家出走后，已有十多天没吃过饱饭了，今儿看到这么一桌丰盛的菜肴，不禁眼眶湿润。他们感叹道：“这世上还是好人多呀！”

面馆老板见两人半天没动碗筷，关切地说：“年轻人，不要想那么多，快吃，多吃点！天色已晚，今晚就在我家好好洗个澡，住上一宿，养足精神，明天再赶路。”

于是，两人也不顾什么吃相不吃相的，狼吞虎咽起来，惹得面馆老板呵呵大笑。多年以后，覃东荣回忆起此事，不禁眼眶湿润，他说那天的晚餐是他流浪路上吃过的最丰盛的晚餐，他感觉太幸福了。

饭后，面馆老板又领两人到澡堂洗了澡，送两人上二楼睡觉。当夜，覃东荣激动不已，躺在床上辗转反侧，久未入眠。他想，今天真是遇到了大好人，我以后也要像面馆老板那样，真诚地帮助受苦受难的人。

第二天是大年初一，也是一个大晴天。清早，面馆老板留两人吃早饭。饭毕，两人对面馆老板和老板娘各深深地鞠了三个躬，然后背着行囊，与面馆老板一家人挥泪告别。

吃了饱饭，二人劲头十足，在寒风中继续赶路，日行夜宿。

五天后，二人到达贵定，已是中午时分，满天飘着鹅毛大雪，寒风刺骨。不一会儿，山上、地上、房子上成了白茫茫的一片，路上的行人逐渐稀少。只留下兄弟二人的脚印，在雪地上蜿蜒远去。

浑身颤抖的兄弟俩途经贵定县政府大门前，不停地搓着双手，试图驱散那份刺骨的寒意，他们一边不停地对着手哈气一边叨念着：“要是能烤下火，该多好呀。”

其时，一个中年人路过，看到他们两个，驻足注视了许久。

覃东荣也看向中年人，只见这位中年人身材高大，生得一表人才。他身穿一套黑色的衣服，头发乌黑、梳着分头，宽天堂、圆盘大脸、高鼻梁、薄嘴唇、厚耳垂，眼镜镜框下的两只眼睛特有精神，像能看透人的心思似的，不说话就给人一种温馨的感觉。

中年人见眼前的两个各背着一床烂棉被的青年衣衫褴褛、单薄至极，脚踏草鞋，在寒风中瑟瑟发抖，便知道他们落难了，于是决定伸出援手帮这两个小伙子一把。

他走上前，关切地问道：“年轻人，你们是哪里人？到哪里去？遇到了什么困难？”

正业如实答道：“我们是湖南大庸人，去贵阳投亲找工作，走到贵地身无分文了。”

中年人一听，瞪大了眼睛，说道：“啊，你俩竟然是大庸人，长途跋涉至此，还要到贵阳去投亲？太不容易了！”

随即，中年人在身上的口袋里翻找，最终掏出十元钱，递给离他近的覃东荣，深情地说道：“这点儿钱你们先拿着，这么冷的天，你们穿得也太单薄了，快去买件衣服穿，买点东西吃。从这里到贵阳已不远，你们可以到汽车站买车票前往，我还有事，就不送你们了。”

覃东荣颤抖着握着这十元钱，感激涕零，他深情地说道：“恩人，您能告诉我您的姓名和住址吗？我们好给您还钱。”

中年男人微微一笑，摆手拒绝道：“小伙子，不必如此，人生在世，谁都有困难的时候，这是我的一点儿心意。”而后，他轻轻拍了拍两人的肩膀，再次叮嘱道：“天冷，你们多穿点，吃饱饭，再买车票去贵阳。”说完，他便匆匆地离开了。

泪流满面的兄弟俩，对着中年人离去的方向深深地鞠了一个躬。询问路人后，他们得知这位好心人竟是贵定县的领导，心中更是充满了敬佩与感激。

在好心人的资助下，兄弟俩未舍得买衣服，各吃了一碗面条，瞬间浑身充满力量。他们步履坚定地走到贵定车站，购买了前往贵阳的车票。这张车票，让他们节省了大量的时间和体力，更让他们感受到了人间的温暖与希望。

汽车在公路上奔驰着。覃东荣静静地注视着窗外，思绪万千。自从与堂兄离家出走以来，他们一路上得到一些好心人的帮助，特别是铜仁的面馆老板、贵定的县领导，他们的恩情，他将铭记于心，永生难忘！

当晚，兄弟俩终于抵达贵阳汽车站。为了节省开支，他们在贵阳汽车站候车室的地面上，铺上破旧的棉被，睡了一宿。他们可谓是难兄难弟，有福同享有难同当。

第二天清早，为了尽快找到亲人，两人见人便打听贵州省体委及四叔陈有文（族名覃遵众）的情况。在好心人的指引下，他们好不容易走到了贵州省体委的大门口，站了好一会儿。

老年门卫看了看站在眼前的两个青年，衣衫褴褛、蓬头垢面、脚穿草鞋，背上还背着一床破旧的棉被，以为是要饭的乞丐，便拦住他们，问道："小伙子，你们找谁？"

覃东荣欲言又止，面露难色，于是，他将正业兄拉到了前边："哥，还是你来说吧。"

年纪稍大的覃正业坚定果敢，开门见山说出来意："叔叔，我们是贵单位陈有文的侄子，湖南大庸人，徒步二十多天，有急事找他……"

"陈有文主任？"

老年门卫闻言，心里震惊，眼眶不禁湿润了，他看向两人，心中满是同情，连忙说道："年轻人，你们受苦了，我这就带你们去见他！"

老年门卫很快将两人带到陈有文的办公室门外。

老年门卫轻声通报："陈主任，你的两个侄儿来找你！"

陈有文闻言，惊讶之余，连忙问道：“他们在哪里？”

“就在门外。”老年门卫答道。

“啊？！”

四叔覃遵众快步走出办公室，眼前两个青年衣衫褴褛、蓬头垢面，如逃荒佬一般的窘迫，他简直不敢相信自己的眼睛，难道七家坪老家发生了大灾荒？这两个小伙子他为何从未见过？

外边天寒地冻，覃遵众赶紧将两人带进屋，让他们暖和暖和。

进屋后，两人放下棉被，傻傻地站在那里，生怕认错人，不敢轻易说话。

覃遵众怔住了半晌，还是想不起他们是谁，于是问道：“你们是……”

原来，覃遵众与覃东荣、覃正业两个侄子已有十二年未见。1943年覃遵众出外赶考时，两人只有五六岁，如今两人已大变样，让他一时难以辨认。而对于四叔的容貌，覃东荣仍记忆犹新。

他大胆地向前迈出两步，说道：“四叔，您不认识我了吗？我是东荣，您三哥覃服周的长子，他是您堂兄覃遵灼的儿子正业。”

覃遵众仔细端详着两人，终于认出了他们。他激动地举起右手比划着，欣喜不已道：“哦……我想起来了……你就是东荣侄子，三哥服周的长子；他是堂兄遵灼的儿子正业侄子。”

“嗯，嗯。”

“你们受苦了——”覃遵众急步上前，张开双臂抱住两人。叔侄三人紧紧相拥，泪水在眼眶中打转。

半晌，喜极而泣的覃遵众抑制不住内心的激动，关切地问起两人的来意。当覃遵众得知两个侄儿是为了找工作而来贵阳时，不禁眉头紧锁，语重心长地说道：“侄儿呀，你们学历只有小学水平，如何去找工作？没有文化，怎能报效祖国？春季即将开学，你们还是回去好好读书，至少争取考上初中或高中。你们家穷，到时我会资助你们的。等你们有了文化，自然会得到国家的重用。”

两人听完四叔的话，羞愧不已，却又茅塞顿开，他们像小鸡啄食似的，连连点头。之后几天，覃遵众带着两个侄儿理发、洗澡、吃饭、买衣服，还趁休假时领着他们在贵阳市公园、动物园等景点一连逛了三天，让他们开阔眼界，不枉此行。

在贵阳痛痛快快游玩了三天，眼界大开的覃东荣不再提找工作的事，他意识到，没有文化寸步难行，离家出走是一件多么愚蠢的事！他决心放弃找工作的念头，回家乡专心读书。

第四天，覃遵众将他们送到贵阳汽车站，为他们买了回大庸的汽车票，并赠予每人十斤粮票、三十元钱。直到汽车缓缓开动，覃遵众才放心地离开。

回家的路上，覃东荣还了正业兄五元钱并笑着说，以后自己有本事了，会挣到更多的钱，到时一定要把钱用在该用的地方，关心和资助那些需要帮助的人。

第六章

佐饔得尝

覃遵众在见到东荣、正业的当天，就给三哥服周拍了一份加急电报，报以平安。在覃遵众的教育下，覃东荣与覃正业顺利踏上归途，回到了久违的七家坪。

那一刻，吴幺妹总算松了一口气，一颗久悬的心如石头般落了地。孩子是娘的心头肉，儿行千里母担忧，无论身处何方，那份担忧与牵挂如影随形，这或许就是母爱的真谛吧。

贵阳之行，让覃东荣深刻意识到，仅认识几个字，不足以改变自己的命运。作为一个小学生，他深知自己算不上真正的知识分子。

很快春季开学了，覃东荣在四叔覃遵众的资助下，在大庸县立第十三完小继续安心念书。覃东荣比以往更加刻苦了，心智也愈发成熟。他知道，每一份努力都是对未来的投资，也是对自己梦想的坚持。

教字垭集镇自古以来为湘、鄂、川、黔四省交界处的交通枢纽与贸易集散地，其地理位置之重要不言而喻。它位于大庸县城西北约三十公里处，今日更是多条铁路和公路的交汇点，四通八达。这里不仅交通便捷，还有着丰富的历史和文化底蕴。

原设在七家坪、竹园坪交接处古城坪地段的西教乡公所，是这一带的政治、经济、文化中心。1954 年那场千年不遇的特大洪水，把这里夷为平地。平地下的古城墙脚清晰可见。传说三国以前这里是一座相当繁华的古城。随后，乡公所南迁到教字垭茹水河西岸。后来，西教乡改名为大庸县第五区行政办事组，下辖六个公社，即教字垭、兴隆、禹溪、桥头、罗水、中湖。办事组设在教字垭公社。

这里地域广阔，人口众多，仅有一所国民小学（1925 年创办），远远满足不了适龄儿童的入学要求，更满足不了人民群众日益增长的文化生活需要。

1956 年，大庸县人民政府在教字垭公社中心完小附设初中班，暂时解决了初中学生难以就近入学的老大难问题。两年后，大庸县政府斥资，在教字垭集镇西北五百米的荷叶岗，修建了大庸县第二中学。

1956 年 7 月，覃东荣以优异的成绩考上了教字垭公社中心完小附设初中班。提前三年小学毕业的他，心里该有多高兴呀。他昂首阔步走在学校的操场上，要做真正的“解放大哥”，为以前的同学做榜样。

当时，二弟正柏读小学五年级，三弟正贤读小学一年级。三兄弟在同一所学校读书，家中开销更大了。

数九寒冬，寒风刺骨。每天上学，东荣三兄弟衣着单薄，上身穿着仅有的两件单衣，下身穿着仅有的一条单裤，脚穿一双草鞋。兄弟几个能够坚持上学，完全靠坚强的意志支撑着，正如宋濂所说：“以中有足乐者，不知口体之奉不若人也。”

母亲常常教导几个孩子，说人穷穿补丁衣不要紧，但衣服要洗干净，咱不能让别人瞧不起。母亲的教诲，覃东荣铭记于心，丝毫不觉家穷是一种耻辱。穷且益坚，不坠青云之志。

吴幺妹体虚多病，不能沾冷水，凡是与冷水有关的家务活儿，覃东荣一个人包揽了。等三个弟弟熟睡后，他就开始忙活了，俨然一台全自动的智能洗衣机，在高速运转着。不过这台洗衣机不需要用电，而且还是“温暖牌”的。

洗好一家六口人的衣服后，覃东荣就在灶房的火塘里，烧一堆大火，烘烤着才洗的湿衣服。水蒸气在火堆的炙烤下缓缓升腾，化作浓浓的雾罩升向屋顶，一时间烟雾袅袅。

为了尽快烘干衣服，他得不时添加柴火，火堆在烘衣服的同时，也将他身上的寒气驱出体外。

偶尔，覃东荣走进房间，瞧瞧三个弟弟，望着他们熟睡甜美的模样，幸福感满满。

等六套衣服全部烤干，已是凌晨两点。疲惫不堪的覃东荣强打精神，将衣服一一折叠好，整齐地摆放在相应的位置，之后才能拖着疲惫的身躯上床睡觉。

覃东荣虽然每天的睡眠时间只有四个小时，但是，只要能帮助家人就不失为一种快乐，即使过程再辛苦也值得。

第二天早上，天还未亮，他就悄悄起床，开始和母亲一起准备早餐。当二弟、三弟、四弟起床后，看到昨天还是脏兮兮的衣服现在变得这么干净整洁，都知道这是大哥帮他们做的，他们的心中除了感动，还是感动。

吃完早饭，他们穿着干净的衣服，挎着帆布书包，高高兴兴去上学。弟弟们从心底感激大哥，长兄真如父啊！

生活上的困难能克服，求学欲望丝毫不减，可学费从哪里来呢？

自从覃东荣考上初中后，一直在为学杂费发愁。家里若供养不起，上初中岂不成难事？自己的梦想难道就要化为泡影？

好在天无绝人之路。一天，父亲在外打听到了一个消息，说是去大庸县沅古坪粮店挑“死库粮”可挣钱。

覃服周喜不自胜，立刻走回家，将这个好消息告诉了长子覃东荣、次子覃正柏，问两人愿不愿去干这苦活挣钱。

“太好了，天上掉馅饼了！”

兄弟俩异口同声回答：“有钱挣，我们一百个愿意！”

覃服周笑着说：“这苦活，你俩要想清楚。挑粮要挑一百二十里的山路，你们能坚持吗？”

两兄弟齐声回答：“不怕！”

覃服周拍了拍两个孩子的肩膀：“好，就这么定了！早点睡，养精蓄锐……”

这对覃东荣一家人来说，绝对是一个难得的机会，得好好把握住。

当晚屋外一片漆黑。覃东荣心情激动，一夜睡不踏实。几次惊醒，在心里反复地叨念这句话——

“我可以挣钱了，真是太好了！”

第二天凌晨三点，吴幺妹早早地为挑粮的父子仨煮饭、炒菜。父子仨起床洗把脸，狼吞虎咽地吃早饭。

吴幺妹为了不让父子仨中午挨饿，提前为他们备好了午饭，交给长子带着。覃东荣接过午饭，放在布包袱里系好，轻轻搁在箩筐里。

于是，覃服周父子三人挑着箩筐，背着水壶，打着火把走出岩槽门。几十个挑粮的同村人也打着火把出发了，只见长龙似的星星点点，向这边涌来。

一眼望去，覃家岗覃东荣家岩槽门外亮堂堂的，火光一片亮如白昼，真是难得一见的夜景！

挑粮队伍三个一群、两个一伙，有的是兄弟、有的是父子、有的是叔侄、有的是祖孙、有的是伙伴……他们说说笑笑，叽叽喳喳，好不热闹！

大伙浩浩荡荡经过扒龙潭，沿着茹水河西岸向南走去。到达教字垭集镇后，队伍终于汇齐了。挑粮队长清点完人数后，一声令下，大家一齐向东，往大庸县城方向奔去。

一路上，大伙说着笑着，打着火把、挑着箩筐，三步并作两步，急匆匆往前赶路，生怕耽误了时间。对于他们来说，体力就是资本，时间就是金钱。

上午九点，经过六个小时的长途跋涉，一行人抵达大庸县城最繁华的南门口。挑粮队长吩咐大家稍息片刻，然后继续向东赶路。

正午时分，太阳升到头顶。一行人走到了三岔乡的一个河滩边。

午饭时间到了，覃服周父子仨走到紧靠河边的一块巨石上，坐了下来。

“开饭啰——”

满头大汗的覃东荣边说边从箩筐中取出午饭，递给父亲和二弟。

父子狼吞虎咽地吃起饭来。虽然饭菜有点凉，但在长途跋涉中，能吃到自备的饭菜已是莫大的幸福。

饭毕，覃东荣跑到河边，迅速洗好了碗筷，甩了甩水，再放回布包袱里系好，装进箩筐。

“出发啰——”

随着挑粮队长一声大喊，一行人又继续赶路了。不甘落后的覃东荣挑着箩筐，与同村大伙儿一起，一鼓作气向前走去。

晚上九点，挑粮队伍才赶到沅古坪集镇。明儿正式挑粮，养足精神才是硬道理！

凌晨三点，装粮的人起床后吃过早饭，挑着箩筐，前往沅古坪粮店前坪排队，等候粮店工作人员给大家发粮。

明月高悬夜空，银色的月光洒落。装粮的人排着长长的队伍，队伍中的人影在月光下轻轻晃动。虽然排队装粮的人很多，但人人都懂规矩，没有人大声喧哗，也没有人擅自插队。这乡里乡亲的，遇见就是一种缘分啊。

约摸等了一个时辰，轮到覃东荣父子三人装粮了！

三十八岁的父亲装一百斤，十四岁的二弟覃正柏装七十斤，十八岁的覃东荣装九十斤。

当天黄昏之前，他们必须走完这一百二十里路，赶到大庸县粮食局交货，路上基本上没有休息的时间。

好在那时，覃东荣父子仨的体力都还不错，能坚持下去。有钱赚，这点苦算不了什么。

当日下午五点前，覃东荣父子三人都提前赶到县粮食局交粮了。虽然很累，但他们心里可高兴呢。

覃东荣算了一笔账，父子三人每两天挑一回，每回可挑二百六十斤，就有五十二斤的谷物报酬。除去下雨天，他们一个暑假可以挑二十个来回，累计能得到一千多斤的谷物报酬。这就足以解决三兄弟的学费之难。剩下的钱，还可贴补家用，真可谓一举两得，何乐而不为？

就这样，父子三人坚持不懈，来来回回地挑了数日。

一天下午，阳光暴晒，气温很高，在家歇凉打蒲扇都出汗。陡峭崎岖的山路上，没有一丝风儿，只听见树上持续不断的蝉鸣声。

汗流浃背的覃东荣挑着九十斤重的担子，艰难地行走在崎岖的山路上，他觉得肩上的担子越来越沉重。走着走着，他落伍了。

山路两旁，蝉尽情地歌唱，它们似乎在为覃东荣加油鼓劲，激励着他奋力向前。覃东荣顿时心旷神怡，浑身来了劲。他挑着两只箩筐随着蝉的鸣叫声，向前走动。当他神清气爽地将担子挑到一棵大枞树下，突然发现前面不远处，有一个黑色的四方小东西躺在那里，像个钱包。

他靠近一看，果真是一个钱包！他环顾四周，不见人影。

覃东荣马上放下担子，捡起来打开一看，惊呆了！一数竟有七十多元钱！在当时，这笔钱对于覃家来说，就是一笔巨款。

有点小惊喜的覃东荣深深吸了几口新鲜空气，耳畔顿时响起母亲和老师经常教导他的话："人穷志气高，财富靠双手创造，不是自己的东西坚决不要……"

他思虑片刻，决定把钱包交给县粮食局，做个拾金不昧的好青年。

他收好钱包，用破汗巾揩了揩汗，深吸一口气，快步下坡，追赶父亲、二弟及伙伴们。

往前赶了五里路，终于追上了父亲几个，覃东荣心里一阵欢喜。他把捡钱包的事儿小声告诉了父亲，父亲当即赞成儿子的做法。

当日下午五点不到，覃东荣父子仨到县城粮食局，办好了交粮手续。

“叔叔，我在挑粮路上捡到一个钱包，请您帮忙寻找一下失主……”

覃东荣把钱包交给收粮食的工作人员，如释重负。

工作人员数了数，收好了钱包，竖起大拇指夸赞覃东荣。粮食局的领导也对覃东荣的拾金不昧行为给予了高度的评价，并问他叫什么名字。

覃东荣急切道：“我的名字不重要，只拜托你们赶快找到失主！”

看着覃东荣焦急而坚定的神情，领导紧紧握住他的手说道：“好好好，我们会尽全力寻找失主的。小伙子，我代表失主谢谢你！”

覃东荣这才乐呵呵地挑着箩筐离开了……

第二天，县粮食局领导经多方打听，终于找到了失主。

心急如焚的失主取回钱包，激动得热泪盈眶。他打开钱包一看，里面的钱一分不少！他本想出钱感谢这位拾金不昧的好青年，却被告知对方是一位十七八岁的穷苦学生，正在勤工俭学，并未留下姓名，他只好作罢。

此事传开后，覃东荣的一些伙伴、同乡纷纷责怪他。

邻居瞪着眼睛对他说：“唉！东荣弟啊，你真傻！你们父子三人即使挑一个暑假的‘死库粮’，也得不到那么多钱呀！”

覃东荣坚定地说：“人穷要穷得有骨气，穷得有志气！丢钱的人一定很着急，说不定人家正等着这笔钱急用呢。不是自己劳动所得，我坚决不要！”

他的话让在场的所有人为之动容。父亲听了长子的话后深感欣慰，二弟也对大哥的为人更加敬佩。

暑假结束，靠着勤工俭学得来的收入，覃东荣和两个弟弟得以高高兴兴地返校学习。

1959 年 7 月，二十一岁的覃东荣初中毕业，以优异的成绩考入大庸一中高中部。

覃东荣因家里条件差，每餐只能买一角钱“跑马油”菜下饭。

这种菜表面看起来是满满的油珠，实际上是“跑马油”浮在上面，里面没有任何油水，吃后排空时间短，容易饿。

因长期缺乏营养，他的身体越来越差了。

翌年元宵节过后，春季开学的日子又到了。

正月十六，天刚露出鱼肚白，覃东荣草草地吃了早饭，背着行李，挎着黄色帆布书包，拖着疲惫不堪的身躯，辞别了家人，出发了。

那时，从教字垭到大庸县城不通班车。不到二十二岁的覃东荣，去大庸一中报到上学，得走七十多里的山路。

初春时节，天气异常寒冷，路上很少有行人。一路上，覃东荣精神恍恍惚惚，腿脚无力。

翻过几座大山，走到茅溪街公路出口，覃东荣突然感觉胸口很闷，一阵恶心袭来，随即呕吐不止，继而双手捂着肚子，痛得在地上翻来覆去地打滚。

“今天我……不会交待在这里了吧……”前不着村后不着店，覃东荣有点绝望了。

天无绝人之路。就在这时，一个平头、敦敦实实的青年模样的学生挎着黄色帆布书包、背着行李，缓缓地朝这边走来了。

那学生很快就发现前面公路边，有一个衣衫褴褛的男子，双手捂着肚子，在地上滚来滚去。

这是谁呀？

学生大吃一惊，立刻放下行李跑上前一看，天啦，这不是老同学覃东荣吗？

这学生名叫曹太儒，与覃东荣是同乡，柑子坡大队人，是覃东荣的初中同班同学。

他见老同学脸色苍白，双手捂着干枯的肚皮，豆大的汗珠从刀削般的脸上直滚下来。曹太儒深知情况危急，必须尽快送医才行。

曹太儒心急如焚，他试图把覃东荣搀扶起来，可是自己身材矮小，力不从心，只能心急如焚地站在路边四处张望，寻求救援。

不一会儿，曹太儒仿佛看到远处有个人拉着板车走了过来。他心中一阵欢喜，老同学有救了！

随着那身影的逐渐靠近，一位身形魁梧、年近不惑的壮汉映入眼帘，他脸上的轮廓也渐渐清晰起来。

来人国字脸、平头、宽额头、垂头大耳、浓浓的眉毛，那双大眼睛，很有精神。他身穿一套蓝色的衣服，脚踏一双大号解放鞋。

曹太儒等壮大汉走近了，跑向他，摊开双手拦住他的去路："叔叔，请帮个忙。"

"啥事啊？"壮大汉停下了脚步，刹住了板车，看向他道。

曹太儒焦急地边解释边指向右前方的公路："我同学在去县一中读书的路上，得了重病……"

一脸诧异的壮大汉听完曹太儒的叙述，心里稍愣了下，二话不说，径直推着板车向右前方的公路跑去。

壮大汉推着板车跑到覃东荣身边，停稳板车，放下了前支架。曹太儒小跑上前，只见高大魁梧的壮大汉蹲下，伸出一双黝黑而又宽厚有力的大手，稍一用力就将覃东荣抱起，小心翼翼地把他放在板车上，随即将行李也搬上了车。

曹太儒缓过神来，只见壮大汉两手快速握住两根车架，收好前支架，两脚腾空双手往下一压，感觉平衡后，拖着板车快步向东往大庸县城飞奔而去。

曹太儒跟在后面，跑着跑着便跟不上了，壮大汉拖着板车离曹太儒越来越远，渐渐消失在他的眼前……

壮大汉将覃东荣拖到大庸县人民医院前坪，值班医生了解情况后深受感动，向这位壮大汉投以感激的微笑，便立即投入对病人的紧急救治之中……

大庸一中高一（三）班的师生闻讯赶来时，覃东荣已脱离了危险，脸色红润，明显好了许多。

值班医生对覃东荣的班主任说："幸亏你的学生被一个拖板车的好心人送得及时，否则恐怕会有性命之忧！"

曹太儒汗流浃背地一路小跑，到了县人民医院，见覃东荣转危为安，他放心了。

这时，他们想起了那个壮大汉。可是，覃东荣的班主任带着学生和曹太儒，在医院里里外外、前前后后找了个遍，也没有找到壮大汉，很是失望。

这位大汉拖着板车，往返八十多里，做了好事却不留名，不图回报，他的品德是多么高尚啊！

覃东荣听说后，情不自禁地流下了感激的泪水，他暗自发誓：我要努力学习，待将来步入社会，一定要像救命恩人那样，广行善举，以此作为对恩人最真挚的回报！

那名壮大汉就像是夜空中最美的星星，照亮覃东荣一路前行。大难不死的覃东荣出院后，学习更加勤奋、刻苦，成绩稳居全班前列。

覃东荣参加工作后，多次托人寻找这位做好事不留名的壮汉恩人，结果还是一无所获。

弥留之际，他对三个儿女说，他一生中最遗憾的是没能找到那位救命恩人，希望儿女们帮他继续寻找；他反复叮嘱子女，是曹太儒老师和拖板车的那位壮年男子救了他的命，要永远记住这两位恩人！

救人一命，胜造七级浮屠。人在做，天在看。很多时候，当你在成为别人眼中最美的星星之时，可能他人也会成为你夜空中最美的星星。随着星星的不断增多，人世间才有了更多的温暖，处处充满了爱的能量。

第七章

初为人师

苦心人，天不负；有志者，事竟成。机会是给有准备的人留着的。

1962 年 7 月，在父母的苦苦支撑和四叔覃遵众的无偿资助下，覃东荣凭着超乎常人的意志力，读完了高中。

他怀揣着对大学的憧憬，可是一想到家中三个弟弟还在念书，毅然决定放弃备考大学的机会。

不久，大庸县某机关领导看上了他的才学和为人，诚邀其担任秘书一职。面对这份厚爱，覃东荣婉言谢绝了，谦逊地表示自己想当老师，想实现未了的心愿。领导听后，非但没有强人所难，反而对他的意愿表示尊重，他承诺，覃东荣日后如果遇到困难，可随时找他寻求帮助。

这一切，覃东荣未曾向母亲透露。他希望能提前参加工作，哪怕做个民办教师也好，有点微薄的工资，也能够为父母分忧了，以此报答父母的养育之恩。

暑假期间，覃东荣白天干农活，晚上点上煤油灯，认真阅读《毛泽东选集》，以提高政治觉悟和思想境界。阅读时，他不仅摘录要点，还认真地写下心得体会，仿佛与毛主席进行着跨越时空的心灵对话，倍感亲切。

这份亲近感让他心潮澎湃，浑身洋溢着积极向上的力量。他怀揣着为梦想奋斗的决心，发誓要为家乡的发展贡献力量，全心全意为人民服务！

8 月的某一天，覃东荣从广播里面听说雷锋同志不幸因公殉职的消息。那一刹那，他流泪了。这泪水，是同为劳动人民子弟间深厚阶级情谊的自然流露，是今人或许难以完全体会的情感共鸣。

他为这名英雄英年早逝而深感痛惜！他和雷锋一样，虽出身贫寒，却都是在中国共产党和人民政府的关怀下，才有机会走进学堂读书！

尽管他年长雷锋两岁，但对这位毛主席赞誉有加的战士，满怀敬仰。雷锋“出差千里，好事做了一火车”的感人事迹，成为他人生道路上的明灯。他立志要像雷锋那样，助人为乐、无私奉献，让英雄的事迹与精神如同不灭的火种，代代相传。就算天不假年，也无憾此生。

机会终于来了——

一个星期后，已满二十四岁的覃东荣实现了当老师的梦想。大庸县教育科委派他以民办教师的身份，到枫香岗公社青鱼潭大队，筹建青鱼潭小学。

接到通知的那一刻，激动万分的覃东荣哭了。党给了他一个施展抱负的平台，决不能辜负党的厚望。

青鱼潭小学位于澧水北岸，坐落在大庸县西郊枫香岗公社西南处。校园前有一块宽阔的冲积平地。因澧水上游黎家滩河里有一对大岩石，极似青鱼，加之这里雨量充沛，一年四季潭水清澈见底，故当地人把这个地方称为“青鱼潭”。

青鱼潭西依三家馆，东临周家河，南与后坪中山隔河相望，北面是柳竹成林、风景宜人的白露仙山。

半山腰有一处像公鸡模样的岩壁，壁缝涌出清凉可口的泉水，一年四季从不断流。泉水蜿蜒而下，流经一个小山包，山包中三间土砖房依山而建，这就是社员老大娘罗永九的房屋。

1962 年秋季，大庸县教育科应青鱼潭大队人民群众的请求，着手筹建青鱼潭小学。

然而，大队无资金，一时修不好学校。没有教室，总不可能让学生席地而坐吧？晴天尚可应对，下雨天该如何是好？一连串的问题，从覃东荣的脑子里冒出。

开学在即，覃东荣冥思苦想了很久，还是没有想到解决的办法。正所谓“巧妇难为无米之炊”，当然他不是巧妇，只是一名怀揣教育梦想的有志青年。

就在这时，从小没读过书、不识字的罗大娘，看到覃东荣老师为一些适龄儿童没有教室上课心急如焚，心里也不好受，于是主动找到大队支书和覃东荣老师，决定将自家的堂屋无偿让给学校当作教室。这一举动，无疑为青鱼潭小学的筹建工作点亮了一盏希望之灯。

“真是太感谢您了！”

大队支书和覃东荣，一人紧紧拽着老大娘的一只手，除了说谢谢，感激之情无从表达。

就这样，青鱼潭小学开始招生了。青鱼潭小学仅有一间教室，设一个复式班。复式班含一、二年级，每个年级十多个学生，共三十多个学生。学生们坐在堂屋里，一个个坐得端端正正的，有学上了，比吃肉还要香。

没读过正规师范学校的覃东荣，不懂心理学、教育学，初为人师的他多少有点不适应。

没有哪个老师天生就会教书，也没有谁天生就是优秀教师。倔强的他，有初生牛犊不怕虎的干劲，课后一边总结课堂存在的不足，一边探索教学方法。

周末，他跑到大庸县城新华书店，购买有关小学语文、算术等课程的参考书，以“钉子精神”认真钻研，不断加强业务学习，提升自身的教育教学水平。

放学后，吃了晚饭，他就向枫香岗学区同行请教。他常前往周家河小学、龙盘岗小学、泗坪小学、枫香岗中心小学，向有经验的老教师虚心请教。他借阅他们的教案，边看边琢磨。即使夜深了，他还在认真思考、备课、批改作业。

在学生大会上、在课堂中，覃东荣不失时机地宣讲雷锋的感人故事，弘扬雷锋精神。他告诉学生，雷锋叔叔是一个大好人，是彻彻底底的无产阶级革命战士，我们每个学生都要向他学习。

学生们不约而同地喊着口号——

“老师，我们记住了。”

“向雷锋叔叔学习！”

“我们要做一个为人民服务的好人！”

“我们要做毛主席的好学生！”

在响亮整齐的口号声中，覃东荣陶醉了。教书育人，育人在先，教书在后。思想问题解决了，一切好办。

为谁培养人，怎样培养人，培养怎样的人。覃东荣特别注重学生的品行教育，学习和思想两手抓、两不误。

他以身作则，教学认真、做事踏实、责任感强，教学水平不断提高。学生很喜欢上他的课，课堂纪律特好，作业也做得工工整整。

一学期过去了，他所教的一、二年级复式班语数科目统考成绩非常突出，位居全学区同年级前列。他在学区崭露头角了，很快得到各级教育主管部门领导的重视和学生家长的一致好评。一提起他的名字，人们都不由自主地啧啧称赞。

付出就有回报，可他从来不期待学生回报他什么。只要学生学到了知识、学会了做人，他就心满意足了。

覃东荣家离青鱼潭小学很远，翻山越岭走近道至少要八个小时。

一般情况下，他很少回家，有时要隔两个月才回去一次。上班时没有做完的工作，他都要在节假日赶工，力争把它做完。这就是一种责任，一种担当，是每个教师必备的敬业精神。

经过覃东荣一年的精心管理，青鱼潭小学有了很大的起色。附近几个大队的孩子纷纷到这里读书，随着生源的增多，学生由一个班变成了四个班，老师由一人增加到四人。这所小学不久被评定为“大庸县先进工作单位”。

1964 年 5 月，成绩特别突出、思想积极进步的覃东荣，经他人介绍，光荣加入了中国共产主义青年团。同年被评为“大庸县五好青年”“湘西自治州最受尊敬的人”。

覃东荣在青鱼潭小学教书有了名气。当时他故乡的七家坪小学正缺当家人，大庸县教育科决定将他调回七家坪小学任校长。

正在青鱼潭小学干得顺风顺水的覃东荣，怎舍得这里的学生、这里的乡亲和这里的山水？

学生家长和乡亲们听到这个消息，奔走相告，舍不得他走。有的学生家长跑到枫香岗学区找到学区主任，要求把覃东荣留下来。

学区主任无奈地说：“这两年来，无论是生源还是教学质量，青鱼潭小学起色很大，在整个枫香岗学区都是一面旗帜！我们也想挽留他，这是上级组织的决定，请大家相信组织吧！”

房主罗大娘听说覃东荣要调走了，一直伤心落泪。那种不舍，就像母子离别一般。

一个八十多岁的老大爷拄着拐杖和几十个社员来到学校，对覃东荣说：“覃校长，你是好样的！你是我们的好老师，我们都舍不得你走，我们的孩子都离不开你，我们期待你回来！”

覃东荣被乡亲们的真情感动了，眼眶湿润，深情地说：“乡亲们，同学们，感谢你们这两年对我工作的大力支持，以后有机会，我还会回来的！”

说罢，含着热泪，离开他教学生涯的第一站。

众乡亲和学生目送覃东荣挑着行李走远，直到看不见他的踪影，才依依不舍地返回家中。

他回到老家七家坪小学后，立马全身心投入紧张的教育教学工作中。

七家坪小学地处茂古岭山下，是一栋气势宏大的土家族四合院木板房，共有十六间房，被成片成片的绿竹青树环抱着，宛如一幅精妙绝伦的山水画。此处环境幽美，绝对是一个读书的好地方。

从吴家前坪往上走二十一级两米宽的石阶，就可看到由两扇门组成的大门。校门是土红色的，门上的“七家坪小学”五个大字遒劲有力。门的顶上呈“人”字形，盖的是小青瓦。大门外有一块平塔，东西两边各有一张一米长、四十公分宽、十公分厚、六十公分高的长方体岩板坐凳。

走进大门，就会看到四合院中间，有块由长方形岩板铺成的宽敞的塔子。塔子东西两边各有一个长方形单池。单池的三方抵过道，一方抵塔子，单池比塔子低五十公分。池里一年四季都有水，从不干枯，单池边还设置了暗沟，污水可通过暗沟排出池外。

四合院内共住着四户人家。当时七家坪大队还很穷，无经费修学校。本大队的适龄儿童想读书却无教室。这所四合院内的四户人家深明大义，每户人家主动让出一间房，作为学校的教室。

学校校舍不够，起初只招一至五年级五个班。一、二年级一个教室，为复式班，三、四、五年级各一个教室。学校四名教师，一名教师教复式班，其余三名教师各教一个班。

秋季开学的那天上午，阳光普照大地，蔚蓝的天空看不见一片白云。

在覃东荣的精心组织下，学校举行了建校以来第一场开学典礼。

两百多个学生整齐有序、安安静静地坐在四合院中间古幽洁净的岩板上，认真听覃东荣讲话。

忽而一阵阵秋风从半山腰生起，越过一片竹林，向操场吹来，风儿吹拂着他们的脸颊，众人顿觉舒服极了。秋阳无情，凉风有意！

台上的覃东荣慷慨激昂地发表演讲——

“……老师们，同学们，我们虽然现在没有自己的教室，因为我们的国家还面临一些困难。

但我相信，困难是暂时的，不久的将来，党和政府会为我们修建新教室。我们这所学校是社会主义学校，是在中国共产党的领导下，专门为人民服务的，我们的办学宗旨是培养社会主义劳动者。我们要把这所学校办成有特色、有影响的社会主义学校，一定不会辜负中国共产党的期望！”

他的话音刚落，会场内立马响起了热烈的鼓掌声，经久不息……

会后，师生们感触极深。他们纷纷表示，在覃校长的带领下，全体师生众志成城，七家坪小学肯定会成为学区、大庸县的一面旗帜。

那时，学校条件艰苦，只有上课的教室，却没有教师办公室，更不用说有教师办公的桌椅了。

没有办公室，备课、批改作业怎么办呀？

覃东荣想到一个好办法，他让裁缝给定制了一个灰色大布包袱。拿到布包袱之后，他拍了拍，刚刚好，很是满意。

放学后，他把教科书、备课本、学生作业，一并装在布包袱里背回家。

晚上，他在家点上油灯，开始认真备课、批改作业，直到深夜才歇息。

第二天，覃东荣背着一个大包袱早早地来到学校。进了教室，他先将学生的作业本摆放在座位上，以便学生来校后及时更正。然后他走出教室，站在学校大门外，等候每一位师生的到来。

就这样，覃东荣天天背着几十斤重的大包袱往返于家和学校之间。每天两点一线的生活，周而复始。七年如一日，风雨无阻。

不知不觉中，他的肩膀上留下了一道深深的勒痕，脊柱偏向一侧，严重变了形。他包袱里边装的是一颗热心、一颗真心，还装载着七家坪的未来、乡亲们的期盼。因此，当地学生、家长亲切称他为“包袱校长”。

覃东荣肩负着双重重任，不仅要管理好自己班级的日常工作，还要统筹全校的工作。他秉持着“严”字当头的教育理念，对学生在学习上、纪律上，都寄予了高标准、严要求。

养不教，父之过；教不严，师之惰。覃东荣认为现在放纵学生，任凭学生自由发展，是对学生的极端不负责。教书育人，教文化知识很重要，但更重要的是教学生如何做人、如何感恩、如何报效祖国。

在师生大会上，覃东荣强调，每名教师都是音乐教师，要教学生大声唱革命歌曲。他规定，任课教师必须在每节课前到教室，督促、检查、登记唱革命歌曲的情况。

学生唱革命歌曲时，一个个激情澎湃。附近的社员听到歌声后，也跟着哼唱，校园内外到处回荡着革命的歌声。社员纷纷夸赞学校办学有方。经典革命歌曲，催人奋进！

覃东荣虽然相貌看起来十分凶悍，甚至有点古板，但他内心很善良，凡是和他打过交道的人都知道这一点。

得知班上的学生因家庭贫困，买不起必需的学习用品，覃东荣心里难受，自己省吃俭用也要给他们买。作为过来人，他深知，如果一个家庭连孩子学习的必需品都不能提供，意味着这个孩子随时都有可能辍学。他认为“再穷不能穷教育，再苦不能苦孩子”。

覃东荣不仅重视学生的文化成绩，更注重学生的思想品行教育。本大队第二生产队李二婆，是个孤寡老人，膝下无儿无女，手脚不方便，生活困难。

课余，覃东荣便带领学生来到她家，义务帮老人做家务。李二婆因此心情舒畅、精神特好，逢人便夸覃校长教导有方。

这所四合院学校虽小，但在覃东荣的管理下，形成了团结向上、勤奋好学、文明守纪、秩序井然的良好校风。他带着师生们，在这片热土上梦想起航，雄赳赳气昂昂走在社会主义的大道上。他坚信有朝一日，山窝窝里一定会飞出金凤凰、银凤凰，而且还会越来越多。

第八章

犁田少女

看着学生们快乐学习，茁壮成长，脸上绽放着灿烂的笑容，覃东荣内心充满了难以言表的欣慰。他唯一的愿景，便是致力于办人民满意的教育，尽可能让更多的孩子上学读书。

时间一天一天地过去。覃东荣的同窗与挚友大多已成家立业，有的甚至已为人父母，孩子即将步入小学。

每每想到这，他的心中不禁泛起一丝焦虑。在那个传统的年代，男大当婚、女大当嫁，独身主义鲜少被谈及，因其带来的世俗压力足以令人窒息。

自从覃东荣调回七家坪小学后，他忘我地工作，转眼间，一年过去了。母亲看到长子只顾埋头工作，深感忧虑，多次催促他早日找个对象，趁着自己尚有余力，还可以帮忙带带孙儿。

覃东荣笑着说：“媳妇总会有的，娘您就别担心了。”

吴幺妹撇撇嘴说：“娘像你这么大年纪的时候，你都四岁了，可以给我烧灶火了。”

覃东荣轻声回道：“娘，您就别催了，您儿子我好歹也是老师，找个媳妇有什么难的。娘，您说我该找个什么样的对象？”

吴幺妹沉思了一会儿，缓缓地说：“咱家穷，你的几个弟弟还在上学，人家不一定看得上咱们。婚姻大事，讲究门当户对。我看只要对方心地善良，能吃苦耐劳、孝敬父母就好。”

听母亲这么一说，覃东荣的心结瞬间打开了，一拍脑门：“是呀，我也觉得对方勤劳善良最重要。娘，儿子给您保证，一年之内，一定给您找个称心如意的媳妇回来。”

吴幺妹紧锁的眉头舒展开来：“东儿，你说话得算数哦。”

覃东荣胸脯拍得噼啪作响：“娘，我是男子汉大丈夫，说话算话。”

有了长子的保证，吴幺妹也就不再催促他成家了。有时缘分来了，想挡都挡不住。

1964 年春季，堂姐覃银妹给覃东荣做媒，说她认识一位名叫向佐梅的农家少女，和他很般配。只是覃东荣工作太忙，没有时间去结识这位少女。

堂姐告诉他，向佐梅是大庸县中湖公社石家峪大队天子堰生产队的。

一说起天子堰，覃东荣就来兴趣了，这地名好响亮呀，为何取名天子堰?

堂姐笑着说：“想不想听呀？”

覃东荣点点头：“肯定想呀！”

于是，堂姐就跟他说起了这地名的由来——

天子堰，坐落在大庸县中湖公社袁家界的八仙山之西，位于鸡母娘嘴的半山腰。

传说很久以前，一个风雨交加的夜晚，电闪雷鸣、狂风大作，只见天空中出现一道闪电，随即一声巨响，地动山摇，房屋倒塌。鸡母娘嘴与小观音山之间的地带突然下沉，形成了一个方圆近百亩的堰塘，当地人甚为惊诧，把它取名为“天自堰”。

据考证，天子堰这一带一直是向氏家族居住的地方。早在北宋末年，向氏土酋参加钟相、杨幺领导的洞庭湖起义，失败后逃到青崖山（今张家界）水绕四门隐居。

南宋末年，天下战乱不止，向氏土酋的三个儿子向龙、向虎、向彪都已成年。三兄弟在水绕四门揭竿起义，义军被朝廷的军队打败。所幸的是三兄弟之中的长兄向龙留下一脉，隐居水绕四门。

明朝初期，靖安土司向氏的儿子向大坤在袁家界揭竿而起。向大坤自幼习武，悟性极高，而且力大无比，学得一身好武艺，为人重义有计谋。

明洪武十六年（1383 年），向大坤在袁家界开荒屯垦、积蓄粮草，在矿洞峪炼铁打造兵器，在袁家界下坪松子岗修建天国皇城，为起义作了充分准备。

向大坤正式宣布建立“天国政权”，自称“向王天子”，高举义旗一呼，附近几个县的穷苦百姓纷纷响应，向朱明王朝宣战，反抗明朝的统治。

朱元璋得知九溪蛮的向大坤自称“向王天子”，大怒，立即派重兵前去征剿。两军在三关寺、闸口关相遇，起义军人少，抵挡不住，明军一路追杀，起义军不得不向青崖山撤退。

起义军开上袁家界后，在天自堰周围的深山密林里埋伏起来。当明军追杀到鸡母娘嘴的半山腰时，天空突暗，电闪雷鸣，狂风大作，飞沙走石，暴雨如注，明军惊慌。

头戴斗笠、身披蓑衣、面目漆黑的起义军如天兵天将，一鼓作气，从四周冲下，杀声震天。明军溃不成军，纷纷落入万丈深渊天自堰中，无一生还。

从此，朝廷再也不敢派官兵讨伐九溪蛮，这里的人们一直过着世外桃源的日子，民丰地肥，安居乐业。

后来，当地人民为了纪念“向王天子”，将“天自堰”改名为“天子堰”。

一年四季，天子堰水清塘满。当地人看到堰塘里的水太满，担心水满堰崩，开始寻找水源，想堵住源头。

很快就有人发现，堰东鸡母娘嘴山中有两股水源，源源不断地流入堰中。一股水源有碗口大，从冒水洞流出；另一股水源有鼎罐大，从牛鼻子洞流出。

当地人想封住水源大的洞，留一个水源小的洞，便用岩石、细沙、石灰将牛鼻子洞封住，把水源阻挡回去。每每失败，水源不仅没有减少，反而还在增加，众人无奈，只好放弃。

一天，一位白发苍苍的白眉老道路过此地，乡民提及此事，请求老道帮忙。老道手抚胡须，笑着说了堵住的办法。山民照办，果真奏效。

牛鼻子洞的水源堵住后，堰塘里的水逐年减少，犀牛藏不住了，从堰中飞出，路过大观音山之西双合岩山顶时，留下两个脚印，随后向北飞去，不知去向。

犀牛飞走后，堰中的鲤鱼精耐不住寂寞也飞走了，据说飞到桑植县竹叶坪乡汨湖村的一个阴沟里隐藏起来。

堰中央还有一株柳树，传说这株柳树生机勃勃且长势良好，因为柳树根的下面是莲花穴。

每到春夏交季时节，在美丽的夜晚，堰塘对面大观音山半山腰的山民，看到天子堰的上空亮堂堂，像是无数朵莲花竞相开放，甚感奇怪，纷纷跑到堰边看个究竟。只见万道光芒相互映射，好看极了！

在天子堰之北，有一座郁郁苍苍像青龙似的仙山，当地人把它取名为青龙山……

堂姐说了这么久，有点口渴了：“今儿就说到这里吧。”

覃东荣明白堂姐是在“故弄玄虚”，很识趣地给她泡了一杯热茶:“姐，你先喝口茶，然后说正事。”

堂姐莞尔一笑:“这茶太烫了……还是不说了，怕你晚上睡不着觉。”

“没事，你继续说吧。睡不着觉我也不怨你。”

堂姐这才想起，啰啰嗦嗦说了大半天，向佐梅的情况还没有说呢。

她把茶水放到了一边，进入正题——

话说青龙山半山腰的牛栏湾，住着几十户向氏人家。

到向氏延字辈这一代，有一个性格倔强的生产能手名叫向延阁，1921年出生。妻子李桂妹1926年出生，系大庸县西教乡香炉山村李家湾组人。

夫妻俩膝下有三女一男，三女大，一男小。长女向佐梅、次女向佐端、三女向佐满，一子向佐明。

向佐梅，1945年农历正月初三出生，又名珍妹，天资聪颖、贤惠厚道、孝敬父母、勤俭持家。

向家世代务农，辛勤耕作，一直过着清贫的生活。向佐梅家境窘迫，几个弟妹需要人照料，向佐梅小学还没读完就含泪回家，帮父亲做农活，照料弟妹。

家中人口多，生活条件差，父亲向延阁劳累过度，不幸落下腰背疼痛的毛病、患上慢性支气管炎。

1958年初夏，正是高寒山区农忙季节。

一天上午，艳阳高照，天气沉闷。

正在田坎下方割草的向佐梅，听到在犁田的父亲咳嗽不止，不觉心疼。她立即爬上田坎，放下背篓，见咳嗽中的父亲背驼腰弓，越咳越厉害，便卷起裤脚，急跨几步，来到父亲的身边。

向佐梅望着气喘吁吁的父亲，央求道："爹，您头上冒着毒汗，病得这么厉害，您在树荫下歇会儿，女儿替您犁田！"

说罢，向佐梅从父亲手中接过犁，右手掌犁，左手拿着竹条，学着父亲的样子吆喝着犁起田来。

当爹的心疼不已，泪珠滚下："女儿呀，你还小，才十三岁，如何拖得动犁，犁得好田？"

向佐梅一边犁田，一边回答："不会慢慢学，爹，您在树荫下歇会儿吧！"

喘着粗气的父亲坐在一棵大树下，咳嗽减轻了。他左手捶打着腰，右手比划着给女儿做示范。向佐梅年纪虽小，但悟性高，一教便会。

“向左转，豁起——”

“向右转，豁起——”

“向后转，豁起——”

…………

说来也怪，这头黄牯还真听小主人的话，依着向佐梅的吆喝声有规律地前行着。

从没犁过田的向佐梅犁得有模有样，附近犁田的老农、割草的妇女放下手中的活儿，都来看热闹。

两个时辰后，向佐梅犁完了这丘大田。

附近犁田的老农也纷纷教向佐梅犁耙田的要领，向佐梅一一点头，记在心中，慢慢琢磨。

不到两年，她就掌握了犁耙田的要领及技巧，成为本地有名的耕作能手……

向佐梅的情况说得差不多了，堂姐也有点累，就回家去了。

说者无意，听者有心。意犹未尽的覃东荣听完后流泪了，他记住了向佐梅这个名字。向佐梅这女孩比自己还可怜，十三岁就帮父亲犁田，是个勤劳、孝顺的苦命人。

当晚他真的睡不着，躺在床上翻来覆去。最终他决定，只要有机会，就得好好去会会这个犁田少女，见识她的真面目。

第九章

喜结连理

湘西的一方山水，养育着一方人民，秀水青山出美人。世代累居在这里的人外表美，心灵更美。

天子堰山青水绿，清澈见底，周边垂柳倒映在塘内，形成一幅优美的山水画。

秋天，朦胧的粉红色晚霞铺满天边，天子堰是那样的祥和、静谧，犹如一幅色彩斑斓的油画。

天子堰边，来了一群身材苗条、轮廓优美的妩媚少女，她们笑着、走着，唱着山歌，甜美的歌声传遍山冈。

湘西山水，赋予她们美妙的歌喉。大自然，修炼了她们健美的身姿。

令人遗憾的是，山区农民供不起孩子上学，尤其是女孩，能读完小学六年级就很不错了。

老祖宗传下来的“耕读为本”的家训，到了二十世纪六十年代中期，就只剩下“耕作为本”了。因此，山区男孩以当兵入伍作为出路，女孩子指望嫁一个文化人。

当年，覃东荣虽为人民教师，但其身份却为“民办教师”。这个名词与职业，现在的人们似乎快忘却殆尽了。

二十世纪六十年代，这个职业还是颇能吸引人眼球的。二十四岁的覃东荣能当上民办教师，还算是幸运，加上年轻有文化，自然赢得了很多山乡少女的青睐。

到了 1963 年，向佐梅已经出落成一名十八岁的少女。她身材高挑、肤白细嫩，她的美既有天仙般的英姿，又有月光般的灵秀。

每当晚霞降临，她从淡红色的光环中走向银灰色的巨石旁，月光从树隙间，流泻到她的身上。

她，面山而立，默默凝望着巍巍群山和变幻的彩云，就像一尊天笔制作的女神雕塑。这么一位美丽能干的少女，自然也吸引了众多的仰慕者。

1964 年春节后不久，处于高寒地区的石家峪大队寒气袭人。西北风“啪啪”地拍打在行人的脸上，行人冷得直打哆嗦。

天子堰山顶白雪皑皑，厚重的积雪压断了许多树枝，一尺多厚的积雪不惧春日暖阳的照射，仍不融化，坚定地俯视着山下所发生的一切。

彼时，湘西北这块土地虽然已解放十五年，但父母之命、媒妁之言的旧俗观念仍如磐石般坚固，深植人心。善良守旧的父辈们坚信，大人过的桥比子女走的路还要长，父母包办的婚姻不会错，一定能让子女幸福。

经媒人介绍，向延阁欲将长女向佐梅嫁给附近公社一户人家。受婚姻自由思潮影响的向佐梅对那个青年并无好感，誓死不从。

为此向佐梅与性格暴躁的父亲闹僵了，父女之间的隔阂越来越深。向佐梅整日忐忑不安、闷闷不乐，乡亲们再也看不到向佐梅像往日一样的笑容了。

向佐梅的堂舅母覃银妹听说外甥女的遭遇后，认为外甥女的做法是对的，新社会了，父母不应该包办子女的婚姻，她很同情向佐梅的处境。

为缓和向佐梅父女的关系，覃银妹决定接外甥女到自家住上一段时日再说。

覃银妹是覃东荣的堂姐，家住张家嘴，与覃东荣家只隔一条茹水河，两家隔河相望，相距不到两公里。

吴幺妹早就托堂侄女覃银妹帮长子物色一个对象。覃银妹与丈夫李启华经过深思熟虑，认为覃东荣与向佐梅都是追求进步的青年才俊，二人情投意合，实为天作之合，便有心促成这段美好姻缘。

暑假的一天早晨，覃东荣起得很早。红彤彤的太阳从东边朝天观的山顶南侧不远处冉冉升起，映红了东方的那片云彩，好似身穿红装的少女，在美妙的乐曲中翩翩起舞。

覃银妹嘱咐长女家秀到河对面，把堂大舅覃东荣请来。家秀愉快地答应了，一路小跑，跑到覃家岗覃东荣家。

一进堂屋，李家秀气喘吁吁，秀眉舒展，等呼吸平缓之后，对覃东荣莞尔一笑，说："大舅，大舅！我妈要你赶紧收拾好自己就到我家去，她找你有急事！"

吴幺妹看到满头大汗、衬衫湿透的外孙女，心生疼爱，赶紧找出一条干净的毛巾递给她，要她擦擦汗。

覃东荣马上意识到，银姐这么急要他过去肯定是处对象，不知是哪家的姑娘，想着想着他不觉地脸红了起来："秀，你先等会儿哈。"

家秀一边擦汗一边催促："大舅，我妈急着呢，你快点好不好？"

"好咧，我这就去换衣服。"

说完，他马上走进房间，打开那口木箱子，取出平时舍不得穿的那套黄色衣服，飞快地穿上就出来了。

他拿出一个破旧的小镜子照了照，顺手捋了捋中分头，端详片刻，对自己的形象很满意："想不到，我穿上这衣服，还挺精神的。"随即，他将小镜子放入上衣口袋。

家秀拉着覃东荣的手："大舅，我们走吧。"

"等一下。"

吴幺妹踮起脚，帮儿子理了理头发，整了整衣服，而后催儿子快去。

两舅甥出了门，一路小跑，不一会儿到了茹水河边。

茹水河是澧水在张家界市永定区境域内最大最长的支流。河宽百米有余，无论怎样天干大旱，该河从不断流。好在河水深不过膝盖，两舅甥卷着裤脚，穿着凉鞋快步蹚过，在平地小跑一段后，就到了张家嘴。

第一次相亲，覃东荣有点害羞，让外甥女先回家报个信，稍后他再进门。

“好咧——”

家秀先回家报信去了。

支走了家秀，他蹲在一条宽大的水渠边，捧了几捧水洒在头上，整了整发型，而后掏出那块破镜子照了又照，整理了一番又一番，自我感觉良好，才信心十足地走向银姐家。

堂姐夫李启华早已在大门口等着，看到覃东荣后，立即把他引向堂屋。

覃东荣走进银姐家堂屋门口，往里一瞧，只见里面坐着一位剪着学生头、瓜子脸、皮肤白皙、端庄清秀的少女，正在和银姐说着话呢。

他心中窃喜，难道这女子就是我今天要相亲的对象？长得蛮漂亮的。

李启华提来一把椅子，让覃东荣在向佐梅的对面坐下。家秀用茶盘给两人各端来一杯热茶，而后出了门。

覃东荣轻轻吹了吹茶面上的热气，在抿茶的同时，悄悄瞟了向佐梅一眼。

让覃东荣意想不到的是，对面的向佐梅也几乎同时瞥了他一眼。就这样，两人的目光无意在空中对接上了，向佐梅害羞地低下了头。

“唰”的一下，覃东荣瞬间脸红了，也不好意思地把目光转移开了。

一会儿，李启华将内弟覃东荣叫到屋外。覃银妹趁机问向佐梅对覃东荣的印象如何，向佐梅羞涩地点点头，表示中意。

李启华试探覃东荣的口气，很快从内弟那满脸的笑容中读懂了他的心思，覃东荣很满意。

覃银妹走出堂屋外与丈夫嘀咕一阵后，示意让覃东荣进屋与向佐梅好好谈一谈。覃银妹找了自己要做早饭的借口，就和丈夫进灶房去了，余下的时间交给覃东荣两人。

覃东荣和向佐梅就像是久别重逢的老朋友一般，拉开了话匣子，天南海北聊得挺投机。或许这就是所谓的一见钟情吧！

覃银妹留覃东荣吃了早饭。饭后，覃东荣回家了。当天下午，向佐梅随堂舅妈覃银妹一起回到久别的家。

爱情这事儿，说简单就简单，说不简单也不简单。正如《诗经》中的《关雎》所说：关关雎鸠，在河之洲。窈窕淑女，君子好逑……悠哉悠哉，辗转反侧……窈窕淑女，钟鼓乐之。

当晚，覃东荣反复小声默念这首诗，看来又是一个不眠之夜。

第二天清早，覃东荣兴冲冲带着礼物，来到堂姐夫李启华家，火急火燎地请求堂姐夫到向佐梅家去说媒。

李启华呵呵大笑：“你这小子，看把你急的……”

没想到覃东荣还很幽默，蹦出一句毛主席语录：“下定决心，不怕牺牲，排除万难，去争取胜利！”

一句话就把覃银妹给逗乐了：“你这是去相亲，又不是去打仗，说什么不怕牺牲、排除万难啊？”

覃东荣也笑了：“没什么不妥呀，相亲和打仗差不多。”

覃银妹一脸的无奈：“行行行，你是知识分子，说什么就是什么。”……

当天下午，李启华提着礼物来到堂姐夫向延阁家。

向延阁怒气未消，迟迟不肯松口。在媒人覃银妹夫妇及妻子李桂妹的再三劝说下，他答应先到覃东荣家看看情况，再做决定。

这一年，覃东荣的二弟、三弟正在读初中，四弟正在读小学，家里一贫如洗，饭都吃不饱，更不用说有谈婚论嫁的钱财了。

覃东荣大伯家的堂兄、堂姐早已从永顺师范学校毕业，成了国家教师，家境相对宽裕些。

大伯娘杨小妹时常想起丈夫遵燧为了人民的解放，二十七岁就壮烈牺牲了，是二弟与三弟含辛茹苦帮她把两个幼儿抚养成人。

而今三弟家过得相当艰难，大侄儿覃东荣到了谈婚论嫁的年龄了，很快要看家风了，事不宜迟。

杨小妹就与二弟媳吴大妹商量，尽自己最大的努力，拉扯三弟家一把，让三弟家把大儿媳娶进门，了却一桩心愿。

在长辈们的关怀下，覃东荣凑齐了看家风的钱。看家风的日子定在1964年农历九月十三，星期天。

这天，蔚蓝的天空比任何时候都蓝，深秋的阳光照得人暖洋洋的，舒服极了。为了让这次看家风给女方留个好印象，覃银妹让覃东荣家提早有个准备，免得到时措手不及。

覃银妹把长女家秀叫到跟前，再三叮嘱："家秀，明天是你堂大舅看家风的日子，但妈很不放心，因为你堂大舅家太穷了。我今天下午就去石家峪你梅表姐家，妈给你布置个任务：明天早上你吃了早饭，站在古城坪中间的郭坟包上，你看到我们来了，赶紧跑到你堂大舅家报个信，好让他家好好准备一下。记住妈妈的衣服，明天妈妈就穿这套青色衣服，千万要记住，不然你堂大舅的婚事就吹了！"

家秀淘气地说："好，妈妈，您放心，保证完成任务，这件事包在我身上！"

第二天，家秀与父亲早早地吃了早饭，过了茹水河，两父女在河岸古城坪路段分路了。父亲往西到覃东荣家去，家秀往北到古城坪郭坟包望风去。

古城坪中间的郭坟包高五米、方圆二十余米，地势较高，宏伟壮观。站在上面，向东可看见罗家岗，向西可望及覃东荣堂大舅家。

家秀在郭坟包上坐了一会儿，心里想：不能再坐了，万一妈妈和梅姐提前来了咋办？我是对妈妈打了包票了的。

她随即站起来，目不转睛地望着东边，许久不见母亲、梅表姐过来。

她想坐下休息，又怕误事，对不住堂大舅。她索性踮着脚向东北方向望去，还是看不见母亲与梅表姐的踪影。

重任在身的家秀有点儿不耐烦了，跺了跺脚，还是不敢坐下来休息。

功夫不负有心人。一个时辰后，只见河对岸走过来二男三女。哎哟！前面那个穿着一套青色衣服的很像母亲，中间那个穿着蓝色上衣、青色裤子，剪着学生头的不正是梅表姐吗？母亲与梅表姐穿的衣服她记得很清楚。家秀揉了揉眼睛，仔细一瞧，是，真是，果真是母亲和梅表姐！

确认来人是母亲、梅表姐他们几个后，家秀高兴得手舞足蹈起来，立马跑下郭坟包，向西狂奔，边跑边喊："来了，梅表姐来了，梅表姐来了！"

路上行人看到一个十二三岁的女孩边喊边跑，认为她癫了。李家秀却不管这些，只顾往覃家岗覃东荣堂大舅家跑。

听说女方看家风的人快来了，覃东荣家顿时沸腾起来。亲人们有的扫地，有的抹桌子，有的抹椅子，有的挑水，有的烧茶……真是忙而不乱！

杨小妹拿着一套自己平时舍不得穿的青色新衣服，一跑进覃东荣家，就说："幺妹，快，快换上这套衣服，你身上那套补丁衣服怎么见你亲家？大妹，快帮幺妹换上。服周三弟，快带上几个侄儿跟我来，把我家的米、腊肉、鸡蛋、红糖拿来！"

覃服周夫妻两个这才醒悟过来，分头行事了。

时间一点一点过去。一会儿，不知怎么回事，众人突然哈哈大笑起来。

覃东荣循着众人的目光看去，原来笑的是自己的母亲，母亲显得很不自然，身上的这套青色的新衣服太小了，把身体箍得紧紧的。母亲的身材要比大伯娘高大得多，难怪母亲穿上大伯娘的这套新衣服，露出了窘态，引得周围人忍俊不禁。

在众人的大笑中，女方来看家风的四人，在媒人覃银妹夫妇的陪同下，已来到覃东荣家院落岩槽门外。覃银妹走进屋，要覃东荣把女方四人接进来。

男女双方在堂屋落座后，媒人覃银妹把男女双方一一作了介绍。覃东荣按照当地风俗给女方四人及媒人夫妇敬献了蛋茶。

茶毕，向佐梅的父母站起来，走进覃东荣屋里看了看。向父向延阁打开米坛一看，米是满的，然后女方四人同媒人覃银妹夫妇走出门外，在房屋周围看了看。

细心的向延阁还是看出了猫腻，问道："这大坪大坝，好是好，就是房屋太窄，四兄弟只有两间房怎么住？"

向母李桂妹不以为然："没有房子，只要人不懒，勤劳肯干，可以修建嘛！"

向延阁的疑虑一下子消除了不少："也是哦，勤劳能致富。孩子他娘，这门亲事，就这么看？"

李桂妹瞪了丈夫一眼："还能怎么着？这青年懂礼貌，诚实可靠，是个做大事的人！我喜欢。"

"是是是……"妻子都同意了，向延阁只好点点头。

正是丈母娘看女婿，越看越欢喜。

九月间还有腊肉吃，在当时还是相当不错的。这次看家风，女方总的来说，印象不错，挺满意。

覃东荣的大伯娘顾全大局，在东荣侄子这次看家风中无偿贡献了一坛子米、一块腊肉、三十多个鸡蛋、一包红糖，为覃东荣家赢回了脸面。

从此，杨小妹、吴大妹、吴幺妹三妯娌患难与共，精诚团结，在当地传为佳话。

覃东荣与向佐梅恋爱，没有浪漫的罗曼史。他俩的爱情，在互帮互助中萌芽。

覃东荣家里穷，向佐梅经常到覃东荣家帮忙；向佐梅学习基础不好，覃东荣便主动抽出时间，帮助向佐梅补习文化知识。

两颗年轻的心越靠越近，不知不觉中碰撞出爱情的火花。

四十三天后，农历十月二十六，又是一个星期天。那天，万里无云，冬阳暖暖。

凌晨四点，迎亲队伍打着火把出发，来回六十多里。上午十二点前，迎亲队伍将新娘从石家峪大队天子堰迎娶到了覃东荣家。

覃家一片欢腾，人头攒动。

酒席上，新郎覃东荣穿的还是那套平时舍不得穿的黄色衣服，新娘向佐梅穿的仍然是那套蓝色的上衣、青色的裤子。

乡亲们为覃东荣和向佐梅举行了简朴而庄重的婚礼。

从相识到相知，再到相爱，不到一年时间，覃东荣就把“犁田少女”娶回了家，兑现了在母亲面前许下的承诺。

言必信，行必果。家事上如此，在工作中更是如此。有了自己的小家，覃东荣仍然没有忘记大家。

闹腾了大半夜的覃家岗，终于安静下来了，一弯残月挂在天空。不一会儿，秋风吹来一大片乌云，遮住了残月，远处的群山一片朦胧。

第十章

夜来幽梦

十年生死两茫茫，不思量，自难忘。千里孤坟，无处话凄凉。纵使相逢应不识，尘满面，鬓如霜。

夜来幽梦忽还乡，小轩窗，正梳妆。相顾无言，惟有泪千行。料得年年肠断处，明月夜，短松冈。

——【宋】苏轼《江城子·乙卯正月二十日夜记梦》

十九岁的向佐梅嫁到覃家后，丈夫覃东荣在本大队教书，二弟正柏在外地教书，三弟正贤、四弟正毛正在读书，一大家子人，维持生计还真不容易。

在农村，种地种田这苦力活，没有男丁帮衬，是最艰难的。家中劳动力不足，因此农活全落在年逾半百的公公肩上，他一个人实在忙不过来。

一天，患有前列腺炎、支气管炎的公公在田里春耕的时候走几步，又停一会儿，重体力活越来越吃不消了，他叹息道：“岁月不饶人，老啰，不中用了。”

在田埂上剁草的向佐梅见状，实在看不下去了，就跟公公商议，让他干点轻松活，犁田、耙田的事儿交给她就行。

公公说什么也不答应，“佐梅，犁田、耙田这活儿，都是男劳力做的，怎么好意思让新儿媳妇做呢？”

向佐梅擦了擦脸上的汗水，深情道：“爹，新社会了，男女平等。我十三岁就在娘家犁过田，到时爹您给我指点指点。”

公公还是坚持，“好吧。等我把这丘田犁完，明天就让你接手吧。”说完，挥动着竹条，赶着牛，继续往前走去。

翌日，天刚出现鱼肚白，勤快的向佐梅已做好了早饭。

饭后，婆婆洗碗打扫卫生，公公去山上割牛草，丈夫去本大队教书，三弟、四弟去上学。

脸庞精致稚嫩的向佐梅打着赤脚，卷起裤脚，扛着沉甸甸的犁铧，牵着一头大水牯，步子稳健地往自家的水田走去。

一下田，她右手托着犁铧，左手拿着竹条，口中吆喝着：“上移！上移……”

大水牯拉着犁铧匀速地前行。扎在深田里的犁铧，如同蟒蛇过路一样在水田里漂移，泥土从犁铧两边纷纷翻去。

这头水牯还真听话，依着吆喝声，有节奏地向前走着。掌犁把的向佐梅脸上浮现出自信的微笑。

路过的乡亲，看到向佐梅犁田、耙田技术娴熟，纷纷驻步观看。众人纷纷夸奖道：“覃家真有福气，娶到这样一个好儿媳，不仅绣得一手好针线，还会犁田。”

有人说：“向佐梅在石家峪娘家，十三岁就帮父亲犁过田，当然会犁田了！”

向佐梅只顾犁田，没有答话，心里暖暖的。她心想，丈夫无需为农事操心，便能全心全意投入教学。丈夫教学成绩好，能教出更多优秀的学生，该有多好啊！

婆婆身体差，长年吃药，沾不得冷水。向佐梅体谅婆婆，主动清洗一大家子人的衣服。

栽种犁耙，向佐梅说得上是一把能手，一般的男人还真比不上她呢！娶到她做媳妇，是覃东荣的福气呢！覃东荣一心教书就行，什么都不用操心，好几次还在睡梦中笑醒了呢！

公公见儿媳妇这样忙活，总是劝她休息，生怕她累坏了。向佐梅笑着说："爹，我就是一头牛，浑身有使不完的劲儿，没事。"

春季的一个星期天下午，覃东荣患上重病，疼得满地打滚。脸上豆大的汗珠往下滴，很是痛苦。

向佐梅紧急叫来两个邻居，将丈夫抬到教字垭医院进行抢救。

检查过后，医生说，病人情况不是很好，得住院一个星期。

于是，向佐梅跑到学区给丈夫请假。因事发突然，学校一时派不出代课老师。学区主任看了向佐梅一会儿，给出了一个大胆的建议："这两年，我也听说覃校长时常辅导你学习初中课程，要不你就给他代几天课，可好？"

向佐梅连连摆手道："不行，不行，这哪行，这又不是犁田，我怎会？莫耽误了学生的学业。"

心中有底的学区主任不慌不忙道："试试呗，不就几天嘛。如果你不去，孩子可只能自学了。"

为了不耽误教学工作，从来没有上过讲台的向佐梅，只好硬着头皮答应下来。

主任见向佐梅答应了，激动地说："向老师，那个班的学生就拜托你了。"

还没上课，主任就称她向老师，向佐梅怪不好意思的。

走出学区的大门，向佐梅心里七上八下，上课可不是种田，我会上课吗？学生们会听我的话吗？

其实她的担心是多余的。

这几年，向佐梅勤奋好学，自学初中语文、数学等课程。覃东荣倾囊相授、耐心辅导，原只有小学文化的向佐梅，已经达到了初中文化水平。

第二天早上，忐忑不安的向佐梅挎着丈夫的大布包袱走进了教室，刚把东西放在讲台上，班长就喊起立，全班都站了起来向她敬礼，齐声喊道："老师，早上好——"

向佐梅笑眯眯地看着台下，觉得这些小孩子还挺有礼貌的。

她突然想起丈夫说过，上课之前，师生是需要互相问好的，她赶紧向学生回礼："同学们，早上好，请坐下——"

待学生落座后，她拿起粉笔，在黑板上写下一个正楷的"向"字，然后面向学生，一脸严肃道："同学们，我姓向。你们覃老师生病了，得住院一个星期，学区安排我给大家上课，你们喜欢吗？"

同学们一齐大声道："喜欢！"

"好，那我们开始上课，请打开语文书……"

同学们非常配合地打开书本，拿起了笔。

听到她甜美的声音在教室内响起，学生们很是享受。这第一节课，学生们听得非常认真，没有谁开小差，也没有谁故意捣乱。

下课后，向佐梅走出教室，发现自己的背心湿透了，不由长吁一口气："总算上完一节课了……"

放学后，向佐梅也像丈夫那样，将备课本、教科书和学生的各科作业装进大布包袱里背回家。

向佐梅抓紧时间批改完作业，备好第二天的课，又去医院护理丈夫。

第二天凌晨五点，她赶回家吃完早饭，又背着装有备课本、教科书和学生的各科作业的大布包袱来到学校给学生上课。

说来也怪，学生们都很喜欢听她上课。

学生家友对母亲说："妈妈，我们班今天来了一个新老师，姓向，她不仅课讲得好，声音也好听，我们都很喜欢她！"

山区女孩自幼聪慧、心灵手巧，连上讲台教书，也一学便会。这样的事，在今天是很难想象的，但只有小学文化的向佐梅却做到了，而且做得很好。如果让她去学校当民办教师，肯定也会是一名称职的老师。

在向佐梅的细心照料下，覃东荣很快恢复了健康，重上讲台。向佐梅内外操持，覃家变了样。日子虽不富裕，但他们的家庭十分温馨、和谐。夫妻恩爱，相敬如宾。

两年后，1966年农历六月十八，一个胖乎乎的男婴在覃家岗诞生了。这天，炙热的太阳暴晒着大地。天气酷热难当，就连呼吸都带着灼热的感觉。六月的天，说变就变，刚才还是晴空万里，转眼间电闪雷鸣，狂风大作。

天有不测风云，人有旦夕祸福。这个男婴出世的第六天，覃氏家族的族长及族中有学问的长者纷纷云集覃家岗覃东荣家，当众人正在给婴儿起名、筹备送祝礼事宜时，灾难突然降临到勤劳朴实的向佐梅身上。

正午，月子中的向佐梅突发高烧不退，办法想尽了，也不见好转，一家人心急如焚，特别是婆婆吴幺妹和丈夫覃东荣，都急哭了。

中伏天，烈日炽热难耐，猛烈地肆虐着大地。几个乡亲冒着酷暑急忙把向佐梅抬到教字垭中医院抢救。

谁知当时的医疗设施是那样简陋！接诊医生的专业技术水平是那样低劣！向佐梅生死难料。

接诊医生说："要迅速降温，必须用冷水擦抹身子。"

来不及多想的覃东荣打来一大盆冷水，照着医生的说法一一去做。

谁知擦抹不到半个小时，向佐梅体温不但没有降下去，反而急剧上升，接着口吐白沫，瞳孔放大，不一会儿心脏停止了跳动，没有了呼吸。她丢下出世仅仅六天的骨肉，去了另一个世界。

病床上，妻子的尸体逐渐冰凉，欲哭无泪的覃东荣认为这是庸医误事了。一个大活人，竟然被这个医术低劣的家伙间接给整没了！

他站了起来，满眼怒火，一把抓住了医生的大褂："庸医，你还我妻子命来！”

医生吓得忙往后退，他说道：“我已经尽力了，你冷静点。”

“我能够冷静吗？我妻子都被你给……”覃东荣举着拳头，就要砸向那医生的脸。

闻讯赶来的院长抓住了覃东荣的拳头：“覃校长，使不得，使不得！……”

院长这么一喊，素来斯文理智的覃东荣清醒过来了，他痛苦地回头看着妻子的遗体，慢慢地放下了拳头，没有再为难那位医生，只是暗恨自己平时没有照顾好爱妻，心存愧疚。

他无力地走到病床边上，双手捧着妻子苍白如纸的脸庞，放声大哭：“佐梅呀，是我对不住你，你怎么就这么忍心丢下我和儿子呀……没有你，我还怎么活呀……”

窗外，晴朗的天空忽而变脸了，电闪雷鸣，下起了暴雨，为好人向佐梅的不幸而悲哀！……

婴儿断奶后大哭，哭声惊动了覃家岗的左邻右舍。

附近有奶水的妇女们十分疼爱这个命苦的婴儿，纷纷来到覃东荣家，争相喂养婴儿。全然不知的婴儿，睁着眼使劲地吮吸着各种味道的奶水。他哪里知道，自己的亲娘早已离他而去了。

那时，人民的生活都相当艰苦。穷困的覃东荣，又如何拿得出钱买棺材？

正当覃东荣一家人欲哭无泪、焦急万分时，本生产队好心人李尚志看在眼里、急在心上，他来到了覃东荣家。

李尚志对覃服周说：“三哥，不要着急，我岳母有具好棺材，现在派人跟我去，我一定想办法把棺材借来！”

覃服周与次子正柏带领十几个乡亲，跟着李尚志赶到军家垭大队他岳父家。李尚志说明来意，李尚志的岳父担心覃东荣家还不起，犹豫不决。

李尚志激动道：“爹，人都有困难的时候。死者的丈夫是我们大队的老师覃东荣，也是您外孙的老师，现在急需这具棺材。他家是世代书香之家，人缘、人品好，几代都是讲诚信的朴实人！”

岳父表情木讷地吐出一口旱烟：“这个……有点为难哦。”

李尚志见岳父还是犹豫不决，他着急道：“爹，您要是还担心，今天我李尚志当着众人的面，向您承诺，若明年农历八月十五中秋节前，他家没有给您还具好棺材，女婿我就给您赔付八百元钱，您看可以吗？”

见女婿态度如此坚决，开通明理、心地善良的岳父终于点点头，长叹一声：“好吧，事已至此，你们把棺材抬走吧。”

“多谢老叔叔、老婶婶！”

覃服周赶紧向李尚志的岳父母深深鞠躬三下，然后下跪在地。

李尚志的岳父赶紧扶起了覃服周：“乡里乡亲的，不用客气了，抬走就是！”

于是乎，由李尚志作担保，覃服周连夜带人将李尚志岳母的棺材借来了，乡亲们含泪帮着将向佐梅安葬了。

人是懂得感恩的。关键危难时刻，李尚志帮助了覃东荣一家，覃东荣一大家几代人都铭记李尚志一家的恩情！

覃东荣家也很讲信用。第二年农历五月初五端午节前，覃东荣就将一具上等棺材还给李尚志的岳母。李尚志的岳父母一家人看后都很满意。

孩子出世只六天，就失去亲生母亲，为此覃东荣悲痛欲绝。他在屋南那棵千年桂花树下，铺上一床凉席，大哭了七天七夜，茶水不进，几次昏死过去，情况很是危急。

无论村支书及众乡亲怎么劝，覃东荣都没有半点反应，他怎么舍得贤惠的妻子突然离去？

李大娘是看着覃东荣长大的，她一直陪在覃东荣身边，见伤心过度的他几天没吃一点东西，心里很着急，她担心他一时想不通，一头撞死在桂花树上，与爱妻同赴阴曹地府。

夫妻感情如此深厚，现在这种情况谁劝都没用。

李大娘想到了一个办法，她叫人悄悄把婴儿抱来，放在覃东荣的旁边，用婴儿的哭声唤醒他、刺激他。

没想这一招还真的奏效了，立竿见影！

形销骨立的覃东荣一看到旁边饿得哇哇直哭的可怜婴儿，他的心软了。他抱起婴儿，抚摸着婴儿稚嫩的脸庞，嗫嚅道："我不能死，我不能死，我死了孩子怎么办？"

乡亲们看到此情景，不由动容，纷纷落泪。

众人纷纷劝他："覃校长，人死不能复生，节哀顺变吧！好好地把你们的骨肉抚养成人，这样才对得起你那命苦的贤妻！"

"嗯嗯嗯……"

覃东荣点点头，抱着婴儿站了起来，打消了轻生的念头。

婴儿的外婆李桂妹得知长女向佐梅过世的噩耗后，也昏死过去，痛不欲生。她听说外孙骨瘦如柴，立即叫人把外孙抱来喂养。

外婆的次子向佐顺只比外甥大半岁。只是向家也很贫穷，饭都吃不饱，营养跟不上，一个婴儿都吃不饱，怎能同时喂饱两个孩子呢？

奶奶吴幺妹知道情况后，为不影响亲家，只好把孙儿接回了家。

为了把婴儿抚养大，覃东荣东借西凑，每月筹二十元请奶妈喂养孩子。可他自己却吃不饱。

婴儿一天天长胖了，覃东荣却渐渐消瘦了……

外婆李桂妹因过度思念苦命的长女和可怜的外孙，忧郁成疾，在长女去世不到一年零三个月后，含泪撒手人寰。

前后不到十五个月，相继失去两个亲人，这对覃东荣的打击太大了。为纪念婴儿的母亲向佐梅及外婆李桂妹，覃氏族人给这个婴儿取名为覃梅元。

对于一个贫困农民家庭，每月拿二十元钱请奶妈谈何容易？覃梅元半岁时，覃东荣不得不硬着心肠要母亲把儿子从奶妈家接回。

突然间断奶，覃梅元不适应，在竹窝里饿得啼哭不止，吴幺妹心疼不已，不禁老泪纵横。

奶奶边摇着竹窝，边唱着童谣哄幼孙睡觉：

推粑粑，接嘎嘎，嘎嘎不吃娃娃的酸粑粑；

推豆腐，接舅舅，舅舅不吃娃娃的酸豆腐；

推合渣，接姨妈，姨妈不吃娃娃的酸合渣……

幼孙听着奶奶亲切的歌声，随着竹窝左右摇摆的节奏睡着了。没过多久，幼孙睁开眼睛开始啼哭，而后将手指放入嘴里不断吮吸。奶奶一看，就知道幼孙没吃饱，赶紧叫爷爷擂米糊。

爷爷用菜刀把子擂了十几分钟，才擂好米糊。奶奶端着米糊，一口一口地喂给幼孙吃。饥肠辘辘的幼孙不停地张嘴，不一会儿，就吃完一小碗米糊，吃饱之后，他很快又睡着了。

那个年代，不像现在，有营养丰富的奶粉、米粉，只有靠人工研磨出来的粗米糊。

奶奶一日三餐给长孙擂米糊糊吃，不知磨了多少餐，磨了多少米，熬了多少个夜晚，连擂米糊用的菜刀把子都磨得只剩下了半截！

覃梅元长到一岁时，能吃饭了。可是，家里太穷，全家七口人，一年下来吃不上几餐像样的大米饭。每餐锅中放半锅水，水烧开后，倒下半升米，等米煮开花，奶奶用锅铲在本来米就不多的半锅沸水中，舀出一小平碗开花米，倒在一块洗净的白布中间包好，用线缠紧留活套，放在锅里煮熟。

一会儿，等开花米煮熟了，奶奶用锅铲把包着的白布袋取出，解开线活套，打开白布，把里面的饭倒入一个小碗中。而后，她在只能见到很少米的半锅沸水中，放入洗干净的杂粮和野菜，再用锅铲搅拌均匀，放点盐，这就是大人们的伙食。

开餐时，覃梅元面前摆的是一小平碗白米饭，而爷爷、奶奶、父亲、二叔、三叔、四叔吃的，都是稀得能照出人影的杂粮野菜汤！四叔正毛看到侄儿的这碗白米饭，馋得直流口水，不住地舔着嘴唇。

娘去世后,哪有孩子不缠亲爹？哪有亲爹不想多抱几次自己的骨肉？可是覃东荣以工作为重，儿子半岁后就一直由奶奶喂养着，他又把全部精力都投入到教学工作中。

每天清早，覃东荣要去学校上课，儿子追赶着大哭，吵着要爹爹抱。覃东荣只好撇下孩子，不忍心地含泪离去。

覃东荣离家时，身穿蓝色的对襟布纽扣衬衫，儿子吵着要奶奶抱到岩槽门外找爹爹。只要一见到穿蓝色衣服的人路过，儿子就兴奋不已，以为是爹爹，跑到那人身后，追赶着大哭。

“我要爹爹，我要爹爹抱。”

奶奶实在拗不过，哭泣着说：“孩子，他不是你爹爹，不是你爹爹，你爹正在学校上课呢！”

孩子哪里肯听，哭得更厉害了，祖孙俩抱在一起哭成一团。而后，奶奶只好抱着孩子，呆呆地坐在岩槽门外，向北望着七家坪小学，盼望长子早点归来。

孩子哭着哭着,没力气了,哭声小了,边哭边打着嗝儿。奶奶边拍幼孙,边轻唱童谣：

虫虫飞，虫虫飞，一飞飞到嘎屋里。
嘎嘎不赶狗，咬到虫虫手；
嘎嘎不打蛋，虫虫不吃饭；
嘎嘎不杀鸡，虫虫要回去……

在奶奶的歌声中，孩子渐渐安静下来，继而睡着了，奶奶也拍累了。看着怀里熟睡的幼孙，奶奶幸福地笑了，笑得是那样的灿烂。

尽管向佐梅去世很久了，覃东荣在深夜里还是会情不自禁地想起妻子的音容笑貌，想起妻子赶着水牛犁田的场景，往日里夫妻卿卿我我的情形，在眼前久久不散。

他想着想着，不由得泪流满面，继而吟诵苏轼悼念亡妻的《江城子·乙卯正月二十日夜记梦》：“……料得年年肠断处，明月夜，短松冈。”

情到深处，侠骨也柔肠。千里孤坟，无处话凄凉。覃东荣亡妻的孤坟，在覃家岗后的祠堂岗，两人已阴阳相隔。

他那孤独的心、凄凉的情，谁人能解？也许只有风与月了。

第十一章

拼命三郎

时间是最好的疗伤药。随着日子的流逝，痛失爱妻的覃东荣慢慢从悲痛中振作起来。孩子在一天天地长大，他甚为欣慰，瘦削的脸庞上，逐渐露出久违的笑容。

1967 年初春的一个星期天。

艳阳高照，万里无云，天空像大海一样湛蓝。人们心旷神怡，纷纷进县城购买春耕物资。

教字垭公社大桥大队大桥生产队队长选派吴月生、覃正庚到大庸县城购买春耕农具。因所需物资的采购点不集中，两人走遍了全城，好不容易完成采购，却已到中午时分。

忙碌了一个上午，他们已经疲惫不堪，肚子饿得咕咕叫，可待会儿还得搬农具呢。

浑身无力的两人打算先吃点东西，填饱肚子，然后乘汽车回生产队。

他们扛着农具，步行至县城最繁华的南门口码头“工农”大客栈。

突然，远远望见老同学覃东荣挎着一个黄色帆布书包，正朝这边走来。

真巧啊！二人很是吃惊，放下了农具。

吴月生对着覃东荣走来的方向，大喊了一声：“覃东荣，覃东荣！”

覃东荣听到呼叫声，朝这边一看，立刻认出了吴月生两个。

覃东荣很高兴，疾步走上前，与他们寒暄起来。

覃东荣说：“两位老同学，今天又进城给生产队买农具？”

吴月生道：“是的，老同学。你今天进城又是买书吧？”

覃东荣说：“是呀，利用周末休息时间进城，买些教学用书。”

吴月生半正经半开玩笑地说：“今日老同学重逢，你是人民教师，我俩是‘农民伯伯’，你看我们两人的午饭，是不是该你请？”

覃东荣笑了笑，脸颊微红，左手摸了摸口袋，说道：“讲的什么话？我们都是劳动人民。我请你俩吃顿午饭的钱还是有的，走，进客栈吧。”

三人走进客栈，找了个靠窗户的方桌坐了下来。

那个年代是计划经济时代，吃饭需先购买餐票，凭票开餐，购荤购素任你挑选。为了节省开支，吴月生提议三人各买一盘小菜就行，不要太浪费。

覃东荣点点头，到前台买好了菜票，回到了座位上。

哪知送菜的老职工竟把三盘小菜错送成了三盘青椒炒肉片。三人顿时傻眼了。

吴月生风趣地对老职工说：“老师傅，您快退休了吧？”

驼背老职工不明其意，憨笑道：“我身体还好，离退休还有几年。”

吴月生、覃正庚微笑着望着老职工好一会儿，弄得这位老职工不好意思起来。

随即，覃东荣摸了摸上衣口袋，站起身走向收银台，补了差价，三人才安心地吃了起来。

在场的老职工，顿时明白两位客人笑他的缘由，快步走到覃东荣跟前，紧紧握住他的双手，激动地说道：“谢谢，谢谢你！年轻人，不然……”

覃东荣谦和地说："不用谢！老人家，我们应该这样做，不能贪图便宜。"

客栈主人知道后，连声夸赞覃东荣品行好。几十个客栈吃客也纷纷站起身，向覃东荣投来敬佩的目光。

一个老者看着他说："好人呀，你真是品德高尚雷锋式的好青年！"

覃东荣回道："老人家，多谢夸奖！和雷锋相比差得远呢。"

这事虽小，可在覃东荣看来，有时吃亏就是福，有舍才有得。

六月的一天，阳光灿烂，天气炎热。

在七家坪小学四年级课堂上，阳光透过木窗，挤进教室，将原本光线暗淡的木板房教室照得通明。

阳光洒在学生的脸上和覃东荣写字的右手上。三十多个学生正聚精会神地听覃东荣讲语文课。

课刚讲到一半时，覃东荣的胃病发作了，疼得他昏倒在地，不省人事。

有的同学吓呆了："啊？覃校长他怎么了？"

几个年龄大点的同学赶紧跑到教室外，大喊："救命啊，救命啊！覃校长晕倒了……"

大家听到呼救声，急忙跑进教室，只见覃东荣倒在地上，脸色苍白，昏迷不醒，豆大的汗珠接二连三地滚落下来。

不好，出事了——

几个社员一齐用力，把覃东荣搀扶到椅子上歇息。

过了一会儿，覃东荣苏醒过来，慢慢睁开眼，虚弱地问道："同学们，上课了没有？"

几个社员和老师建议送他到医院检查一下身体，开点药，先稳住病情再说。

覃东荣摇摇头说："谢谢你们！不要紧，这是老病，过会儿就好，没事！"

覃东荣摆摆手，艰难地站起来，慢慢地走上讲台，继续给学生上课。

细心的学生们观察到，覃东荣一直把腹部紧抵讲台，吃力地上着课，他们都非常担心。

一位学生哭着说：“覃校长，您休息一下，我们会好好自习的！”

覃东荣忍痛微笑着说：“不要紧，不能耽误你们的学习，继续上课吧。”

顿时，学生们感动得说不出话来，流下了心疼的泪水。

事后大家才知道，覃东荣家庭贫困，经常把饭让给弟弟及儿子吃，饥一餐、饱一餐，营养不良，久而久之，患上了胃病。

1967 年，大庸县许多地方的革命群众分成了两派。两派闹武斗，此起彼伏，很快波及七家坪小学。

九月，在社会风气的影响下，七家坪小学的学生也跟着闹武斗，学生罢了课。

两派人马手拿石头、木棒、小匕首、梭镖等武器，在校内僵持着，眼看一场流血事件就要爆发。

覃东荣气急了，不顾个人安危，挺身而出，站在两派学生的中间，一声厉吼：“放下武器，不准打斗！你们要打就打我！”

这一声巨吼，两派的学生头头立马被他的威严震慑住了，放下武器，后退一步，羞愧地低下了头。他们心里清楚，如果敢打校长，这书就不用念了。

覃东荣领着几名老师趁着学生放松警惕的间隙，赶紧上前，当场收缴了三十根木棒、十杆梭镖、八把小匕首、八把菜刀。

就这样，七家坪小学的武斗闹剧，在覃东荣等老师的努力下，得到了有效控制，逐渐平息下来，学生又可以安心地上课读书了。

参与武斗的学生，现在都是六七十岁的人了。他们回忆起那件事，还是感到毛骨悚然、心有余悸。他们对笔者说，如果当天没有覃校长在场，恐怕要闹出人命来，真是多亏了覃校长。

那时，覃东荣一家七口仅有两间木板房和一间灶房，显得相当拥挤。

母亲吴幺妹一生很勤劳，做事果断有计划。1968 年，二弟正柏结婚需要新房。吴幺妹决定在四弟那间木板房东头修建两间土砖厢房。吴幺妹征得大队和生产队领导同意后，要家里几个男劳力从田里挑来用水牛踩好的粘泥巴，身体羸弱的她不顾病痛拼命地帮制土砖。

三弟正贤生得敦敦实实，力气大。为了砌石头柱子，使墙稳当些，他先在一公里外的茹水河选好红砂岩，用锤子把红砂岩整理成用于砌柱的方体岩，再挑回来。挑的红色方体岩，一头一个，足有两百多斤，一块桑树扁担两头压得弯弯的，随着他的步伐一上一下地波动，这样挑起来感觉轻松些。他还经常从茹水河背回大石条下基脚、砌走廊。背的石条足有两三百斤，要两个壮汉给他帮忙抬上肩膀。

一年后，这两间土砖厢房修成了，家里的住房也就没有那么紧张了。可是，劳累操心的吴幺妹瘦了。

在奶奶的精心喂养下，覃梅元这个没娘的幼儿长得很快。三岁的覃梅元白白胖胖、壮壮实实的，比同龄孩子要高半个头。

大人们为寻开心，常拿着糖果站在小孩子们中间，用糖果哄孩子们玩摔跤。谁摔跤厉害，谁就拿糖。

十多个孩子跃跃欲试，然后开始比试起来。其他孩子都不是覃梅元的对手，即使比他大一两岁的孩子，都成为他的手下败将，自然覃梅元拿到的糖果最多。

覃梅元很开心，跑回家告诉奶奶、爷爷和叔叔们，这些糖果都是他摔跤得来的，一家人哈哈大笑。

爷爷覃服周年轻时是乡里的摔跤高手，看长孙在摔跤方面有天赋，便教他摔跤的技巧。覃梅元一一默记在心中。

1969年3月，七家坪大队学生人数急剧上升。为适应贫下中农子女上学的要求，七家坪大队队委会研究决定，将七家坪小学搬迁到七家坪大队部，由四个班扩展到六个班，办成完全小学。

大队部只有三间教室，加上租用的三间房，共六间教室六个班。附近几个大队的学生，都纷纷到这所小学来读书，在校学生由两百多人扩充到了三百多人。

那时教师的思想政治教育抓得很紧。几乎每个周末，学区都召开中小学负责人会议。

1969 年冬季，一个周末上午，寒风凛冽。

覃东荣挎着黄色帆布书包，与各校校长一起走进会场，在最后一排坐下来。校长们倾听学区主任传达会议精神，边听边做笔记。

开会不到一刻钟，曹太儒发现身旁的覃东荣衣着单薄，脸色苍白，两手颤抖，直吐酸水。

会议长达两个多小时，覃东荣轻声呻吟，但仍坚持做笔记。呻吟声很小，只有紧挨着他坐的曹太儒几个才听得到。

会上，学区主任充分肯定了覃东荣的成绩，号召全学区教职工向覃东荣校长学习。自他担任七家坪小学校长五年来，七家坪小学在德育建设、教学质量、教育管理、教研教改等各方面取得显著成效，各项工作在全学区乃至全县都处于领先地位。

会议结束后，他挎着黄色帆布书包，弓着腰艰难地走出了会场。

曹太儒见他脸色苍白，快步上前扶住了他："老同学，你是不是病了？"

覃东荣如实相告："家里大米很少，我几天没有吃过饭了。今天来开会，只拿两个冰冷的熟红薯，边走边吃，引起胃病复发……"

曹太儒关切道："东荣，你脸色不好，我陪你去医院检查一下，买点药，你没钱，我这有。"

覃东荣强装微笑，吃力地说道："谢谢！这是老病，不要紧，过几天会慢慢好的。"

好意被拒绝了，曹太儒一时无语，只好摇摇头作罢。

强忍着胃痛的覃东荣弓着腰，向北边的七家坪小学慢慢走去。

西北风越来越大，越来越刺骨。衣裳单薄的他，孤零零地行走在山路上，瘦弱的身躯在寒风中颤抖着。

冷风呼啸，肆虐地钻进覃东荣的裤腿、衣袖，吹得他几乎睁不开眼。但他无所畏惧，因为他有一颗火热的心。

第十二章

毛遂自荐

为了学校的持续发展，为了学生的美好未来，覃东荣老师拖着病体忘我地工作，如此拼命，非一般教师可比。

1970年，覃东荣被评为“大庸县先进教育工作者”。获奖之后，他提着一个篮子，往篮子里边装了一小块腊肉、一点糖果、一点酒水、一些香烛和纸钱，然后带着儿子梅元，走到妻子坟前。

摆上祭品，插上香烛，覃东荣让儿子跪下磕头。

四岁的梅元很听话地照做了，他好奇地问：“爹，今天不是清明节，您带我来娘这里做什么？”

覃东荣没有答话，蹲在坟前，颤抖着从怀中小心翼翼地拿出奖状，铺在了坟前的草地上。微风徐徐吹来，他取来一块小石头压好，一声不吭地烧起纸钱来。

覃梅元继续说：“爹，你快告诉我呀。”

覃东荣指着草地上的奖状说：“儿子，这奖状，有爹的一半，也有你娘的一半。”

孩子不懂事，蹦出来一句：“我没娘，我娘早就死了！”

儿子这一说可不得了。往日的岁月又涌上心头，他抱着孩子，立马在坟前大哭起来——

“佐梅，我带着我们的儿子来看你了。我们的儿子四岁了，长得像你。男儿像娘，金砖砌墙，你看到没有？我被评为县先进教育工作者了，你看到没有？

佐梅，你在那个世界还好吗？你可知道，没有你的日子，我生不如死。我说的话，你能听见吗？你倒是说话呀……”

泪水纷纷落在了孩子的脸上，覃东荣却浑然不觉。孩子见父亲突然之间大哭，可能被吓坏了，也跟着哇哇大哭起来。父子俩哭成一团。

这么多年过去了，覃东荣还是忘不了结发妻子，足见其用情至深，爱得真切。

1971 年 1 月，大庸县教育组考虑到覃东荣工作认真、为人正直、绩效突出，正式录用他为国家公办教师，以减轻他家庭的负担。

同年 3 月，组织上将他调到兴隆公社宋柳小学任校长。一个叫阿梅的女知青时常来学校，向他请教学习上的事儿。覃东荣很是乐意，和她在一起有说不完的话儿。

阿梅家庭背景不一般，据说其父是省城的一位干部。阿梅毕业时才十五岁，四年前她被下放到宋柳大队，大队给她安排了一个会计兼记工分的活儿。

一晃四年过去了，阿梅到了谈婚论嫁的年纪。

这姑娘谁都看不上，可偏偏看上了大队的小学校长覃东荣。她很早就佩服覃东荣的为人和学识。

有一天，阿梅向覃东荣表白，可是，覃东荣认为他们之间家庭条件悬殊，自己又有个孩子，不想耽误阿梅，便委婉拒绝了她。

本来覃东荣心里一直装着向佐梅，不想再续婚姻。可为了让阿梅断了这份念想，经叔伯幺妈介绍，覃东荣认识了比他小十三岁的农家姑娘伍友妹。

伍友妹的父母都是农民，母亲有病，上有一个哥哥、一个姐姐，家庭比较贫困。伍友妹虽身高只有一米五，心地却很善良。

覃东荣认识她后，两人相互了解了一段时间，彼此都感到比较满意。

1972 年暑假，8 月上旬的一天。

乡亲们刚收完早稻，插完晚稻秧，沉浸在丰收喜悦里。

覃东荣和伍友妹在这天举行了简朴而庄重的婚礼，家里异常热闹。新郎覃东荣穿的还是那套黄色衣服，新娘伍友妹穿着一套崭新的大红花衣，看上去年轻、漂亮。乡亲们为夫妻俩送上美好的祝福。

土砖屋前的大石条走廊上，大人们有的下打三棋，有的打扑克，有的下象棋；孩子们有的跳绳，有的捉迷藏，有的追逐玩耍……

晚上，一轮半月镶嵌在天空，淡淡的月光照在塔中桃树上和众人的脸上。

新郎新娘给众人倒红糖水。李大娘要大家安静坐好吃喜糖，众人有序坐好，满脸笑容的吴幺妹、杨小妹、吴大妹将炒好的黄豆当作喜糖一一发给大家。大家“咯嘣咯嘣”津津有味地吃着，发出清脆的响声。

桃树下，六岁的覃梅元与伙伴们朗诵着一首童谣：

缺牙齿，扒猪屎，扒一担，做年饭；

扒一斗，做年酒；扒一斤，自己蒸……

覃东荣和伍友妹在众亲友的深深祝福声中，结成了姻缘。婚后，伍友妹全力支持丈夫的工作，把所有的家务活、农活全包了。

殊不知，这次婚姻，给覃梅元带来了不小的心灵创伤。从此他和爷爷奶奶一块生活，很少和父亲说话，甚至很长一段时间他都没有叫覃东荣“爹”了。

阿梅得知覃东荣结婚了，气得大哭。为此她还大病了一场。

1972年8月，兴隆学区决定选派一名工作经验丰富、管理有方的教师，去位置最偏僻、条件最艰苦的甘溪峪小学任校长。

在全学区教职员工政治学习讨论中，宋柳小学校长覃东荣毛遂自荐，自愿去边远艰苦的甘溪峪小学工作，离开宋柳小学。

覃东荣晚上回家征求妻子伍友妹的意见，伍友妹很支持他。组织也批准了他的请求。

甘溪峪小学坐落在大庸县西北部兴隆公社东部朝天观山下的峡谷中。

俗语曰：“大庸有个朝天观，山尖伸到天里面。”可见朝天观的高险。

朝天观山顶呈阶梯形，地势不甚平坦，却很开阔，方圆数百亩。朝天观最高海拔一千二百四十八米，东、南、北三面连山，西面是高达五百多米的悬崖峭壁。

站在山顶，俯视山下，有“一览众山小”的感觉。

极目远望，向北可看到武陵源城区，向南可眺望到张家界城区。向东看，武陵源核心景区的黄石寨、夫妻岩、三姊妹、袁家界等景点尽收眼底。南边，云朝山、猪石头等清晰可见。向西可望及望军岩、狮子垴、甑子岩、八大公山等，一块狭长的冲积小平原镶嵌在群山环抱之间，一条弯弯曲曲的河流向南流去，密密麻麻的土家山寨屋瓦鳞鳞、炊烟袅袅，一堆堆、一簇簇，犹如春蚕杂乱地贴在桑叶上。

夕阳西下，晚霞映照在山冈上，格外美丽。

朝天观下，山青岩陡，宏伟壮观。

树木葱郁的半山腰有几处岩壁，岩壁缝隙中有一股碗口大小的泉水直泻而下，流经朝天观山脚时汇成清澈见底的小溪。无论怎样天旱，此溪从不断流，水质甘甜，遂取名甘溪。甘溪流经由两座小山组成的峪，当地人把此地取名为“甘溪峪”。

覃东荣第一次来到甘溪峪小学，校舍破烂不堪。窗户是通的，用岩石砌成的墙面高低不平，还有很多破洞，有些教室的屋脚虚了，墙有些倾斜。

站在教室里不经意往上看，能看到许多亮点。房顶上的瓦片稀稀疏疏，一旦遇到大雨天，雨水顺着瓦片间的间隙不停地往下滴，瞬间便化作屋内淅淅沥沥的小雨。屋顶上松动的瓦片不经意间便会悄然滑落，砸在湿漉漉的地板上，这番景象令人心寒。

初来乍到的覃东荣心里很难过。为了学生的安全着想，他决意改变这一状况，尽自己最大的努力，为师生建一所舒适安全的教学楼。

9月1日，大晴天，蔚蓝的天空，秋阳高高地挂起。

在开学典礼上，覃东荣踌躇满志："老师们、同学们，校舍破了，我们不怕。只要我们自己的心没有破裂，就自力更生，发扬愚公移山、艰苦奋斗的精神。愚公一家人能把一座山挑平，我们有两百多名师生，难道就比不上愚公一家人吗？要修教室，要沙要石头，我们的甘溪河里有的是。我相信，只要我们大家齐心协力，上级领导会关心我们的，我们会有新教学楼的！"

话音落下，师生大声叫好，热烈鼓掌，他们听说很快就要有新教学楼了，一个个欢呼雀跃。

开学后，覃东荣一边积极筹措资金，一边带领六名老师，利用放学后的课余时间和有月光的夜晚，在溪里挑沙运岩。

一个烈日当空的中午，处在深山中的甘溪峪小学异常炎热，外面没有一丝风，坐在屋里不动都出汗。

六名老师在覃东荣的带领下，挑着撮箕顶着烈日，去河里挑沙运岩。

瘦弱颀长的覃东荣挑着一担沙上坡时，不幸右脚被石头一跸，跌倒在地，扭伤了腰，只见沙子撒落一地。他没有声张，吃力地站了起来，忍着剧痛，坚持挑着担子，一步一步艰难地向前走去。

六年级一名高大的男生发现覃校长受伤了，立即跑了过来，心疼地说道："覃校长，我们的好校长，您跌倒受伤了，不能再挑了，您歇会儿，我来帮您！"

覃东荣执意不让，没想该男生左脚往左跨上一步，右脚紧跟跨来，双手往上一举，抢过他的扁担，健步如飞往前走了。

他弓着腰站稳脚跟后说：“孩子，小心，慢些走！”

那男生一边走，一边回答：“校长，我力气大着呢，没事！”

七名老师利用休息时间挑沙运岩，附近的乡亲们很是感动：“老师们这样做，就是为了让我们的孩子安安全全地在新教室上课，我们做家长的，不能袖手旁观！我们虽没有钱，但是可以出力呀！”

覃校长带着老师们义务为学校修建教学楼的消息，像长了翅膀似的，很快在甘溪峪一带传开了。在大队长的带领下，乡亲们也纷纷加入挑沙运岩的队伍中。

众人拾柴火焰高。

第二天，学校和小溪之间的小路上，全部是挑沙运岩的社员，来来去去，忙而有序！他们这么辛苦，为的就是甘溪峪的孩子们，为的是民族的希望。

他们的义举感动了上级领导，在教育主管部门、兴隆公社、甘溪峪大队的大力支持下，工程进展极快。一年后，一栋两层八间、砖石结构的教学楼拔地而起，如期竣工。

教室宽敞明亮，师生们安安心心地在里边上课。

孩子们手舞足蹈，家长们兴高采烈，老师们笑逐颜开，覃东荣放心了。是夜，月光如流水，洒在校园内。

忙碌了好几个月的覃东荣搬出一条凳子，来到操场东边的旗杆下，兴致勃勃地用二胡拉奏起藏族民歌《北京的金山上》。二胡曲一响，住校的几个老师和周围的几名乡亲也凑过来，跟着旋律一起欢快地唱了起来。动听的二胡曲伴着歌声，飘向远方，在甘溪峪峡谷的上空久久回响着。

第十三章

舍己为人

“我们终于有新教学楼啦！”

“我们再也不用日晒雨淋了！”

“覃校长，我们太感谢您了！”

新教学楼建成后，甘溪峪小学全体师生欢欣鼓舞。

当然，最高兴的还是覃东荣。他再也不用担心上课的时候，屋顶会突然掉瓦片下来。基础设施搞好了，还愁教学质量上不去？

安全有了保障，学校开展工作就无需畏手畏脚，一切都步入正轨。

开学后的一天中午，秋阳高照，吃午餐的时间到了。

穿着对襟蓝衬衣的覃东荣从食堂打了四两饭，端着饭路过赵如秋老师的房间时，发现房门是关着的。

他很是惊诧，寻思着：现在是午餐时间，一个大男人，大白天怎么关着房门吃饭？

他用力推了一下门，却推不开，原来里面门闩拴上了。

他轻轻地敲了敲门，不一会门开了。他走进房间后，书桌上一包煮熟的红薯赫然在目，边上还摆着半个没啃完的红薯。

赵如秋坐在椅子上，眼睛看向墙角边，不敢看覃东荣。

他一下子就明白了，赵如秋老师不去食堂打饭吃，原来是躲在自己房间里，将红薯当正餐。

这一幕令人揪心呀，他不觉眼眶有点湿润了。

他问："小赵，你中午怎么不去食堂打饭，就这样……吃红薯？"

秘密被发现了。赵如秋赶紧抓起没吃完的半个红薯，塞在布袋里藏好，低着头不说话，满脸通红。

覃东荣接着说："开学几天了，也怪我这个当校长的平时没注意，今天才知道，你给我说说你家里现在的情况。"

赵如秋依然沉默不语。

覃东荣一下子急了："你恐怕很久没吃过米饭了吧！现房间只有我们两人，没有别人，你给我说实话，家里是不是没大米了？"

赵如秋这才嘴唇动了动，嗫嚅道："嗯。家里大米很少，煮的饭让三个弟妹吃，我和父母吃红薯。"

覃东荣压低声音说："喔，小赵，天天吃红薯怎么行啊？从现在起，你吃我的饭，我吃你的红薯。"

尽管泪水在眼里打转，赵如秋还是面露难色："覃校长，那怎么行？你家也困难，你一个月也只有二十八斤大米，一家五口人全靠你那点微薄的工资，负担也很重，我不能吃你的饭。"

赵如秋心疼道："小赵啊，一日三餐吃红薯哪行？这样身体会垮下去的！"

赵如秋哽咽道："你自己也经常吃不饱饭，我还年轻，挺得住！"

覃东荣被对方的执着给深深感动了，他强忍泪水，拍了拍赵如秋："小赵，来，我们两人分吃这四两饭。"

说着，他取出赵如秋的碗，边说边把自己碗中的大部分饭菜拨入赵如秋的碗中，一时间，赵如秋泪如雨下，感动得说不出话来。

覃东荣轻轻拍了拍小赵的肩膀，和蔼可亲地说道：“小赵，别哭，男子汉大丈夫，有泪不轻弹，吃吧，不要想那么多！吃不饱，再吃你的红薯，咱们互补，好不好？我的饭就是你的饭，只要我覃东荣有一口饭吃，就绝不让你一个人吃红薯。困难是暂时的，我们共同渡过这个难关。我相信，日子会一天天好起来的！”

他递给赵如秋一双筷子，赵如秋颤抖着接了过来，抹了下眼泪，端着碗吃了起来。

同病相怜，覃东荣也忍不住擦了擦眼角，两人会心地笑了。

两个大男人，四两饭肯定不够。吃完饭后，两人分吃赵如秋的熟红薯……

在自己吃不饱饭的情况下，覃东荣两年如一日，坚持每天两餐把自己的四两饭分一半给赵如秋，帮他顺顺当当度过了困难时期。

在覃东荣的关怀下，赵如秋的身体逐渐好了起来，心情也舒畅了，他教学水平不断地提高，很快成为甘溪峪小学的教学能手，没有辜负覃东荣对他的期望。

覃东荣从小在茹水河边长大，没少和河水打交道，练就了一身游泳的本领，这本领常常派上用场。自参加教育工作以来，他在老家七家坪小学和兴隆公社甘溪峪小学教书期间，就曾舍生忘死，两次救过溺水的学生。

他第一次救学生是在望军岩山下的扒龙潭里。

这扒龙潭，位于七家坪、竹园坪、张家嘴三个大队的交界处，是茹水流域最大、最深的潭。

据当地人说，一百多人同时在潭中洗澡、游泳，水面依然很宽阔，也不显拥挤。潭水深不见底，没几个人能一口气钻到潭底抓把沙子上来。即使三伏天，地面上炎热难当，潭底的水却冰冷刺骨，大多潜游者下沉到潭水过半深度时，就会因抵御不住冰冷阴凉的寒气，担心手脚抽筋出意外，不得不憋住气浮出水面。

大旱年岁，三个大队各组织人手，用抽水机从潭中抽水，灌溉各自的农田。八九台大型抽水机同时发动，无论抽多久，潭水下降到一对石盖子露出水面后，水面就不会再往下降了。

到底是什么原因，人们百思不得其解。直到现在，这还是个谜，无人能解释清楚。

凡是大旱之年，其他地方良田干裂二指宽、颗粒无收，而这里灌溉均匀，田里鱼虾成群，谷穗饱满。当地百姓感恩戴德，都说扒龙潭是一个“救命潭”。

扒龙潭西边是七八十米高的悬崖峭壁，树木郁郁葱葱。下游竹园坪大队为灌溉农田，在离河面五六米的悬崖峭壁上，凿开一条一米宽、一米深的水渠，再在河底用岩石、水泥砌成一米二宽的通道。该通道作用大，是当地人去教字垭集镇和县城的必经之路。

1969 年 8 月 25 日，午时的太阳炙烤着大地，酷热难耐。顽皮的孩子们想到扒龙潭洗澡降温。

他们三个一群、两个一伙，叽叽喳喳跑到扒龙潭。

几个年龄稍大的同学从水渠通道上跳入潭中，很是刺激。

孩子们尽情地在潭中游来游去，互相嬉戏着，无比高兴。可爱的孩子们，他们哪里知道，危险的魔爪正悄悄地伸向他们！

不一会儿，游泳正兴的吴胜发突然双脚抽搐，慌乱不已的他两手扑腾着，不断挣扎，越挣扎，越往下沉，不一会儿，河水漫过了头顶。

年纪小的伙伴站在岸上观看，吓得身如筛糠，哆嗦不已。

年纪大的伙伴爬上岸，大声呼救：“救命啦，救命啦！有人沉到水里了，快来人哪！”

恰巧，覃东荣从教字垭学区报到回家路过此地。隔着老远，他就听到急促的呼救声。

不好，有人溺水了——

覃东荣来不及多想，如离弦的箭一般，飞快跑到潭边，不顾一切地跳入潭中。

“你冷静点，坚持住，老师来救你！”

“别呼吸，要不水会呛着你的。”

他一边向吴胜发的位置游动，一边极力安抚他。

游到吴胜发周围之后，经验丰富的覃东荣绕到吴胜发的身后，从后边抓住了他，两手将他托出水面，接着，两脚频繁摆动，向岸边奋力游去。

上岸后，覃东荣赶紧把吴胜发抱到阴凉处。只见吴胜发脸色惨白，肚子胀得鼓鼓的，情况十分危急。

疲惫不堪的他来不及休息，立即倒提吴胜发，把孩子肚里的水倒了出来。

然后，他把吴胜发的身体缓缓放平，立刻给他做人工呼吸。

几分钟后，只听“哇”的一声，几口污水从吴胜发的嘴里吐出，吴胜发哭出了声。

孩子得救了！早已筋疲力尽的覃东荣脸上这才露出了笑容，他用手抹去脸上的汗水，叮嘱几个孩子：“在河里游泳，最好有大人陪同，切不可逞强，可记住了？”

惊魂未定的孩子们点点头：“嗯，我们知道了，老师。”

当天下午，吴胜发的父母领着儿子，带着礼品来到覃东荣家，以示感激。

吴胜发的母亲哭着说：“覃校长，如果不是您舍命相救，我家胜发可能已不在人世了，您的大恩大德，我们永世难忘！这点儿东西，请您收下吧。”

覃东荣摸着吴胜发同学的头，对胜发的母亲说：“胜发是我的学生，学生有危险，抢救学生是我们老师应该做的。若当时我不在场，遇上别人，别人也会伸出援助之手的！请你把东西提回去，胜发的身体还很虚弱，正需要营养，好好给他补补！”

吴胜发的母亲将礼品塞在他的怀里："覃校长，一点小意思，不成敬意，千万别嫌弃啊。"

覃东荣有点生气了："这是应该做的事。你们不用送礼品！"

他又把东西塞了回去。

见覃校长坚持不要道谢，更不肯收礼，吴胜发的父母也不再勉强，只好千恩万谢，提着礼品、领着孩子回去了。

覃东荣第二次救学生，是在兴隆公社甘溪峪大队的土门潭里。

1973 年 5 月 10 日，清晨，岚雾升飘如流银。

不一会儿，大雾笼罩着崇山峻岭，天气异常闷热。甘溪峪小学被浓浓的雾气包围着，屋里地面翻出明水，墙壁一片潮湿。

如往常一样，瘦高的覃东荣早早地起床，披着晨雾，巡视校舍，紧张忙碌的一天又开始了。

校园内，他身穿蓝色对襟布纽扣衬衫主持升国旗仪式。

激越雄壮的乐曲《义勇军进行曲》在广播中响起，他抬头慢慢拉升国旗绳索，两百多名师生肃立在操场上，高唱国歌，教师行注目礼，少先队员行队礼。

晌午时分，老天变脸了，突然乌云翻滚，电闪雷鸣，飞沙走石，瓢泼似的暴雨倾盆而下。

闪电吐着火舌，把学校附近的山峰撕成了碎片，校门口悬挂着的校牌被狂风暴雨打歪了。

山区沟多雨急，不到五个小时，山洪暴发。甘溪峪小学前那条弯弯曲曲的小溪，似骏马脱缰，蛟龙出海。它咆哮着，翻滚着，发出震耳欲聋的怒吼声，令人不寒而栗。

下午三点，雨渐渐停了，天空中黑压压的乌云向南方涌去，那是下一场大雨来临前的先兆。

覃东荣忧心忡忡。学生如果继续待在学校，一旦暴雨再次袭来，暴发的山洪冲垮校舍，后果将会不堪设想。

“怎么办呀？校长，你快做决定吧。”

大家焦急地看着校长覃东荣，希望拿出一个应急方案。

他与老师们召开了一个紧急短会，当机立断，决定全校提前放学。

这个山村小学，共有七个教师，只有覃东荣是公办教师。他安排好老师护送学生的路线后，学校提前放学了。

出了校门，学生队伍像一条水龙似的，行走在泥泞的小路上，有序地向安全地带转移。

学校西南方约两百米处的土门潭岩槽，是转移学生的咽喉。潭上只有一座一尺五寸来宽的独木桥可以通行，桥下三丈多是黑不见底的洪流。

久雨不晴，桥面长出一层薄薄的青苔。

土门潭内山洪涌动，浊浪排空，想要吞噬一切。潭的周围，山流湍急，过桥人若稍有闪失，会跌入惊涛骇浪中。

尽管覃东荣一再叮嘱大家过桥要小心，他担心的事还是发生了。

突然，六年级学生杨贤金一个踉跄，脚下一滑，从独木桥跌落下去，掉入离桥三丈多的土门潭中。

此时，潭中漩涡阵阵。虽正值初夏，潭中的水却冰冷刺骨，四周岩石突兀狰狞。

后边的同学们被这一幕吓得呆若木鸡，桥上有的同学吓哭了，站在原地不敢挪步了。

“不好了，有人掉桥下去了。”

“糟了，杨贤金掉进土门潭里啦——”

过了独木桥的学生在对面惊叫起来。

在前面带路的赵如秋老师这才回头一看，果真如此，他急得团团转，一个劲地大声疾呼：“救命哪！救命哪！有人掉到潭里去了，快来人呀！”

断后的覃东荣听到呼救声，飞速跑到独木桥上，迅速把桥上的学生送到岸边。跌落在潭水中的学生在漩涡中挣扎，渐渐下沉，随时都有生命危险。

救人紧急，刻不容缓！说时迟，那时快，只听“咚”的一声，覃东荣来不及脱衣服，从离水面三丈多高的独木桥上一跃而下，跳入洪流滚滚的土门潭中。

赵如秋老师和在场的学生，浑身颤抖，大气都不敢出，都替覃校长捏着一把汗，静静地注视着土门潭中正在挣扎的师生俩。

凶猛的洪水打着漩涡，泛起巨大的浪花，覃东荣随着土门潭漩涡旋转，他使尽了浑身力气游动，可无论怎样游，都不能靠近杨贤金的身边。

从小在茹水边长大，拥有一身游泳本领的覃东荣，关键时刻掌握了漩涡水的特性，他咬紧牙关，借力给力，借助漩涡的力量，拼命向杨贤金一点一点地靠拢。几经周折，覃东荣总算抓住了杨贤金，心里暗自一阵欢喜，使劲将他托出水面。

哪知，一排洪峰涌来，顷刻之间淹没了他们，将二人冲出土门潭。

不好！在与汹涌的洪水搏斗的过程中，覃东荣的左腿磕碰在乱石上，一阵钻心般的疼痛袭来，他的体能迅速下降。可他强忍剧痛，一手托着学生，一手拼命向岸边划游。

这时，洪水仍在上涨，两人被湍急的水流冲向下游。此时，覃东荣已是筋疲力尽，气喘吁吁，仍然抓住杨贤金不松手。

岸上的学生急得齐声大喊：“不好，覃校长和杨贤金被洪水冲走了，快来人啊，快来人啊——”

叫喊声响彻山谷。

在这千钧一发之际，赵如秋回过神来，和闻讯赶来的几个会水的社员迅速跳下河，合力把两人打救上岸。

上岸之后，覃东荣因舍命抢救学生，左腿骨折伤势过重，面如土色，但他的左手仍然死死地抓住杨贤金的右手。

被救学生杨贤金吃了半肚子的水，水被倒出后，经过人工呼吸，他渐渐苏醒过来，脱离了危险。

杨贤金的母亲闻讯跑来，看到儿子安然无恙，而恩人覃东荣一只脚穿着凉鞋，另一只脚光着，平躺在地上，气息奄奄，不禁泪如泉涌。

她抱起儿子，跪在他跟前，失声痛哭道："覃校长啊，覃校长，您拼着性命把贤金从洪水中抢救上来，自己却搞成这样，这么大的洪水，谁敢救！您要是被洪水冲走，该如何是好？您一家五口谁来照顾？叫我们如何安心哟？"

人们七手八脚地把覃东荣抬了起来，送往兴隆公社医院……

一个星期后，覃东荣身体还没有恢复，左腿缠着纱布，斜躺在病床上。

杨母领着儿子，提着几十个鸡蛋和一双新凉鞋走在前，杨父走在后，他们进入病房后，其他看望的人相继退出了房间。

杨母把手中的物品轻放在床头柜上，才坐定下来，她鼻子一酸，泪水就簌簌地落下来了："覃校长，您为救我家贤金，左腿骨折，您的凉鞋被洪水卷走了。这些鸡蛋您补补身子，这双凉鞋，您就收下吧！"

"嫂子，这些鸡蛋，你还是提回家，让你家贤金补补身子，他惊吓过度，身体虚弱，更需要营养！"覃东荣边说边指向自己脚上的一双新凉鞋，"我已托人买了一双凉鞋，这双新凉鞋，就算是我送给贤金他爹的吧！"

"这……"杨母一时激动，竟然说不出话来。

杨母只好含着热泪，把鸡蛋和凉鞋提回家。在回家的路上，她哭了好几回，内心有愧呀，覃校长为救贤金，行走成了问题，这往后的路怎么走呀？

第二年农历正月，杨贤金的父母领着贤金，来到七家坪大队覃家岗生产队覃东荣家中。

杨父哽咽着说："覃校长，我们这个孩子的命是您舍命救下的。为了救他，您才三十五岁却拄上了拐杖，您就让贤金认您做干爹吧！"

说罢，他就让贤金跪下来，拜为覃东荣干爹。

覃东荣一拐一拐的，急步走上前，边拉贤金边说："孩子，别这样，快起来，坐到椅子上。"

杨父坚持着：“覃校长，您是我孩子的再生父母，您就认了这个干儿子吧。”

覃东荣对杨贤金的父母说：“学生有危险时，抢救学生，是老师的天职！假如那天，我没有把你家贤金救起来的话，我愧为人师，愧为校长，我哪有脸面去见乡亲们？请不要这样，每一个学生都是我的孩子！”

杨贤金呜呜大哭，一头扑倒在他怀里。

覃东荣不同意做杨贤金的干爹，在他心里，每个学生都是他的孩子，他是每个学生的爹。

可在年幼的杨贤金心里，早就把覃东荣当干爹看待了，他渴望有一天，能够为干爹做点事，以报救命之恩。

学生落水事故惨痛，覃东荣想来都后怕不已。

他在教师例会上强调：“安全重于泰山。我们做老师的，一定要保证学生的安全。幸好这名落水学生被救上来了，否则后果不堪设想！今后，我们一定要从这起事故中吸取教训，对学生安全负责，坚决不允许这样的事再次发生！为了师生安全，我们得千方百计想办法请政府尽快在土门潭上修一座石拱桥。”

“好！”老师们纷纷表示赞同。

说干就干，于是，覃东荣向甘溪峪大队队委会汇报了修建石拱桥一事。甘溪峪大队也非常重视师生和社员的安全，积极向上级反映情况，争取落实修建工程资金，早日排除隐患。

在兴隆公社、大庸县相关主管部门的支持下，在独木桥原址修桥的工程破土动工了。

很快，一座石拱桥在土门潭上落成，稳固又宽敞，学生行走在上面，即使刮风下雨，也不用提心吊胆。

学生乐了，家长乐了，甘溪峪小学的老师们也安心了，独木桥从此被收进了记忆的仓库。

覃东荣舍己救人的事迹，很快在甘溪峪、教字垭广为传颂。

中央媒体的一位记者得知情况，特意千里迢迢前来甘溪峪小学采访，他打算写一篇人物通讯，宣扬覃东荣见义勇为的先进事迹。

覃东荣拄着拐杖，平静地对记者说："作为一名教师，师德是第一位的。我抢救杨贤金同学，是我分内的事，无论谁碰上，都会这样做。所以，我不希望让媒体大肆宣扬自己应该做的事，您还是请回吧！"

眼前的这位人民教师，如此淡泊名利，如此高风亮节，难得一见，记者震撼不已，深为感动。为尊重他的意愿，这位记者放弃了这次采访。

覃东荣关爱学生，关心同事，宁可自己多吃苦，也不愿他人吃苦。他爱护学生、关爱同事，胜过爱自己。

第十四章

磨砺意志

当时医疗条件有限，耽误了最佳治疗时间，当地民间医生也无力回天。左腿骨折的覃东荣放弃了治疗，为了抢救落水的学生，正值盛年的他失去了健康，成了一个要依靠拐杖走路的残疾人，但他无怨无悔，始终坚守信仰，砥砺前行。

从那以后，他每次去学校，都拄着拐杖，得走很久的时间，才能够到达，其中的艰辛和痛苦可想而知。

1974 年春季开学后，在公公覃服周的劝说下，伍友妹放下家中的农活，来到甘溪峪小学，做一些力所能及的事，照顾残疾丈夫的日常生活，为丈夫分忧解难。

1975 年农历四月初五，覃东荣的次子出世，乡亲们来到学校看望婴儿，胖乎乎的，非常可爱。老支书有文化，为孩儿取名为覃峪生，又名覃兵，覃东荣夫妻欣然接受了。

这年暑假，伍友妹抱着幼儿覃峪生回到七家坪，一家人又可以团聚了。

其时，覃梅元已经八岁了，他抱着弟弟，亲吻着他粉嘟嘟的小脸，可高兴了！

自从覃东荣舍己救人的事迹传开之后，当地的人们更加爱戴他、崇敬他。

寒冬腊月，杀年猪了，乡亲们到学校排着队接覃东荣去吃饭，以表谢意。

覃东荣多次婉言谢绝，如果实在拗不过的话，吃饭以后也会留下两元钱。这就是他做人的原则，不然他内心不安。

1975 年 9 月，长子覃梅元已满九岁，该读四年级了。为了培养他的独立生活能力，并辅导他的功课，覃东荣决定把他带在身边。

从覃家岗到甘溪峪小学，走近道要翻几座山，穿过茂密的树林，成人步行至少要花三个小时。

这年秋季开学，甘溪峪小学办了一个初中班，调来了一位年轻的、永顺师范学校毕业的公办教师伍国清。学校共八名教师。

在开学工作会议上，覃东荣宣布，他自己星期天下午必须赶到学校值守，其余老师可以星期一早晨赶到学校吃早餐。

作为学校负责人，到兴隆学区开会的日子也比较多，带着孩子去开会，有诸多不便。

初秋的一个星期天下午，覃东荣与家人早早地吃过晚餐。

他拄着拐杖、挎着黄色帆布包，长子覃梅元拿着木棍、背着书包，父子俩一前一后，行走在田埂上，向东罗家岗方向走去。

田埂两边，一丘丘、一片片晚稻禾苗，绿油油的，生机勃勃，正在茁壮成长。

一阵阵东南风吹来，禾苗上下摆动，像绿色的海洋，波澜起伏，如小伙伴一般，欢送着覃梅元去上学。

覃梅元拿着木棍挥舞着，东看看，西瞧瞧，不知不觉走了二十分钟，到了茹水河西岸的巷子口。

因昨晚下了一场暴雨，茹水河涨了水，覃梅元向东望去，河面百米有余，不敢下河。

水势逐渐消退，覃东荣嘱咐儿子在岸边等着，自己先蹚到河中间试了下，觉得可以过河。

于是，他一拐一拐地，折回岸边，蹲下身子，让儿子坐在自己的肩上，然后拄着拐杖一步一步慢慢往前挪动。

几分钟后，他蹚到河中间时，发现了水势似乎比先前大了些，心里打退堂鼓了，不敢再往前蹚，也不敢往后退，僵硬地站在那里。要不是因为腿脚不好，他早就毫不犹豫地往前蹚过去了。

水面在一点点地上涨，坐在父亲肩上的覃梅元，看到父亲满脸汗珠直往下滴，许久不敢动，吓哭了。

正在这时，一个十八九岁、身材高大的青年小伙，哼着革命歌曲路过河西岸，不经意间看到河中间有一位大人扛着一名小孩过河，许久都没挪步。他马上意识到，河水中的这对父子俩遇到了险情。

这青年名叫吴伯顺，其时十九岁，曾是覃东荣的学生。

救人要紧！！！

青年来不及多想，飞奔下河，疾步蹚过去。

走近一看，他叫道："啊？覃校长，怎么是你们？"

覃东荣应道："伯顺，快来帮帮我。"

"覃校长，别着急，小事一桩。"

伯顺往前跨几步，就到了他的前面，两脚站稳，背紧挨着他站立，头往下一低，将小孩的双脚放在自己的肩膀上，然后双手抓住小孩的手臂往上一举，随即向河对岸蹚去。

待孩子安全抵达对岸后，伯顺又飞快地下了河。

未几，伯顺返回到覃东荣身边，搀扶着他过了河。

覃东荣谢过小吴："多亏有你呀，伯顺同学，谢谢你了。"

伯顺伸出一双大手，紧紧握住覃东荣的双手，深情地说道："覃校长，应该的，我们七家坪谁不知道您的水性，您若不是前年在甘溪峪为救学生伤了腿，这点水对您算什么。这是学生向您学习呀！记得我读小学一、二年级时，您时常背着我过小河，还教会我们游泳。覃校长，您父子俩刚才真的很危险，以后若是遇到涨水，您父子俩过河记得叫上我们，我们巷子口、望家垭十几个后生都是您的学生，我们送您父子俩过河是应该的！”

覃东荣摆手道：“那该有多麻烦呀！”

吴伯顺憨笑着说：“覃校长，您的事就是我们大家的事，客气啥呢。”

父子俩走了十分钟，到了罗家岗公路上。父子俩该分路了，覃东荣去兴隆学区开会，覃梅元到甘溪峪小学去。

他叮嘱覃梅元：路上要小心，多长些心眼，要勇敢，不要害怕，手里的木棍千万不能丢！

这根木棍是爷爷覃服周专门为长孙准备的，有一米长，是檀木材料制作的，坚硬耐用，光滑圆溜，很适合小孩子使用。

“爹，我记住了。”

覃梅元紧握木棍，背着书包，不住地点头。

父亲摸了摸儿子的头，然后转过身，拄着拐杖，沿公路往北一瘸一拐地走去。

覃梅元依依不舍地目送父亲离去，直至父亲高瘦的背影逐渐消失。他黯然神伤，哦，原来父亲是一个对工作极其负责任的人，很多时候连孩子都顾不上了。可是一想到父亲的伟大，敬佩之情又从心底油然而生。

覃梅元拿着木棍，一个人独自向东行走在通往甘溪峪小学的山路上。

他翻过一道山坡，来到一条水渠边，水渠宽深各一米，渠水清澈见底，缓缓地流动着。

覃梅元惬意地洗了一把脸，冰凉冰凉的，舒心极了。

走完两里长的水渠，五个刚劲有力的宋体大字——“枞榔峪水库”，出现在水库坝的侧面。好奇的覃梅元举着食指，在胸前比画着，学着写了一遍又一遍。

坝底左侧闸下的流水泄下，发出“轰轰”的声音，震耳欲聋。

覃梅元往前一看，小路左边的水库坝底下，望不到边际的树林紧紧护卫在水坝的旁边。

少顷，覃梅元爬上一道山坡，就进入了郁郁葱葱的树林地带。

一个九岁的孩童，在荒无人烟且有野兽出没的林子里行走，确实让人放心不下！可覃东荣却放心得下，他要考验儿子的意志力。

秋阳射不透深幽、茂密、阴森、恐怖的树林。小鸟在树枝上尽情地欢唱，路旁的蟋蟀叫个不停，似乎在合奏一支欢迎曲，又好像演奏一支进行曲，为覃梅元呐喊壮胆。

微风吹得树叶簌簌作响，覃梅元感到一阵清凉从脸颊拂过，舒服极了。

突然，“噗”的一声，不知什么东西从他的身边飞起，吓他一大跳，他连忙收住脚，跨马步，屏气凝神，本能地抡起木棍打去，可什么也没打着。

他环顾四周，再抬头一看，哦，原来是一只野鸡惊飞，停在三丈开外的枞树枝上，耷拉着翅膀，歪着脑袋，转着小眼睛看着地上的覃梅元。

可他还是吓得出了一身冷汗，毕竟一个小孩第一次行走在原始丛林中，多多少少心里有些恐惧感。

“不就一只野鸡吗？有什么好怕的。”

覃梅元慢慢镇静下来，他记起奶奶曾说过，走山路、夜路时，唱唱歌，解开纽扣，可以壮胆。

于是，他立马唱起上个星期刚学会的歌儿：“向前，向前，向前，我们的队伍向太阳……”

他唱着唱着，果然慢慢地唱出了威风，唱出了勇气，胆子也跟着大了许多。

他拿着木棍一路走来，精神抖擞，威武无比。

前面山尖上的几头大野猪，听到覃梅元那雄赳赳、气昂昂的歌声，不敢过来，远远地绕道走了。

覃梅元翻过几道山梁，总算走出了树林，眼前豁然开朗，隐隐约约看见了一片农舍。

走近农舍，鸡飞狗叫，覃梅元内心舒坦了许多，压在心里的石头落地了。

农舍走完后，是一段长长的下坡路，覃梅元一路小跑着下去了。

晚上八点，夜色朦胧，覃梅元终于到了甘溪峪小学校园。他拿出钥匙打开了父亲的房间，将书包和木棍放进去。

覃梅元又打开食堂门，烧水洗脚。正在洗脚时，一位女老师走了进来。

覃梅元抬头看向她。这女老师四十多岁，身穿蓝色的上衣，黑色的裤子，脚穿一双布鞋。她头发披着，脸长长的，直直的鼻梁上架着一副白色宽边眼镜，镜片下的一对明眸炯炯有神。

这老师是本村人，叫崔业英。学校八名教师中，崔老师年纪最大，是唯一的女教师。

她的侄儿与覃梅元同班，都读四年级，她丈夫是大队的秘书，家里有电话。

原来，覃东荣在兴隆学区打电话给崔老师，拜托她到学校照看一下他儿子。今晚他开会学习讨论到很晚，回不了学校，就在学区住下了，明早才回学校。

覃梅元好奇地问："崔老师，您怎么来了？"

崔老师温和地说："梅元，你年纪小，晚上一个人睡在学校，你爹不放心，要我来给你搭个伴。"

覃梅元微笑道："谢谢您，崔老师！我不怕，真的不怕，没事儿的。您回家吧，您家小孩更需要您！"

崔老师满脸笑容，摸了摸他的小脑袋："梅元，你真乖，真是个勇敢的好孩子！那我回家了，你真的不怕？"

覃梅元非常自信地回答："崔老师，真的不怕！"

"那好吧。"崔老师说毕，向外走。

待崔老师走后，覃梅元回到父亲的房间，做完作业，预习了明天的功课，关好门就睡了。

第二天清早，老师们陆续来到学校。吃早餐时，他们听说覃东荣让九岁的儿子独自穿过原始丛林来学校的事后，纷纷责怪覃东荣。

“覃校长，我们什么都佩服你，唯独这件事，我们对你有意见。”

“对，我们都有意见！”

“你让你长子独自一人穿过深山老林到学校来，这就是你的不是了。”

“他只有九岁，山上有野兽出没，一个大人在荒无人烟的树林里行走都害怕，更何况一个儿童，你就不担心？”

老师们都在关心他的孩子。覃东荣知道心中的想法藏不住了，立马给出了答案：“谁不心疼自己的孩子？我这样做有两个方面的原因，一方面，我带孩子参加会议，影响不好；另一方面，孩子从小就要培养胆量、毅力，培养独立生活能力，长大后才能成为对国家、对社会有用的人！”

赵如秋恍然大悟：“原来是这样，覃校长，我们错怪你了。”

赵兴佳说：“这样吧，我和赵如秋老师就住在枞榔峪水库附近，凡是星期天你要去学区开会，事先说一声，我和赵老师可以轮流在枞榔峪水库边接他。他怪可怜的，真勇敢！”

说完，老师们微笑着，相继摸了摸覃梅元的头。覃梅元心里暖暖的。

经过几次这样的单独行走，覃梅元练就了坚毅果敢、不畏挫折、不怕吃苦、奋勇前进的精神。

每天晚上，覃东荣不是备课、批改作业，就是做政治业务学习笔记，或者做学校的其他工作，一直工作到凌晨才歇息。

等他去睡之时，孩子早已进入梦乡好几个小时了。

半夜，他想把孩子叫醒辅导功课，可望着熟睡的孩子，不觉哑然失笑。他想：我是不是疯了？

辅导孩子功课的初衷无从实现，亏欠了结发妻子，又亏欠孩子，为此覃东荣总觉得心里不踏实。

两个月过去了。一天放学后，一名男老师气喘吁吁地跑到学校，对覃东荣说："覃校长，不好啦，我家的一头母猪得了大病，有好几天不吃猪潲了。"

覃东荣一愣："那你赶紧去叫兽医呀。"

这名老师急急地说："算了，还是不叫兽医了。"

覃东荣眉头一皱："你不会是想把这头母猪贡献给学校，让我们打打牙祭吧？"

那老师说："你和其他老师时常帮我家插秧、收割稻谷，我娘一直想报答你们，这不，机会就来了。我怕母猪死了，肉就不好吃了。"

覃东荣问："老母猪怀了崽子么？"

"好像还没有吧。"

"那就好。"

"老师们很久没有吃肉了，事不宜迟，现在就去你家！"

"好！"

于是，覃东荣叫上几个老师，跟随着那名男老师去了他家。

没过多久，几个男老师就把老母猪给宰了，将猪肉挑回了学校。

在操场边上，大伙用石头、石灰、泥巴砌了一口大灶。八个老师和几个附近社员，围坐在一口大铁锅周围，边烤火边聊天，等待母猪肉煮熟。

覃东荣口才好，给众人讲了几个幽默的笑话，笑得大家前俯后仰的。

吴国祥老师对九岁的覃梅元说："梅元，你去办公室看看，到什么时间了？"

"好的。"

覃梅元二话不说，撒腿便跑向学校办公室。

在挂钟前看了片刻，他又跑回操场边，气喘吁吁地对吴老师说："吴老师，离下午六点还有这么远……"

覃梅元边说边用右手拇指和食指做了一个手势，拇指和食指距离约三厘米的样子。众人听后哈哈大笑。

覃梅元摸了摸小脑袋，一头雾水，不知他们为何这么大笑。

“你们笑什么？我刚刚看清楚了，是离下午六点隔这么远！”说时他又重复做了先前的那个手势。众人笑得更厉害了！

覃梅元羞得满脸通红，不好意思地离开了锅灶边，和伙伴玩耍去了。

那时，小学三年级还没学时钟。覃梅元看不懂挂钟的时间，也说不准时间，情有可原了。

覃梅元玩累后，来到操场，看众人吃得津津有味。有的吃饭，有的喝酒，叽叽喳喳，大锅里的肉快吃完一半了。

此时，赵如秋老师用锅铲给覃梅元舀了一坨肉，覃梅元用嘴咬了许久才咬烂。众人又大笑不止，笑得几乎要喷出肉来了。

覃梅元干脆不吃了，放下饭碗，走进父亲房间，拿出作业本认真地写起作业来。

天刚黑，一大锅肉吃完了，牙祭结束了。众人散去，各自回房了。

覃东荣回房间后，把儿子领到学校办公室，边看挂钟边讲解。片刻，覃梅元懂了，原来大钟上有六十小格，分针每走一小格是一分钟。当时针指向“5”和“6”之间，分针指到“10”，应读作“五点五十分”，或“六点差十分”。难怪他们笑得前俯后仰，自己没学过，有什么好笑的，不知者不为过嘛。

这是父亲唯一一次给覃梅元讲解数学知识。自此以后，就没有再教他什么，全凭他的个人造化了。

好在长子覃梅元自幼就很懂事，学习自觉、刻苦、认真，在班上成绩非常好，大考、小考总是名列前茅，没让覃东荣操多少心。覃东荣为长子感到骄傲。

覃东荣一生中很少辅导三个儿女的功课。他不是不想，而是实在抽不出时间。公而忘私的他太忙了，有时忙得连家人的生日，几乎都快忘记了。

第十五章

忠孝难全

文化大革命期间，农村学校或多或少受到了冲击。甘溪峪小学在覃东荣的坚强领导下，能够正常开展教育教学工作，实属不易。在他的教导下，学生们的学习没有荒废。

1976 年，丙辰年。社会动荡不安，生产处于停滞状态，人民生活困苦不堪。

神州大地乌云密布，周恩来、朱德、毛泽东等国家领导人先后逝世，巨星陨落，全党、全军、全国人民处在深深的悲痛之中。

覃东荣对老一辈无产阶级革命家非常崇敬，对他们有着深厚的阶级情感，听闻毛主席去世的消息后，他身躯颤抖，悲痛欲绝。

在他精心组织下，甘溪峪小学全体师生聚集在一起，沉痛悼念伟大领袖毛主席。

追悼大会上，覃东荣动情地说——

“老师们，同学们，没有共产党，就没有新中国，我们这些穷人的孩子就不可能进学堂读书。

毛主席的逝世，是我们中华民族的巨大损失！现在，我们要化悲痛为力量，老师们更要用实际行动来抓好教育工作，同学们更要努力学习科学文化知识，以此来报答他老人家……”

会场上，哭声阵阵、悲悲切切。此情此景，今天的青少年儿童是无法理解的，因为他们生活太过于幸福。

伟人辞世，学校掀起了一股“学习长征精神”的热潮。

为了增加学校收入，添置更多的教学用具，经覃东荣请示，兴隆公社学区、甘溪峪大队队委会，批准了甘溪峪小学的勤工俭学计划。

大队听说勤工俭学是为了学校的持续发展，毫不犹豫划分了一片山林给学校，作为勤工俭学基地，学校可以在山林中砍柴烧炭。

基地一事落实了，覃东荣立马召开会议，征询老师们的意见。最终大伙达成一致共识：女老师守校，男老师砍柴烧炭、搞勤工俭学。

老师们看覃东荣腿不方便，纷纷劝说他：“覃校长，砍柴烧炭的事交给我们，你就别去了。”

覃东荣笑了笑：“团结就是力量，多个人多份力量。我虽左腿不得力，但在安全方面，我还可以给大家参谋参谋。”

赵如秋诚恳地说：“覃校长，你还是别去了，我们保证安全操作，不出任何问题！”

放心不下的覃东荣，还是拄着拐杖，坚持同老师们一道去朝天观的半山腰砍柴烧炭。

七名男老师，一放学就吃晚饭，吃完便拿着柴刀、斧子、锯子，带着手电筒、马灯出发了。

一行人走了二十分钟爬到了一条小溪边，众人各自找了个岩石，蹲下磨柴刀和斧子。

覃东荣磨柴刀磨得有模有样，手法娴熟，几个年轻教师羡慕不已，纷纷走过来学习技术。

覃东荣一边给大伙示范，一边讲解磨刀的秘诀——

有的人认为磨刀会耽误砍柴时间，其实不然。老班子讲得好，“磨刀不误砍柴工”。

不要小看这磨刀，其实磨刀是个很重要的技术活。磨刀有要领，首先是选岩，红砂岩最好，因这种岩石岩质硬、耐磨。

磨刀时，刀口倾斜不能过陡，过陡的话容易伤刀刃，砍树时砍不了几下，刀刃就卷了。

磨刀时要讲究节奏。就是说，磨刀时一推一收用力均匀。一面磨了一段时间后，翻过来用相同的时间磨另一面。

磨的时候，隔一段时间，给刀面洒少许水，使岩面光滑湿润。磨刀最重要的是要心沉，不能心浮气躁，要有“铁棒磨成针”的毅力。

“没想到，磨刀还有学问！”一个师范毕业的老师呵呵笑道。

赵如秋认真地说：“肯定的呀，要做人民的先生，得先做人民的学生。”

覃东荣一边伸出大拇指，检测刀刃的锋利程度，一边说：“如秋老师说得对，就是这么回事。”

几个年轻老师现学现用，仿效他的磨法磨了几分钟，渐渐得了要领，磨出来的柴刀一律泛着白光。

覃东荣又说：“你们看向绪华老师磨斧子时，很有节奏。他是个磨刀的高手，大家以后多向他学习磨刀技术。”

七名男老师中，除覃东荣年长外，向绪华排第二，他是退伍军人，在部队立过许多功，人很耿直。

向绪华已磨好斧子，洗了洗手，站起身朝大家笑了笑，又见他弓着腰，左手拿着斧子，刃口朝上；右手食指、中指、无名指、小指四根指固定斧头后，拇指螺纹面轻轻地刮着斧子刃口，好快的斧子呀！

不知不觉磨了十分钟，众人喝了几口泉水，起身向山上爬去。

一刻钟不到，大家到了目的地，开始砍伐起来。

向绪华握着斧子，手臂粗的小树只要一斧子就倒下了，就像《水浒传》里的“黑旋风”李逵砍杀敌人那样一斧子一个；碗口粗的树，不出三斧子就能解决。

别看覃东荣左腿不得力，论起砍柴这门手上功夫，丝毫不比几个年轻老师逊色。

两个小时过去了，覃东荣凭着锋利的柴刀，砍下来的柴，无论数量还是质量，都是数一数二的。

天黑了，一行人打着手电筒、提着马灯回到了学校。几名老师回房洗澡后，开始批改作业、备课。

就这样，只要天不下雨，七名老师便按部就班。

一天放学后，七名老师又来到目的地。大家如往常一样伐薪烧炭，一个个“满面尘灰烟火色”，与白居易诗作《卖炭翁》中的卖炭翁没有什么两样。只是卖炭翁烧炭为的是“身上衣裳口中食”，而老师们烧炭是为全体师生着想。

炭窑边上，覃东荣和一名年轻老师合作锯柴，一头一个，锯得正起劲。

覃东荣突然听到上面有响声，猛一抬头，只见几根大檀木快速滑下来，像发怒的蟒蛇呼啸而下。

覃东荣眼疾手快，大喊一声“快散开”，双手用尽全力把那年轻老师推开。而他自己却躲闪不及，被滚下的一根大檀木擦了一下腰，跌坐在地上。

几名教师闻声跑来，把覃东荣扶起来。此时的他脸色苍白，右手按着腰，疼痛不已。但他咬牙坚持，不哼不叫。

大伙查看事发现场，吓得不轻。几根大檀木滑下时，不偏不倚地砸向锯柴的那个年轻教师站的地方。

那年轻老师惊呆了，吓得大气都不敢出。他盯着大檀木滑下的痕迹，寻思着：多险呀！刚才不是覃校长奋力推我一把，恐怕我早就被砸成肉酱了。

许久，这名年轻老师才缓过神来，伸出右手摸着覃东荣的腰，哽咽道：“覃校长，多谢您刚才救了我的命！”

覃东荣笑道：“还好，老天保佑，没造成大事故，否则后果不堪设想！趁大家都在，再次强调今后大家千万要注意安全！”

这位年轻老师背着覃东荣下山，几名老师跟在后面，轮流把他背回学校。

到校后，老师们想送覃东荣去兴隆医院治疗，他连连摆手道：“谢谢，住院要花钱，就不必了，过几天就会好的，无大碍。”

事后，覃东荣暗自托人去兴隆医院抓几服解疼的中药煎了喝，没有向上级反映情况，也没有报销一分钱医药费。

冬月下旬，天气变冷了。以向绪华老师为主的烧木炭团队，烧了两窑木炭，质量上乘。大家脸上乐开了花。

当年这些木炭除供本校师生、本大队五保户取暖之用，其余的全部销售一空。学校有了一笔不小的收入，大伙高兴得不得了！

这些钱都用在了刀刃上。覃东荣没有乱花一分，全部都用来购置教学用具、体育器材，以及解决部分贫困学生的学杂费了。

几年后，为了保持生态平衡，更好地保护环境，学校取消了勤工俭学的做法。烧炭的日子一去不复返了。砍柴烧炭那段时间，是大家过得充实而又值得怀念的日子。

1978年农历四月二十四，是覃东荣父亲覃服周六十大寿的大喜日子。

一些亲戚纷纷来到七家坪，给覃服周拜寿。覃东荣家一派热闹景象。

正在甘溪峪小学教书的覃东荣工作千头万绪，实在脱不了身，加之路途遥远，不能回家给辛劳一辈子的父亲拜寿，心里很是内疚。

夜深人静时，覃东荣含泪挥笔作诗一首，以报答父亲的养育之恩：

《贺父亲六十大寿》

黄口学耕读，随伯务阳春。长成至青壮，保长抓壮丁。
日如惊弓鸟，夜深怕犬声。大伯气难忍，弃农参红军。
剿匪身先死，遗孀孤零零。兄姐尚年幼，待哺育成人。
家父与二伯，照护为己任。弱冠成家业，养家苦操心。
苦力少生计，与伯辟新径。合伙开油坊，苦作房建成。
日间锤声急，半夜仍未停。费尽一身力，换来微酬金。
用来养老小，寒衣添几层。兄姐成园丁，父伯皆欢喜。
吾父花甲时，犬子不在身。愿父身强健，福禄满南山。

覃东荣星期六下午回到家，老父亲并没有责怪他，反而很支持长子一切以工作为重的做法。覃东荣心中的愧疚感一下子少了不少。

1972 年 9 月至 1979 年 8 月，整整七年，覃东荣一直担任甘溪峪小学校长。他带领教职工，不仅把甘溪峪小学办成了一所完全小学，还根据群众的需要，附设了初中班，生源数量逐年攀升。

邻近几个大队的孩子纷纷来这里读书，学生很快由两百多人激增到了三百多人。甘溪峪小学教育教学成绩突出，被评为“大庸县先进单位”，成为全县的一面旗帜。

1973 年、1977 年，覃东荣两度被授予“大庸县先进教育工作者”的荣誉称号。

1979 年 9 月，兴隆学区调覃东荣到兴隆公社罗家岗小学任校长。

那时，他的二弟正柏已是教字垭乡镇企业有名的拖拉机手，三弟正贤从吉首卫校毕业后在桑植县人民医院实习，四弟正毛正在永顺民族师范学校读书。

覃东荣事业蒸蒸日上，覃家的日子逐渐红火起来。

天有不测风云，人有旦夕祸福。母亲吴幺妹胸部经常疼痛，日渐消瘦，家人甚为担忧。

有病就得医治。性情急躁的正贤二话不说，就把母亲接到自己实习的医院，进行全面检查，医生诊断为乳腺癌晚期。

噩耗如晴天霹雳，震颤着覃东荣一家人的心！

“怎么可能呀？”

母亲患了癌症，覃东荣感觉难以置信，禁不住哭了。

倒是母亲很平静：“儿呀，生死有命，不必难过。你们兄弟几个不容易，娘走后，不要大操大办。”

“嗯。”覃东荣含泪点头。

一个月后，二弟正柏与三弟正贤护送母亲到湘西自治州人民医院动手术。由于医疗技术的限制，癌细胞扩散了。

医治没有效果，母亲吴幺妹坚持回到了老家，过了一个沉闷的春节。

1980 年农历正月初三，多灾多难的吴幺妹与世长辞，享年六十三岁。遵照母亲的意愿，覃东荣给母亲举行了简单的葬礼。

母亲一生坎坷，晚年还病魔缠身，没有过一天好日子，就这么走了。母亲患重病以来，覃东荣没有护理过她几天，没有尽做儿子的孝道。

送走了母亲，覃东荣成了没娘的孩子。他不觉哀痛不已，独自跑到母亲坟前，跪在那里大哭三天三夜。

哭声响彻山谷。听者亦悲泪，草木含悲。他边哭边悼念道——

吾母吴幺妹，生在吴家逻。贵德掌上珠，理明贤淑妹。
桃李嫁家父，夫唱妇相随。持家勤劳作，养我四兄弟。
白天家务忙，夜间少得睡。吾等口中食，孺子身上衣。
温饱时牵挂，呵护身不离。哺儿渐长大，入校去学习。
儿等均成才，贤母心中慰。含辛数十载，心血未白费。
六四儿结缘，六六得贵子。儿生刚六天，烧急妻仙逝。

慈母喂幼孙，刀把磨去半。幼孙变少年，吾母劳成疾。
花甲又添三，绝症竟不起。医药难奏效，乘鹤往西去。
儿是不孝子，忠孝两难全。呜呼吾母亲，儿难报您恩。

母亲去世后，覃东荣时常梦见母亲给他讲红色故事、神话传说。当他从梦中惊醒，母亲却不见了，禁不住泪水湿透枕边。

1980 年暑假，组织调覃东荣到教字垭公社学区中坪小学任校长。

改革开放的号角声已吹响。认真研读了中央文件之后，敏锐的覃东荣隐隐约约感觉到，中国农村教育的春天就要来临了，民办教师的福音也快到了！

第十六章

临危受命

在中坪小学做了一年校长，不惑之年的覃东荣同样干得出色。世上无难事，只怕有心人。覃东荣原本打算在中坪小学施展拳脚、大干一番，没想到后边还有更艰巨的任务在等着他呢！

1981 年暑假，教字垭公社学区集体研究决定，将邻近的凉水井小学并入大桥小学，组建教字垭公社中心完小，扩大办学规模，打造一所具有一定竞争力的完全小学。

该校地处教字垭办事组、教字垭公社集镇中心，教师队伍人数多，人事复杂。教师中相当一部分是教字垭办事组、教字垭教育办、组直单位、社直单位、大庸二中等单位干部职工的家属。要想把该校建设成为县、州、省具有一定影响力的学校，必须选一个以身作则、管理经验先进、具有一定威信的教师来主持学校全面工作。

教字垭公社学区经过反复论证，认为覃东荣最合适，于是上报教字垭教育办。大庸县教育局采纳了教育办、学区的建议，很快作了批复——

拟调覃东荣同志出任教字垭公社中心完小校长。

调动的前一天，学区主任罗振声戴着草帽，挎着黑色公文包，来到七家坪覃家岗覃东荣家。

一阵婉转哀怨的二胡声从木屋里边传了出来。

罗振声立在屋外站了好一会，开口说话了：“老覃，没想到你还有这雅兴？”

正在低头拉二胡的覃东荣一抬头，见来人是学区主任，赶紧放下了手中的二胡，出门将罗振声迎进了屋内：“罗主任，快请坐——”

覃东荣端来一碗清凉的山泉水，罗振声接过碗，一饮而尽。

在屋里，二人做了一次长谈。

罗振声用手抹了抹嘴，微笑着说：“东荣同志，我们想换换你的工作。”

原本忧心忡忡的覃东荣惊讶不已：“又换工作？”

罗振声点点头道：“你也知道，新组建的教字垭公社中心完小学生多，教师背景复杂，不好管理，需要一个务实的带头人。你参加工作十九年，先后担任六所山村小学校长，可以说都办得红红火火。特别是你在本学区中坪小学工作仅一年，学校起色很大，各项工作处于全学区前列。更重要的是，你在全学区老师们中有威信，老师们都信服你。我们学区几名成员想来想去，觉得你最适合担任教字垭公社中心完小的负责人，不知你意下如何？”

覃东荣抬头看了一眼罗振声主任，面露难色：“罗主任，你们如此抬举我，我深表感谢！但本人能力有限，恐怕难以胜任。”

罗振声抓住覃东荣的一只手：“老覃，我相信你能胜任。”

“真的难以胜任！”

“东荣，不要谦虚了，除了你没合适的人。”

“全学区这么多的校长和老师，比我能力强的大有人在。”

“我们相信你有这个能力，不要推辞了。今天我给你透个底，推荐你担此重任，不仅是我们学区几名成员和教育办领导的意见，也是县教育局主要领导的意思。”

“罗主任，既然各级组织如此瞧得起我，我覃东荣再推辞，就是我的不是了。我就是拼着这条老命，也要把工作做好，不给你们丢脸。但我有个小小的要求，需要你答应。否则，我还是不能接任！”

“好。东荣，只要你能接受担当此职务，莫说一个要求，就是十个要求，我也答应你，说来听听。”

“从我先后担任六所山村小学负责人的近二十年的管理经验来看，管理学校主要靠严格的制度。我担心，我担任这所学校校长后，严格按制度办事，到时肯定会有人找你说情。老罗，你说，到时我该咋办？”

“在制度面前人人平等，按制度办。”

“到时，如是上级领导找你说情呢？”

罗振声主任思忖片刻，斩钉截铁地说：“坚决按制度办！”

覃东荣拍手称快道：“好！老罗，这是你说的，我接，我接。”

罗振声笑道：“我原以为是什么苛刻的要求，工作中就应该按制度办事。这个要求我答应你，你就放心地干吧，我给你做主！”

“君子一言。”

“驷马难追。”

覃东荣还是有点顾虑：“好。老罗，既然你都这样说了，我先试试，干得好，继续干；干得不好，你们换人！”

两人相视一笑，紧紧地握着对方的双手，许久没有分开。

这次长谈为后来覃东荣在中心完小顺利开展工作扫清了障碍。如果没有学区负责人的力挺，他是干不下这个校长的。

8月26日，艳阳高照，万里无云。覃东荣戴着一副老旧的黑框眼镜，早早地来到教字垭公社中心完小，察看一下学校。

这所完小与大庸二中相隔不远，建在一片山丘上，由上、下两块平地组成。上面平地建有教室、教师办公室、教师宿舍、乒乓球台、厕所、食堂；下面的平地则是半个篮球场，附有一个篮球架。

这学校也太荒凉了，哪像一所大公社的中心完小？连甘溪峪小学都不如，这也太不靠谱了吧？半个篮球场，这学生怎么锻炼身体啊。

内心有那么一丝丝凉意的他拄着拐杖，走在操场上，环顾四周远山近岭，思绪万千，边走边吟道：

后山雄狮多威武，前方盘龙基坚固。
右临矗立书箱岩，左侧陆坪盛产谷。
叁捌创办校史久，桃李天下英辈出。
振兴教育靠园丁，千秋万代展宏图。

在学校转了一圈之后，心中有数的覃东荣离开了，他马上要前往学区开会。

上午八点半，教字垭公社学区全体教职工汇聚礼堂，进行政治理论学习。

学区党支部书记、主任罗振声环视了一下会场，挥了一下手，待大家安静后，他大声道："老师们，大家好！在政治学习之前，我先宣布下各校负责人名单……，经本学区成员反复酝酿，报请教字垭教育办、县教育局同意，决定拟调中坪大队小学校长覃东荣，担任教字垭公社中心完小校长，正式任命文件要等大庸县教育局下发。这次全学区暑假集中政治学习三天，每个教职工都要认真学习，任何人都不准缺席。学习完后，每个教职工写篇心得体会，8 月 31 日下午四点半之前，以校为单位收齐交学区。请各校校长清点好本校人数，做好出勤记录。8 月 29 日，各校安排开学工作，制定好各项规章制度。现在进行政治理论学习……"

8 月 29 日上午八点半，教字垭公社中心完小暑假学习和开学工作会议正式拉开序幕。

罗振声主任清了清嗓子，说道："老师们，首先给大家介绍一名新老师。”

教职工一齐鼓掌欢迎……

罗主任继续说：“这名新老师家住县城，是县教育局分配到你们学校的省城毕业师范生，今后大家多多关怀她。”

李嫣老师怯羞地站起来，向大家鞠了一个躬，也没有说话。

罗主任继续说：“这两天以校为单位进行暑假学习和开学工作安排，希望大家在覃东荣校长的领导下组建好班子，进行政治学习讨论，制定好规章制度，部署好开学工作。”

接着，覃东荣客套了几句，进入正题：“首先欢迎李嫣老师来我校工作！老师们，这次上级领导安排我担任你们的校长，我感到责任重大。实际上，在座的老师比我能力强的大有人在！既然上级领导要我担当此重任，我会尽自己最大的努力把学校的各项工作做好，给你们一张满意的答卷！按照学区安排，今天进行政治学习讨论，明天下午放学之前，每个教职工写篇高质量的学习心得体会，交给教导主任，字数不少于两千字。”

“心得体会还要两千字？”下边一片哗然，大伙都张大了嘴巴，还以为自己听错了。

覃东荣严肃地说：“我们要狠抓工作作风，办人民满意的教育。只有工作踏实了，才能把真心放在工作上，为学生服务。‘做牛莫误春’，要发扬老黄牛精神，默默奉献。既然当了老师，就要当一名让老百姓放心的老师，家长把孩子交给我们，我们就有责任认真地把孩子教育好，让他们成才。我们吃的是国家的俸禄，拿的是人民的血汗钱，要对得起党，对得起人民，对得起孩子！”

说完这番话，覃东荣话锋一转：“可是，今天开会却有人迟到，这种现象很不好，希望下次不要出现。我们教职工出勤制度从明天开始执行，明天上午开会时间同样是八点半，若再有人迟到，莫怪我覃东荣到时翻脸不认人！在制度面前，人人平等，不管是谁，只要违反了制度，就要按制度办事，受到处罚。应当罚款的就要罚款，罚款结果将计入年终考核。一月迟到三次，不仅取消当月的出勤奖，还会影响当年的文明奖。希望各位老师支持我的工作，同时，我也请老师们时刻监督我，如果我覃东荣有违反制度的地方，大家可以提出来，也可以向上级教育主管部门或党委政府反映。值周轮流转，每人一周，这周从我开始！”

接下来，会议进入政治学习讨论环节……

第二天清晨，覃东荣拄着拐杖，早早地站在学校操场的五星红旗下，迎接每一位教职工的到来。

教职工早早地来到会议室，果然没有一个人迟到。制度奏效了，覃东荣双眉舒展，嘴角勾起一丝笑容。

全校教职工看到身患残疾的覃东荣校长这样以身作则，深受感动。他们都在想，只有努力工作，才能对得起这位“拐杖校长”。

覃东荣坐在主席台位置，开始作工作报告——

“……一所学校办得好不好关键看校长。看校长会不会管理，能否一碗水端平；看校长能否在师生中起到模范带头作用，能否真正遵守规章制度，能否经得起历史检验。

因此，我希望老师们随时随地监督我。如果我有做得不好的地方，一定会接受大家的批评。同时，我也以此标准严格要求大家。学生成绩的好坏，关键在于老师的品德是否高尚，教学态度是否认真。”

这天会议中心议题就是民主讨论各项规章制度。集思广益后，新的学校制度出炉了。覃东荣在会上宣读制度。

宣读过程中，老师们听得很认真。他们都在想，制度都是通过讨论、提建议制定的，若是有意违反，岂不是搬起石头砸自己的脚？

覃东荣组织教师们认真学习教育部颁发的关于加强师德师风建设的文件。学习中，覃东荣强调，要想把学生教育好，首先自己要做一位好老师。没有教不好的学生，只有不会教的老师。

他认为，一所学校办得好不好，不仅看学生的成绩，更重要的是看教师的职业道德素养以及学生的思想道德素质。思想政治是统帅，个人思想政治素养未得到提升，教学质量也不可能得到提高。

第二天上午，学校又召集教职工开了一个短会，大伙都纳闷了：这新任校长动不动就开会，是不是开会开上瘾了啊？

会上，覃东荣紧绷着脸："管理是铁，制度是钢，我们要改进工作作风，尤其是校委会成员，要带头遵守制度、率先垂范……今儿把大家请来，没有什么重要的事儿，就是请各位在新制度上签个名。"

说完，覃东荣掏出钢笔，在早已准备好的油印制度上签下自己的名字——"覃东荣"，然后传给校委会成员签字。

有的教职工望着讲话做事硬邦邦、走路一瘸一拐的校长，脸上难掩轻视与怀疑，不过他们都在新制度上签了名。

散会后，学校办公室外的墙上张贴着《教字垭公社中心完小规章制度》《教字垭公社中心完小财务管理制度》等制度。每一个制度的后面都有教职工的签名，覃东荣做事就这么有板有眼。

教职工议论纷纷："覃东荣校长动真格的了，以后大家可要小心行事哦。"

一个老教师笑道："新官上任三把火。三把火过后，就没事了的。"

新进教师李嫣看了一眼抱着孩子的一名女教师，说："我看呀，有些人恐怕以后给孩子喂奶的时间都没有啰。"

以制度约束人，以理服人，以德治校，工作上讲原则，生活上讲感情。在覃东荣校长的精心管理下，教字垭公社中心完小教师队伍建设大踏步前进。全校教师教风严谨，学风大变样，学校面貌焕然一新。覃东荣又一次成功了！

第十七章

立德树人

第一个吃螃蟹的人，是勇士。在大庸县，覃东荣就是第一个吃螃蟹的乡村校长。他不但“吃了螃蟹”，还把“螃蟹”做出了不同“菜肴”让学生品尝，让家长品尝，让全湘西的校长们来品尝。

二十世纪八十年代，为抓好抓实学生的思想政治工作，身残志坚的覃东荣又大胆创新，带领全体教师率先在全市（州）进行素质教育探讨，探索革新。

覃东荣敢于实践，首创“立体式德育网络教育”，建立德育领导小组、德育顾问小组、家长委员会。坚持党的群众路线，让家长监督管理学校，实现家校共育互动，办人民满意的教育。

对于学生的思想品德评价标准，他打破以往评价学生的思想品德仅靠一张试卷上分数的做法，首创学生思想品德“六三一”科学评价体系，即笔试占百分之六十、师评占百分之三十、自评占百分之十。

教字垭镇中心完小的“立体式德育网络教育”和学生思想品德

“六三一”科学评价体系在全市（州）率先推行后，很快得到了上级教育主管部门的认可，此成果逐步在湘西全州各市县得到了大力推广。

无论何时，覃东荣坚持德育为先，注重加强教师和学生的“三观”教育，特别注重培养他们的爱国主义情感。

自覃东荣参加教育工作来，不管是在山村小学，还是在中心完小，每个星期一早上，他都会主持升旗仪式。面对鲜艳的国旗，他有着特殊的感情。

他撰写湘西红军的资料，给学生讲述红军的故事。

教字垭镇（新中国成立前为西教乡）辖区内的七家坪村、竹园坪村是一片热土，红色文化异常丰富，湘鄂西红四军第二路指挥覃辅臣曾经在这片热土上生活过、战斗过。

覃辅臣，原名覃奏章，1882 年出生于西教乡竹园坪村。1919 年，贺龙率部到西教乡，覃辅臣任贺龙部副营长，从此走上革命道路，紧跟共产党走。

1929 年 3 月，覃辅臣率部三百余人加入湘鄂边贺龙领导的红四军，不久担任红四军第二路指挥。

红四军主力开入大庸县西教乡，部队驻扎在竹园坪、七家坪、狮子垴山寨一带，哨兵在望军岩山顶站岗，军部先后设在竹园坪覃鲤庭家、七家坪吴扬明家。

红四军军饷紧缺，覃辅臣心急如焚，对家人说：“革命不成功，何以为家？”

其父非常开明：“儿子，只要是为天下人谋幸福，我们捐献家产又何妨！”

有了父亲的支持，覃辅臣毅然变卖自家良田二十多亩，筹得银洋三千多元，全部充作军饷。

军民鱼水情。人民军队爱人民，一切为了人民的根本利益。当地群众全力拥护红军，支援红军，决心与反动势力抗争到底。

覃辅臣年长军长贺龙十四岁，但他非常敬重贺龙军长，很是赏识贺龙的军事指挥才能；贺龙也很尊重“三哥”覃辅臣。二人是亲密的战友。

1933 年的一天，国民党军阀朱际凯奉蒋介石的命令，带着几千人马围剿红四军。他气势汹汹而来，叫嚣着不把红军消灭在西教乡，决不收兵。

敌众我寡，不能和他们硬碰硬。于是，贺龙下令大部队先撤，只留下小部分部队，自己却坐在军部朝门旁边凉亭下，一块直径一米的厚岩板边，和房主吴扬明的妻子龙氏下打三棋，几个军部工作人员围在旁边观战。

贺军长同龙氏下了三盘。前两盘贺军长和龙氏各有胜负。

两人正要下第三盘时，一个通信兵来报：“朱际凯过茅溪垭哒！”

龙氏身如筛糠，两腿颤抖，右手快拿不稳棋子了。

运筹帷幄、胸有成竹的贺龙笑着说：“老人家，有我在，不怕！朱际凯离这儿还有十几里路，我们下我们的棋，不管他们的，走棋吧！”

棋逢对手。下了好久，不分胜负。两人沉默不语，正在思忖战胜对方的对策时，通信兵又跑来报告：“朱际凯到屋垭了。”

贺龙听后，哈哈大笑：“老人家，您的棋艺很好嘛，我俩战平了，敌人来了我们该走了，以后有时间，我再找您下。”

贺龙说完，撩腿跨上一匹白马，鞭子一扬，“嗒嗒嗒”，一阵风过后就不见了踪影。

吴扬明望着贺军长远去的方向，眉头紧锁，惊诧不已，半天缓过神来，捻着胡子啧啧称赞：“神啊！面对敌兵压境，而能如此安泰，哪个凡人做得到啊！”

七家坪村望军岩南约四百米的狮子垴山顶下的漆树塔，是一块红色的土地，是红军鲜血染红的地方。红军连长张光忠带领一连红军抢占漆树塔一线高地，堵击敌人，为红军军部安全转移、调集部队争取了宝贵时间。战斗异常惨烈，红军连长张光忠和大部分战士壮烈牺牲。

增援部队赶到，贺龙军长带着部队，和敌人巧妙周旋，最终击败了来犯的敌军。

据当时在场的老人回忆，贺龙领导的红四军进行战略大转移时，乡亲们站在那棵大桂花树下，看到红军头戴斗笠，扎着绑腿，脚穿草鞋，背着背包和枪途经古城坪，队伍很长，走了很久才走完。

当时贺龙军长身材高大魁梧，留着一字胡，比一般人高半个头，很是打眼。他体恤部下，把他的战马让给伤病员乘骑，自己则随军步行。

1936年，覃辅臣在常德府坪被毒杀，时年五十四岁。新中国成立后，人民政府追认覃辅臣为革命烈士。

一说到湘西红军，覃东荣有说不完的话，他感慨万分："革命先烈用鲜血和生命换来了新中国的诞生，幸福来之不易，得好好珍惜！一些红军战士参加革命时，才十一二岁，身高还不够步枪长度，可他们不惧强敌，奋勇前进。同学们，我们得向革命先烈们学习，发扬红军的优良作风，为建设新中国而努力奋斗！"

在教字垭中心完小任校长期间，他定期邀请司法所的同志来学校进行法律讲座，让学生懂得哪些事能做，哪些事不能做；他定期邀请老红军、老八路来校讲革命战争故事，教导学生珍惜今天来之不易的学习机会，懂得今天的幸福生活是革命烈士抛头颅、洒热血换来的。

每年清明节，他都组织全校教师和少先队员，为贺龙领导的红四军第二路指挥覃辅臣烈士扫墓。他们在覃辅臣烈士墓前庄严宣誓：弘扬烈士精神，珍惜今天来之不易的幸福生活，努力学习本领，为国家争光，为家乡争光。

覃东荣把雷锋当作自己一生学习的榜样。雷锋牺牲那一年，他刚走上工作岗位。他被雷锋的事迹深深感染着，他是带着阶级感情学习雷锋精神的。

每年3月5日，他都会组织全校师生聆听雷锋故事、学习雷锋精神，对学生进行爱国主义教育、革命传统教育。

覃东荣在全校开展学雷锋活动，引导全校师生大力弘扬雷锋精神，将雷锋的精神传承下去！他要求教师像雷锋那样爱岗敬业，多做好事；要求学生以英雄人物为榜样，做雷锋、赖宁式的好学生。

此外，他还非常重视学校的少先队工作。少先队工作由历任学校少先队辅导员覃玉林、向小桃主抓。学校少先队组成一个大队，下辖三个中队，每个中队又分为三个小队。

每逢节假日，学校少先队还组织队员为五保户送柴、送米、洗衣、煮饭、挑水，为家庭贫困的学生捐款捐物，为缺少劳力的家庭插秧、收割……

教字垭镇中心完小六年级学生覃卫平的母亲体弱多病，弟弟只有六岁。家中唯一的劳力父亲不幸患上绝症，含泪离开了人世，家里欠下了一笔债，孤儿寡母，艰难度日。

一个农忙的夏季，看到母亲整日为无人犁田焦急万分，天天以泪洗面，十二岁的少先队员覃卫平心里难受极了。

他懂事地对母亲说："妈妈，不要哭，不要哭坏了身体，我已经失去了父亲，可不能再失去您啊，您要保重身体！爸爸虽然走了，但是我都十二岁了，我会做农活，我要让您和弟弟过上好日子。我以前跟父亲学过犁田，这个星期六我去犁田！"

覃卫平用手擦去妈妈眼角的泪水。

覃卫平母亲心疼不已："平平，你要小心，那头大水牯连大人都敢怼，更何况像你这样的小孩，妈妈不放心！"

"妈妈，您放心，儿子会有办法治服它的！"覃卫平坚定地说。

星期六，晴空万里，天上没有一朵白云，农民都在田地里忙碌着。

中午放学后，覃卫平回到家，放下书包，连忙吃了一碗冷饭，牵着一头大水牯，搬着沉甸甸的犁，打着赤脚走向自家的责任田。

一下田，覃卫平学着父亲的样子，一手托着犁，一手拿着竹条，口中吆喝着："上移！上移……"

没想到，这头水牯还真听话，没有欺负小主人，依着吆喝声，在田里有节奏地走了起来，还欢快地甩着尾巴。

只是每到转弯时，比犁高不了多少的他，花了九牛二虎之力才把犁拖转过来。这一个下午，覃卫平犁了三分田。

好儿童覃卫平犁田的事迹，感动了附近的乡亲们，也感动了教字垭镇中心完小的全体师生。

少先队辅导员向小桃把情况向覃校长反映后，校委会研究决定，号召全校师生向覃卫平同学学习，学习他自立自强、从小勇挑家庭重担的自强不息的精神。

学校少先大队迅速作出决定，星期天组织四年级以上的少先队员，帮助覃卫平家插秧。

第二天，碧空万里，天空没有一朵絮云。

田坎上，公路上，校旗、队旗、彩旗迎风飘展。只见覃卫平家三亩责任田中，全是穿着白色衬衫、戴着红领巾的少先队员。从远处看去一片白，白里透着红，鲜艳的红领巾在阳光下闪闪发光。

在辅导员向小桃老师的带领下，少先队员们有的插秧，有的挑秧，有的提秧，忙而不乱！

覃东荣边插秧边对少先队员们说："蔸对蔸，行对行，行行对到大路上……"

待大家顺手了，覃东荣开始讲"开秧门"的故事，少先队员们边听边插秧，秧插得有模有样。

人多力量大。少先队员们戴着草帽，顶着烈日，开足马力，不到两个小时，就把覃卫平家责任田的秧插完了。

而后，少先队员们还帮助邻近的农民伯伯插秧。农民伯伯一个个感激不尽。少先队员们心里美滋滋的，劳动最光荣。

义务劳动完成后，少先队员们扛着队旗，排着整齐的队伍，回学校了。

一路上，他们哼着歌儿《打靶归来》："日落西山红霞飞，战士打靶把营归，把营归。胸前红花映彩霞，愉快的歌声满天飞……"

秋天到了，稻谷该收割啦！覃东荣、向小桃带领全校教师和少先队员干部浩浩荡荡开拔了，他们这是要上覃卫平家，帮忙收割稻子。

不到半天，覃卫平家的稻子全部抢收完毕，颗粒归仓。覃卫平的母亲激动得流下了幸福的泪水。

说来也怪，少先队员们插的秧苗长得分外粗壮，结出的谷穗格外饱满，这又是一个丰收年啊！受过学生帮助的农民伯伯也欢喜不已，都夸覃校长教的学生爱学习、爱劳动，个个好样的。

在覃东荣的部署下，革命歌曲在学校传唱不衰，红色文化在学校落地生根，精神文明建设变得有声有色。

自 1983 年以来，该校的少先队工作开展得很有特色，得到上级主管部门的充分肯定，先后获得“湘西自治州雷锋式中国少年先锋队中队”“大庸市德育工作先进单位”“湖南省学习雷锋先进集体”“湖南省学赖宁红旗大队”“全国读书读报先进单位”“全国少先队红旗大队”“全国雏鹰红旗大队”等荣誉称号。学校办公室挂满了锦旗、奖状。

1981 年至 1984 年，覃东荣连续四年被评为“大庸县先进教育工作者”。

在诸多的学校荣誉、个人荣誉面前，覃东荣从不以此自夸，因为这不仅凝结了学校集体智慧，还凝结了学生的努力、家长的心血。他深知这荣誉的背后，承载党和人民的信任，是党和政府给了他圆梦的机会。

第十八章

严谨治校

教育学生是学校担负的第一责任，教学质量是学校的生命线。一所有竞争力的品牌学校，要想持续发展，得与时俱进，因循守旧是行不通的。

覃东荣深刻地意识到了这一点，根据自己多年的教学经验，他决定在教字垭中心完小率先进行课堂教学改革，要求老师们更新教育理念，探索新的教育教学方法。

在课改启动之前，覃东荣召开了一次思想动员大会。

他说，课堂四十分钟得出质量，得出效率。上课就好比打仗，要想打赢仗，必须做到知彼知己。上好一堂课，前期准备非常重要。课备得好，胸有成竹，这样课就上得好。否则，一个教师业务水平再高，教学能力再强，教学态度不端正，教学效果也好不到哪里去。

台下的李嫣表情淡漠，不以为然。她在心里嘲笑覃东荣，新课改这事，是吹吹风而已，只打雷不下雨。

对于新课改，李嫣是最抵触的。她总是敷衍了事，很少去思考如何上好语文课，而且还暗中鼓动几个年轻教师，与覃东荣唱反调。

在备课这一方面，学校课改领导小组制定了新的备课制度、听课制度。

随着课堂教学改革工作的逐步深入，教师们的教育教学理念不断更新。他们都在积极思考，振兴乡村教育事业要怎样大胆创新，形成独特的教学风格。

覃东荣身体力行，率先垂范，带领老师们积极大胆地推行新课改，勇于开拓试验，开办了语文“注·提”“电教听说训练”、数学“三算”“尝试法”、思想品德“立体式德育网络教育”等课改实验班。

在覃东荣的努力下，教字垭中心完小确定“学生是根本，教育是核心”的育人方针和“教师要创造一切可能让学生成才”的教改目标，为课改扫除思想障碍。

覃东荣督促全体教师探究“自学辅导教学”“合作讨论式教学”“课题研究式教学”“分层学习式教学”和“开放式学习”等多种新式教学模式，创建了培养学生学会做人、学会学习、学会合作、学会生活、学会交往的“立体式德育网络教育”。

在教学改革中，覃东荣既“挂帅”又“出征”，真抓实干，带头自制课件，取得了明显的实效。

他压缩学校其他开支，将节省下来的资金全部用来购买教学用具。在提升教师业务水平方面，采取“请进来，走出去”的方法提高教师的业务水平，将教学经验丰富的外校名优教师请进来上示范课。利用节假日将教师带出去，学习别校的先进教学方法，将有发展前途的年轻教师送到师范院校学习、进修、深造。

覃东荣十分注重师资水平的提升。他充实在职教师的知识结构，实现教师队伍整体综合素质的提高。教字垭中心完小规定，每学期都要举办一系列教学、教研活动，组织“观摩课”，举办“专题讲座”，各班级互教互动，探讨交流。这条规定日后成了学校积极开展教研教改的“传统”。

一段时间过后，整个教字垭中心完小教育教学改革如火如荼、生机盎然。

学校工作千头万绪，校长不能不管。对于大小会议，覃东荣从不请假；对于各项检查，覃东荣从不推卸责任。

老师们见他实在忙不过来，都纷纷提出愿意分担他的教学任务。可是他认为，作为一个教育工作者，校长的身份首先是一位教师。如果脱离了教学实践，就成了水上浮萍，也就当不好校长。他不仅要把自己的课上好，还要把学校的工作管理好。

覃东荣严于律己、勇挑重担，教师们的工作责任心也大大增强了。为巩固这一长效激励机制，他不失时机地制定了奖罚措施。对成绩突出、教学水平提升较快的教师实行奖励，以达到树典型、立标杆、学榜样的作用；对不称职者，绝不留情面，予以处罚。奖罚分明的制度，赢得了大家的肯定，全校教职员工争先恐后钻研教学业务。

为了督促制度的实施，覃东荣经常深入课堂，查备课、听课记录，查班务工作记录，突击检查领导在岗、教师在堂、学生到位的情况。

每学期结束后，老师们都回家休息了，覃东荣还待在学校，不计报酬地加班。他把老师的教案、政治学习笔记、业务学习笔记、听课记录、家访记录，任课教师分数登记册，班主任的各学科分数登记册，学生的各科作业、期末考卷搬到自己的房间，着手他的“四步检查法”。

第一步，拿着算盘，抽查学生的考卷、任课教师的成绩登记册、班主任的各学科成绩登记册，对比有没有错误。

第二步，检查学生的各科作业，一页一页地查，一本一本地看，看哪个老师批改作业认真、细致。

第三步，检查教师的教案、政治学习笔记、业务学习笔记、听课记录、家访记录，一页一页地看，看到底哪个老师的课备得好、笔记写得好、记录记得好。

第四步，他在老师的教案、政治学习笔记、业务学习笔记的右侧边缘，盖上骑缝章，防止偷懒的老师下次继续使用。

各种数据归总，需花费很多的时间和精力。覃东荣心力交瘁，可看到师生这么认真，这么敬业，他会心地笑了。

师生无不称赞："覃校长做事认真，一碗水端得平，扯不得半点儿谎！"

覃校长一天都在忙，像一台高速运转的发动机。

他每天凌晨六点起床，同寄宿生一起做早操。他不仅要上好自己所带班级的课，每天的课间操、眼保健操的磁带也都是他亲手放的。

他拄着拐杖，带领少先队干部检查学生做课间操、眼保健操的情况，登记打分。

中午，师生休息了。他顶着烈日，拄着拐杖在校园里查看安全卫生工作，带领少先队干部检查教室和教职工房间卫生情况，打分，贴清洁等级标签。

晚上，他打着手电筒巡视校园，检查学生学习、睡觉情况，督查老师备课、批改作业，排查安全隐患。

深更半夜，他提着马灯，迎着冷风，再次巡视校园，在学生寝室里给掀开被子的寄宿学生盖被子。

他回到房间，点上煤油灯，做一些白天还没有做完的工作，直到凌晨一点才睡下。

长时间超负荷的工作，覃东荣劳累过度，旧病复发，可是他没时间去治疗。

课堂上，学生们经常看到他把腹部紧抵着讲台，疼得大汗淋漓，豆大的汗珠滚落下来，却仍然坚持讲课。

有几次，覃校长旧病发作，晕倒在讲台上。苏醒后，他吃力地把课上完。下课后，他腹痛难忍，右手拄着拐杖，左手按住腹部走进学校柴草房躺会儿。

乡亲们、师生们很担心，都劝他去医院治疗，他却一直拖着。

其时，他家正收留着六名贫困学生，开销很大，他哪舍得花钱治疗啊！

辛勤的汗水浇灌出明艳的花朵。学校管理科学规范，带来了教字垭中心完小可喜的变化。

覃东荣时常说，教学质量是学校的生命。他顶住各种压力，进行教育教学改革，狠抓教学质量，向课堂四十分钟要质量。他坚持按课表上课，坚持听课，坚持检查教案、检查作业。

在覃东荣和全体教职工的共同努力下，教字垭中心完小的教育教学改革结出了累累硕果。特别是毕业班的数学成绩曾闻名遐迩，向小桃、熊廷尧、陈生祥三个老师因此被称为数学“三剑客”。

看着手捧优异成绩喜滋滋的学生和意气风发的教师，覃东荣深深地感到欣慰，再苦再累也值了。

学校教育教学质量逐年稳步上升，肄业班的抽考和毕业班的统考，十二年来在市（州）区（县）一直名列前茅，成为贫困山区教育教学的一面旗帜。

教字垭中心完小课改取得了成功，“课改先锋”覃东荣没有因此沾沾自喜。这一路走来，无比艰辛，创业难，突破更难，还有许多的工作在等着他呢！

第十九章

廉洁奉公

覃东荣高瞻远瞩，大力推行课改，教字垭中心完小教育教学质量实现了质的飞跃，办学规模也随之扩大。

为了节约学校开支，教字垭中心完小校委会组织制定了一整套严格的财务管理制度，并采取有力的措施落实到位，绝不让公款浪费一分一厘。财务制度公平、公正、公开、民主。覃东荣清正廉洁，带头遵守。

覃东荣在教师大会上强调："学校是大家的，不是我覃东荣一个人的。每个教职员工都有权利有义务管理好这所学校。学校的账目要透明，要经得起历史考验。账目一天一结，主管财务的会计每天向校长汇报一次收支账目，一个星期一小结，一个月一大结。月底学校财务人员把收支情况张榜公布，接受师生监督。教职工对学校财务收支账目有疑问的，可以先向学校工会组长反映，工会组长向学校汇报后，组织职工代表清查有疑问的账目，希望每位教职工都把学校当成自己的家。"

覃东荣还说："每期结束时，学校的收支账目要彻底盘算。要让师生明白收入多少、支出多少、结余多少、招待费多少等等。清账时，除各班班主任、工会代表、学校相关人员参加外，其他想参加清账的教职工都可以参加，有什么问题当面讲，我们校委会表示热烈的欢迎。这是对学校一学期经济工作的大检阅，这是好事。我代表校委会还要感谢你们。我们要真正做到民主理财、阳光理财。财务管理方面，由专人负责。按照制度，奖惩分明。”

1983 年秋季，黄士祥老师调入教字垭公社中心完小，任六年级语文老师、班主任，兼学校会计。

黄士祥的妻子是农民，在家干农活，父母年老多病。为减轻妻子的负担，他将两个儿子带到学校读书，大儿子上三年级，小儿子上一年级。

学校明文规定，教职工子女不准在学校食堂搭餐。

为了搭餐的事，黄士祥还特意找了覃东荣，要求学校考虑他的实际困难。没想到，覃东荣一口拒绝了，有制度在，不能破例。

黄士祥弱弱地说：“覃校长，孩子正在长身体，您就不能照顾一下吗？”

覃东荣拒不让步：“你是主管财务，应该比我更清楚学校制度……”

“孩子他娘实在辛苦，不然我也不会把两个孩子带来学校……”

“这个我清楚，弟妹确实辛苦！”

“覃校长，特殊情况特殊对待啊。”

“黄会计，你知道我校有多少教师子女在学校读书？别人眼睛看着的，如果学校接受了你的子女在食堂搭餐，其他老师的孩子也可以在食堂搭餐。廉洁自律是会计职业道德的内在要求和行为准则，你说这个例能不能破？”

“这……”

碰了一鼻子灰，黄士祥心里难受。无奈之下，每天早晚两餐，父子三人只能吃一份菜。他就想不通，为什么自己为学校做了这么多事，连一个小小的心愿，校长也不能答应？

覃东荣看在眼里，心里也不好受。每天他主动将自己一份菜的大半，拨入黄士祥的菜碗中，而他自己只吃一点菜和汤。

多年以后，记者采访黄士祥，他感叹道："覃校长他家是'半边户'，妻子是农民，三个儿女也在读书，老大读高中，老二、老三读小学，比我家还困难！他的三个孩子从不到学校食堂搭餐，他却两年如一日，每日两餐，给我们父子仨分饭菜吃……唉……"

黄士祥边说边擦眼泪，说不出话……

覃东荣爱校如家，把学校的财产看得比自家的财产还重。他勤俭节约，艰苦办学，把每一分钱都用在刀刃上。

有人说覃东荣太吝啬、太小气。是的，他确实是这样的人，学校每用一分钱他都精打细算。

财务对学校资产一一做了登记，期末结束盘点，谁损坏或遗失，要照价赔偿。对于学校发给教师的办公用品，教师调离时要如数退还学校，如有损坏，照价赔偿。

一个星期天，覃东荣去城里开会。

开完会后，他无意中听说日光台灯既节能又不刺眼，想进商场看看究竟。他走进一家商场，发现十五瓦的台式日光灯的亮度，比得上甚至超过六十瓦的电灯泡。他买了一个十五瓦的台式日光灯带回学校。老师们感到稀奇，试后都说好。

于是，经校委会同意，覃东荣立刻让黄会计拨专款给每个教职工配发一个十五瓦的台式日光灯，用于办公。如果教师调离本校，务必将灯退回学校。

教职工调离学校时，即使再忙，学校也要开欢送会。人是有感情的，调离时，大家都依依不舍，为调离教职工买个纪念品也是人之常情。但是，学校发给他的办公用品，在调离时应如数归还。

有一位年轻教师，是覃东荣的一个远房亲戚。因工作需要，教字垭镇学区将他调到一所山村小学。临走时，这名教师忘记把学校发给他的分火开关、台式日光灯退还给学校了。

覃东荣得知情况后，让学校主管财务的黄士祥会计亲自出马，把这些东西给取回来。

放学后，下午四点半。秋阳照得人睁不开眼。

黄会计来到该山村小学，找到该老师问及此事。

那位老师很是抱歉：“黄会计，对不起，害得你亲自跑到这里来。你不来，我也准备今天放学后把这些东西退还给你。昨天我走得匆忙，没在意。这是教字垭中心完小的制度，走时应该退还学校发的办公用品。这是对的，人人都要遵守，真不好意思。”

黄会计拍了拍他的肩膀：“没关系，年轻人，以后注意就行。”

年轻教师尴尬地笑了：“是，是，是，黄会计说的是，以后我注意点就是。”

黄会计拿着追回的物品，匆匆离开了。

有一回，一位刚参加工作的老师，中午在办公室吃饭时，不慎将办公桌上的玻璃板损坏了。

覃东荣知道后，来到办公室查看玻璃损坏情况。按照制度，这位教师得赔七元钱成本。

一听要赔钱，这位老师懵了。他认为自己不是故意的。

晚上，覃东荣和黄会计走进这位老师的房间，看到他眼含泪水。原来他是在心疼自己的七元钱，后悔自己怎么就那么粗心，把公物给损坏了呢？

覃东荣语重心长地说：“制度不是针对某个人的，而是经过大家讨论共同制定的。没有规矩，就不能成方圆，你不执行，他不执行，制定制度还有什么用？我们知道，你每月工资不高，家庭负担也很重，我们不忍心要你赔钱，可是制度就是制度，在制度面前人人平等，不能有半点儿私心啊！对这件事你要想开些。”

一通大道理下来，那位老师终于明白了覃校长的良苦用心：“覃校长，在制度面前人人平等，损坏东西理应赔偿，我愿意从下月的工资中扣除。”

“好。就这么着吧，早点休息。”

思想工作做通了，覃东荣这才放心地离开了。

考虑到特殊情况，学校进行人性化管理，若个别教职工有困难急需向学校借款，可写出借款理由。上月借下月还，绝不允许出现挪用公款、拖欠公款的现象。

借款的教职工还款也很自觉。一到发工资的日子，黄会计忙得不可开交。实在有个别教职工当月还不完的，覃东荣会私底下暂时给他垫上，对方很是感激。

因财务管理科学规范，学校便有足够的资金用于教研教改。学校设教研教改专项经费，用来奖励教学先进个人（集体），奖励在课改中有突出贡献的教师，给学生发放助学金，等等。

学校财务工作在覃东荣的领导下从来没出过纰漏，学校多次被评为“财务管理先进单位”。

第二十章

循循善诱

在教字垭公社中心完小全面主持工作没有多久，领头羊覃东荣遇到了一个难题。这个难题解决得好不好，直接影响到学校制度的执行力，直接影响到品牌学校的创建工作。

那是开学后的第二个星期一，上午第一节课铃声响了，五（一）班教室内乱成一团，学生吵闹的、讲闲话的、做怪动作的……吵闹声传遍了整个校园。

“哪个班这么吵闹呀？”

在校长办公室备课的覃东荣，推开窗户听了一小会，很快就确定了吵闹声的来源。

覃东荣右手拄着拐杖，左手拿着课表走进教室。学生一看是校长大驾光临，立即就安静了。

覃东荣表情严肃：“请同学们取出语文书，预习课文。”

一会儿，李嫣老师拿着教案，匆匆走进教室，不自然地与覃东荣打了个招呼，走上讲台，开始上课。

覃东荣抬腕看了一下手表，走出教室，轻轻地关上了门。

下课后，以为学校会“法外开恩”的李嫣去了学校办公室。

覃东荣问：“李老师，今天上课怎么迟到了？”

李嫣若无其事地回答：“路上堵车。”

覃东荣看了看手表：“李老师，你知道你上课迟到了多长时间？”

李嫣努努嘴：“大概一刻钟吧。”

覃东荣目光转向向士秋：“向会计，你是主管考勤的，你看怎么办？”

向会计心领神会地回答：“上课迟到一刻钟，按制度罚款十五元。”

李嫣：“我迟到是班车堵车引起的，又不是故意的！”

覃东荣：“李老师，在制度面前人人平等。学校也不想罚你的款，但是没有规矩就不能成方圆，请你多理解。”

“制度是死的，人是活的。覃校长，你看能不能变通一下，不交罚款。”

“没错，制度是死的。可这制度你也在上面签了字的，必须按制度行事！”

李嫣知道覃东荣是王八吃了秤砣——铁了心了，没有商量余地，就和他大吵起来……气愤不已的李嫣夺门而去，将门甩得“砰砰”作响。

放学后，闷闷不乐的李嫣出了学校，走到教字垭邮政所给在县委工作的姨父打电话。

李嫣边哭边诉苦：“姨父，这所学校的校长太不近人情，我今天早上因班车堵车迟到十五分钟，就罚十五元，我一个月又有多少钱呢？我不想在这所学校待了！……”

姨父在电话那头安慰道：“李嫣，莫哭，莫哭……有姨父在……罚款的事，就别往心里去了……”

第二天中午，学区主任罗振声匆匆来到学校，径直去了覃东荣的房间。覃东荣一看，就知道他是为李嫣的事而来的。一场硬碰硬的对话开场了。

罗主任：“覃校长，李嫣老师昨天早上迟到，是因班车堵车造成的，事出有因，学校能否原谅她这一次？”

覃东荣：“罗主任，制度是大家制定的，这恐怕不行。”

罗主任：“她来我们山区教书很不容易，念她初来，不看僧面看佛面，学校能否通融一下？”

覃东荣：“制度不是针对某个人的，而是经过大家讨论共同制定的！若这次不执行，下次也可以不执行，以后工作如何开展？人心都是肉长的，她能来我们山区任教，我们感激不尽！说句内心话，我也不忍心罚她的款。但制度就是制度，是没有人情可讲的！”

罗主任：“你不知道，电话从县教育局、教育办，一直打到我这里。上级再三交代，管理要人性化……”

覃东荣：“罗主任，一码归一码。请罗主任向上级领导解释一下。”

罗主任焦急得不行：“覃校长，没有商量的余地了？”

覃东荣：“罗主任，有个办法可以解决，你也不会为难。”

罗主任问：“什么办法？”

覃东荣笑了笑：“你们把我这个校长撤掉，问题不就解决了吗？”

罗主任：“这不行！覃校长，我也为难……”

覃东荣：“你没忘记十天前你对我说的话吧。当初你们要我当这所学校的校长时，我就知道会有人找你来说情的，没想到来得这么快。再说，李嫣的父亲是我的救命恩人，我也不想罚她的款。工作中不能徇私情，请领导谅解！”

罗主任立马无语，缄口不言，悻悻地走出了房间。

晚上，覃东荣与向士秋会计一块来到李嫣的房间，同李嫣老师谈心，晓之以理，动之以情，导之以行。

李嫣站在校长的角度看问题。她想明白了，同意从下个月工资中扣除。

在制度面前，无论谁说情也行不通。全校教职工看到了覃东荣校长及校委会执行各种规章制度的决心，都自觉遵守。若是违反了制度，没有谁去求情，或请人说情，因为他们清楚覃东荣是不会卖面子的。

覃东荣廉洁奉公、以身作则、一身正气，他逐步带领该校教职工一次又一次取得了成绩，逐步迈向全县、全州、全省先进单位行列。

一次，覃东荣听完李嫣的语文课后进行评课，在交流中提出了语文教学“剥笋法”，意在破除死板的背诵法。

他做了一个形象的比喻：“剥笋法，就是把课文当成一根竹笋……”

听完覃校长的评课意见，李嫣说道：“覃校长，您的见解很到位，非常有价值，深入浅出，我以后要运用到课堂中去。”

覃东荣微笑着点了点头：“李老师，总的来说你整体素质不错，又是省城正规师范生，见识广，基本功扎实。我想在全校推行课堂教学改革，请你给老师们带个头，树个榜样！”

李嫣听着没有多少表情。她心里清楚，校长说让自己带头进行课堂改革，实则是对她教学方法的不认可，是委婉的批评。

覃东荣语重心长地说道：“有些事，请你多谅解，我们乡下学校条件差，教育水平低。有道是管理出效益，细节定成败。”

李嫣只是听着，还是没有插话。她一直在想，自己被罚款的十五元钱，什么时候才能赚回来呀？

覃东荣似乎看透了李嫣的心事：“李老师，今后多支持学校工作，对我这个校长，也要多批评，多理解。”

评课结束后，李嫣出了办公室，撇撇嘴，在心里暗自骂道：好你个覃东荣，我姨父都奈何不了你，我怎么敢批评你，巴结你都还来不及呢！

学校有项规定，那就是所有教职工晚上十点以后必须关灯，否则罚款一元。

灯头与插口的接合处用胶布贴上，盖有学校公章，以防撕毁。灯泡坏后，要把坏灯泡拿到学校财务室，让黄士祥会计查看坏灯泡上的型号与学校登记的灯泡型号是否相符。然后将新灯泡上的型号登记下来，领灯泡的教职工确认签字后，才能将新的灯泡拿走。学校派专人更换灯泡，不能自己更换。

一天晚上，覃东荣拄着拐杖提着马灯，在教职工宿舍走廊上巡视时，发现李嫣老师房间的灯光比其他老师房间亮很多。

覃东荣疑惑不已，随即叫上黄会计，让他带上教职工灯泡使用型号登记表、一个新灯泡和一架短梯。

覃东荣敲了敲李嫣老师的房门。等了一会儿，李嫣打开了房门，装作哈欠连天的。

李嫣一脸茫然："覃校长，你们有什么事？"

覃东荣抬头指了指横梁下的灯泡："李老师，你这个电灯泡瓦数是多少？怎么感觉比其他老师的房间亮很多？"

李嫣抬起头看了下横梁下的那个灯泡："我没仔细看，反正是到学校黄会计那里领的！"

覃东荣说："黄会计，你上去看看，这个灯泡是不是在你那里领的？灯头与插口的接合处的胶布撕毁没有？灯泡是多少瓦？"

覃东荣在下面左手撑着梯子，右手高举马灯，以便给黄会计照明。

黄会计爬上去，打开手电筒一看："覃校长，胶布撕毁了！这不是我们学校的灯泡，这个灯泡是六十瓦，我们学校没有这种灯泡！"

黄会计借着覃东荣手中的马灯灯光，熟练地取下灯泡。

覃东荣转身对李嫣老师严肃地说："李老师，学校统一的瓦数都是二十五瓦，你这个灯泡怎么会有六十瓦呢？做人要诚实，学校制定的制度都要遵守。下不为例！学校安排专人更换灯泡，今后换灯泡记得要叫上黄会计呀。"

违规被发现了，撒谎的李嫣藏不住了，瞬间面露赧色。

黄会计把二十五瓦的新灯泡型号记下来，让李嫣老师确认签名。

签完字之后，黄会计再次爬上梯子，将新灯泡安装好，在灯头与插口之间，小心翼翼地用胶布缠了几圈，掏出盖有学校公章的封条封好，才慢慢下来了。

为此，李嫣对覃东荣的做法非常反感。

覃东荣走后，她在覃东荣身后啐了一抹口水在地：小气鬼，铁公鸡！姑奶奶点个灯，也要管着，真是太平洋的警察！若不是姨父再三嘱咐要我忍着点，我早就与你覃东荣翻脸，直接走人了。

一个星期天，李嫣带领家庭困难的学生勤工俭学。时间晚了，没有回城，自己开火做饭吃。

下午，覃东荣拄着拐杖来守校，顺便给李嫣带来自家种的小菜，满心欢喜站在李嫣的身旁："李老师，我给你带了点小菜，味道还不错。"

"哦。"低头炒菜的李嫣不冷不热，眼皮都没有抬一下，一只手接过小菜，扔在一边，也没有说不要，也没有说"谢谢"。

覃东荣知道李嫣还在为那十五元罚款生闷气，没有和李嫣多说话，径直去了自己房间。

一天，李嫣吃完晚饭，在学校办公室找资料，无意中从抽屉里翻出一张已发黄的报纸。上面刊登有覃东荣在洪水中抢救学生的专题报道。

读完报道，李嫣情不自禁流下了感动的泪水，原来覃校长起初也是英俊潇洒的，并不是瘸子，因舍己救人，才失去了一条腿。我老是和他对着干是不是有点过分了？

从这以后，之前还在与覃东荣唱反调的李嫣决心要改变自己，像覃校长一样，做一个让学生爱戴，让家长敬佩的好老师。

态度转变了，李嫣在教学方面格外的刻苦好学，性情也稳重了不少。

在一次教改总结会上，覃东荣对李嫣大加赞赏："要想向课堂四十分钟要质量要效率，就必须改革传统的教学模式，深钻教材，认真备课，运用幻灯机，采用启发式教学……在课堂教改中，我们要向李嫣老师学习！"

老师们将目光一齐看向了李嫣，没想李嫣却看向了窗外。

只见窗外阳光灿烂，一群鸟儿飞向远山。

覃东荣紧接又说："今天，告诉大家一个好消息，家长委员会组织家长走进课堂听课，检查了老师的教案和学生的作业，并对各位老师进行了评分。评分结果出来了，李嫣的得分最高，成为全校家长、学生最喜欢的老师。经校委会研究，报学区、教育办同意，任命李嫣为学校教研室主任兼语文教研组长。让我们以热烈的掌声祝贺她！”

教职工们一齐鼓掌。李嫣感到有些意外，连忙站起身：“谢谢覃校长和各位老师对我的支持和鼓励！”

又是一天的课间操时间，蓝蓝的天空飘着朵朵白云，五星红旗迎风飘扬。

李嫣教全校学生跳土家族摆手舞。在她的带领下，学生们学得非常认真。不一会儿，就能跟李嫣老师跳得六七分像了。偌大的校园立时成了一片舞动的海洋。

覃东荣站在五星红旗下，看得入了神，也跟着李嫣老师跳起来。可是他动作不协调，跳起来身体有点僵硬。

台上的李嫣回头一看，发现覃校长也在学摆手舞，她开心地跑到覃东荣身边，嫣然一笑：“覃校长，有空我一对一教你，怎么样？”

“好呀，李师父！”覃东荣抱拳笑道。

第二十一章

关怀备至

覃东荣睿智务实，一步一个脚印，不仅对教学工作和财务管理工作很有一套，对少先队管理工作也有一套。

在覃东荣的支持和领导下，教字垭中心完小少先队开展许多公益活动。比如：每年清明节给烈士扫墓，帮孤寡老人打扫卫生、洗衣、挑水、煮饭、砍柴；帮家中缺少劳力的学生家插秧、收割；维护上下学路队秩序；在镇上或茹水河捡拾垃圾、保护环境；经常开展学雷锋、学赖宁活动。

少先队工作能够正常开展，而且成效卓著，当然也离不开辅导员的辛勤劳动。这个辅导员就是向小桃老师。向小桃老师是在覃校长的大力培养和扶植下，接受担任学校少先队辅导员的光荣使命的。

向小桃与覃东荣第一次认识，是在中坪小学。当时她的小姑子在那里当民办老师。

1981年初的一天下午，向小桃抱着刚满月不久的女儿娜娜去学校玩，见到了覃校长。

他们拉了一些家常。覃东荣无意中提到他的结发妻子也姓向，是中湖石家峪人，与向佐周是叔伯兄妹，当时她倍感亲切。

两人一见如故，聊得非常投机。

当向小桃抱着孩子准备回家时，覃东荣笑呵呵地，在娜娜的包裙腰带里扎了一小卷青线和八角钱。

向小桃有点蒙了，不知道覃校长这是唱的哪一出：“覃校长，您这么客气干啥呢？”

覃东荣对向小桃说：“这是小小心意，算是对小宝贝儿的祝福吧！”

向小桃说什么也不肯收礼物：“覃校长，真的不用客气。”

覃东荣只好解释说：“这叫长寿线、富贵钱，寓意小宝贝儿一生健康、长寿，富贵有余！”

那一刻向小桃茅塞顿开。原来这是覃东荣对自己孩子的衷心祝福。

向小桃顿觉覃东荣就像父亲一样的慈祥，情不自禁地道了一声：“谢谢！”

临走时，覃东荣抱着孩子，亲了亲她的小脸蛋：“娜娜，要记得和妈妈常来学校玩哦。”

“会的，一定会的。”向小桃赶紧替女儿回答。

回家的路上，小姑子对向小桃说：“覃校长其实好严厉的，没想到他这么重情、重礼、又重义！”

向小桃点头说：“那可不！”

要知道八角钱，在1981年的价值可不算低呢！那时鸡蛋最多五分钱一个，八角钱可以买十六个鸡蛋了。

一个普通农民干一天活，一个工分还不值八角钱呢！覃东荣给了向小桃孩子八角钱的红包，出手已经很大方了。

受人恩惠，定当回报。向小桃日后也是这么做的。

1981年的下半年，向小桃调入教字垭公社中心完小，与覃东荣共事，没想一共就是十五年。

二十出头的她，不知是因为太年轻，工作经验不足，还是人生地疏，老是被人欺负，不开心、不愉快的事情总发生在她身上。

1982 年上学期的一天早晨，向小桃抱着感冒发烧的女儿，看完医生买了药回家。

在回家的路上，向小桃无意中看到约五十米远的地方，自己班上的两个男生嬉皮笑脸地对她做着不雅动作。

胆小怕事的向小桃很是无助、无奈，只能当作事情没发生过一样。

将女儿送回家后，向小桃气得早饭都没顾得上吃，就急急去了学校。

她来到教室发现这两个学生还没来，忍不住将此事告诉了班主任。

班主任是个年轻小伙子，血气方刚，一听火冒三丈。两个学生还没进教室，就被班主任拉扯到他房间里。

班主任正要狠狠地教训他俩一顿时，覃东荣校长突然出现，把这两个学生给带走了。

令人想不到的是，半个小时不到，这两个学生战战兢兢地来到向小桃老师跟前，主动向老师认错并承诺再也不再犯了。

向小桃也原谅了他们，毕竟学生还小嘛。至于覃校长用了什么方法让这两个学生主动认错，向小桃也没有仔细去过问了。她想这或许就是覃校长的个人魅力所在吧。

此后，这两个学生循规蹈矩，在班上再不挑事了。班风班纪也有了根本性好转。两人的学习成绩也突飞猛进。

直到十年后的一天，他俩对向小桃的邻居说："那时，真的好怕向老师。"

这个班的两个启蒙老师，曾双眉紧蹙地对向小桃说："这个班调皮捣蛋的男生多，硬是让我俩哭了好几次，谁都不愿接手。向老师，你有几把刷子，几招下来，孩子们都服服帖帖。你用什么妙招改变了这个班？改变了那些顽皮捣蛋的孩子？"

向小桃笑而不答。只是在心里默默地说：是同事们和家长对我的爱护和关照，更是覃东荣校长的保驾护航，给我威信和力量！俗话说得好，姜还是老的辣！覃校长对这件事处理得很及时很到位，不但制止了一起老师体罚学生的过激行为，也未让学生的身心受到伤害。我打心底佩服他。

一天早晨，向小桃正在教室里上早课。外面的吵骂声由远而近，直到有人一脚踹开教室的门，她都还没弄清楚究竟发生了什么事儿。

来人眼中冒着怒火，双手撸起袖子，嚷嚷着："向小桃，你给老子滚出来！"说完，气势汹汹地就要往讲台上冲。

在这危急的时刻，覃东荣的拐杖横在了教室门口，教导主任李扬帆猛冲进教室，挡在了向小桃的前面，护着她。

当时，向小桃就像一只弱小、受到惊吓的小鸡仔儿，在鸡妈妈的保护下，慢慢地回过神来。

这次的闹事者是她班上一个学生的父亲。恶人先告状，说向小桃头天晚上上课时，把他儿子的耳朵给掐出血了，导致发炎、溃烂。

覃东荣立刻把这个学生带出教室。覃东荣在走廊上经过仔细查看、分析，发现学生的耳朵整个是红肿的，还结了脓包。

随后，覃东荣把该生和他父亲叫进他的房间。李扬帆主任也拉着向小桃跟了进去。

只见覃东荣手握拐杖，严肃地指着该生的耳朵，用极其严厉的眼神看着那位家长，一字一句地说道："有你这么做父亲的吗？天气这么冷，孩子的耳朵生冻疮已不是两三天了，冻疮都大面积溃烂了。你不但不想办法治疗，反而把责任推到老师头上。退一万步说，就算是昨晚向老师掐的，也不至于今天就烂成这样吧？真是胡闹！"

覃东荣的情绪很是激动，确切地说是非常愤怒。向小桃第一次见校长发这么大的火。

李扬帆主任抓着向小桃的手，郑重地说道："就算是一片树叶让向老师掐破都难，因为她根本不留长指甲！你这样胡闹有意思吗？会造成什么后果你知道吗？你这是扰乱正常教学秩序！你知道应受到怎样的处罚吗？”

没想到，那家长还想趁火打劫：“我管不了那么多，反正是向老师弄伤了我儿子，就得赔偿医药费！”

“够了！得饶人处且饶人，这样的事是第一次也是最后一次，给向老师一个诚挚的道歉吧！”覃东荣一脸严肃，认真地瞪着那学生家长，看得对方心里直发毛。

自知理亏的家长知道再闹下去，是没有好果子吃的，极不情愿地向向老师道了歉。

一场风波就此平息。

或许在别人看来，这些都是微不足道的，不足挂齿。但在向小桃看来，覃校长为他们所做的一切都值得尊重！

有一年，向小桃教六年级一个班的数学课。临近毕业会考，学生要上早晚自习。

放学后，向小桃回到家。恰逢婆婆有急事，家里没做饭。她急急忙忙看了下手表，发现快到上晚自习的时间了，就一路小跑沿公路而下，往学校赶。跑到学校，气喘吁吁，肚子饿得咕咕叫。

她走进食堂，打开甑子盖子一看，空空如也，没有饭。揭开锅盖一瞧，哇，锅里蒸有一碗饭和一小碗菜，热气腾腾的。

食堂没人，师傅也不在。向小桃可高兴坏了，心想，管它是谁的饭，先填饱肚子再说。

于是，向小桃端出饭菜，不管三七二十一，飞快地吃了起来。当她快吃完时，覃东荣拄着拐杖和师傅不约而同地走进食堂。

食堂师傅看了下覃校长，疑惑地对向小桃说：“向老师，这饭是留给校长的……”

口中嚼着饭菜的向小桃，尴尬地看向覃校长，嘟囔着：“这，这……”

只要自己不尴尬，尴尬的永远是别人。

覃东荣没有责备向小桃，和蔼地说：“向老师啊，慢慢吃，别噎着，离上晚自习还有点时间。没事，吃了让师傅再煮一份，你若没吃饱，要师傅加点米，等你上完晚自习再加餐！”

向小桃吃完饭，含泪走出食堂，奔向教室……

有一年，教字垭镇政府举行文艺汇演，要求镇直属单位和所有村至少出一个节目。

当时，向小桃担任六年级一个班的班主任，上一个班的数学课，带四年级的音乐课，兼学校少先队辅导员。

离汇演时间越来越近，覃东荣如热锅上的蚂蚁，急得团团转。

他找到向小桃老师，说：“向老师，学校找不出合适的老师排练节目，你是少先队辅导员，又带音乐课，要不你试试？我相信你！”

看他那心急如焚的样子，向小桃愉快地点头答应了。

接受任务后，向小桃思忖了一个晚上，心想，自己作为四年级的音乐老师，这个担子应该担起来才对。

心动不如行动。第二天便开始利用休息时间排练歌舞《小背篓》。经过半个月的艰苦排练，该节目在全镇几十个节目中斩获二等奖。

那一刻，学生沸腾了，他们高兴得手舞足蹈。艰辛的付出得到了回报，向小桃流泪了，她看到站在礼堂后面的覃校长在抹眼泪。两人几乎同时看到了对方，含泪相视而笑。

在成就他人的同时，也成就自己。向小桃工作出色，被评为“湖南省优秀少先队辅导员”“全市十佳少先队辅导员”。

2021 年 5 月 9 日，在市区组织的覃东荣老校长先进事迹座谈会上，向小桃老师深情作《我一生最敬重的老校长》主题发言——

“……老校长像父亲那样关怀着我的成长。虽然老校长离开我们二十五年了，但我们时常想念他。只要同他一起工作过的老师，都有一种感慨——和他在一起工作虽然辛苦点，但心中愉快，总感觉同他一起工作，是一种享受，更是一种成长……”

第二十二章

代父守校

覃校长一心扑在工作上，无私地帮助别人，却无暇照顾自己的家庭，尤其是儿女的学习、生活。

八岁的女儿覃云、六岁的小儿子覃兵等娘等累了，趴在木板房的桌上睡着了。

傍晚时分，天上有星星开始眨眼了。伍友妹头戴草帽，手拿锄头走进木板房，看见两个孩子睡着了，边放锄头边喊：“云云、兵兵，你们怎么没吃晚饭就睡觉了？”

覃云打着哈欠：“没人做。”

伍友妹大吃一惊：“今天是星期六，你爹呢，他怎么这个时候还没回来？”

覃兵刚醒，揉揉双眼，摇头说：“不知道。”

门外传来了狗吠，“吱呀——”

李大娘手推门走了进来：“友妹——友妹——”

伍友妹应了一句："李大娘。"

"散夜工才回来呀？"

"几锄地免得拖到明天，做完算了。"

李大娘手中提着一块猪肉："给，东荣说孩子近半年没吃过肉了，让我带回来让孩子们解解馋。他说他今晚要守校，紧急加班，就不回家了。"

伍友妹接过肉，回道："谢谢大娘！反正他呀，一年四季都没空，他心里没有这个家，学校才是他的家！"

李大娘："哎，你家东荣也不容易，有点咳嗽。"说完就往外走。

伍友妹着急道："那不要紧吧！"

李大娘："友妹，看起来问题不大，你放心。"

"哗啦"一声，一小块瓦片掉下来险些砸在李大娘肩上，吓得她尖叫起来。

李大娘受到了惊吓："哎哟！什么东西？"

伍友妹抬头看了下屋顶，走过去说道："不好意思，李大娘，经常这样掉瓦片，没砸到您吧！"

李大娘："没有，吓死我了。房子破成这样，这个东荣也不回来请人修一下。"

说完走出了门，消失在月色中。

提着猪肉，伍友妹苦笑："我这辈子就这个命！"

覃云、覃兵齐声喊道："娘，我要吃肉。"

"好，好。娘这就给你们做。"

来不及喘气的伍友妹取下草帽，走进低矮的土砖灶房，蹲在灶前，生起火来……

一转眼，1985 年的春季到了。长子覃梅元在大庸二中上高中，女儿覃云、次子覃兵上小学。家中一切农活都落在了妻子伍友妹的肩上。春耕农忙时节，急需劳动力。

一年之计在于春。犁田后插中稻秧，各家各户全家出动。割草、犁田、砍田坎、施肥、插秧……

覃家就伍友妹一个人忙里忙外的。伍友妹起早贪黑，都做不完田里的活儿。

夜幕降临了，劳累一整天的伍友妹才披星戴月回到家。家里黑灯瞎火的，想喝山泉水，都没人给她端，更别说有现成的饭菜了。身高才一米五的她，肩上挑着的却是一百三四十斤的担子，这需要何等的勇气和毅力！

母亲伍友妹一年四季都在田间、山上劳作，着实太辛苦了！三个儿女多么希望自己的父亲回家帮家里做点事，替母亲搭把手。父亲身体残疾，不能下田干农活，可如果能在家煮煮饭、炒炒菜，该有多好呀。

父亲是个“工作狂”，工作起来不要命。他怀着对教育事业的热爱，对学校发展的热情，全身心投入学校工作中。

为了减轻学校的经济负担，覃东荣不计报酬，节假日坚持义务守校。有些县城的青年教师劝说他，守校这事就不用他操心了，交给他们就行。他不放心，婉言谢绝了。

舍小家为大家，以校为家。儿女们对父亲没有丝毫意见，他们认为父亲的选择是对的，当个人利益与集体利益发生冲突时，要以集体利益为重。父亲是个受大家敬重的人，孩子们为有这样的父亲感到自豪！

为了更好地支持父亲的工作，三个子女常常做母亲的思想工作，并利用周末的休息时间，拼命抢着帮母亲做家务、干农活。这样，母亲也稍稍有短暂的休息时间。

有时，覃东荣拖着疲惫不堪的身体回到家，吃了晚饭，便倒在床上呼呼大睡。懂事的孩子们在家做事都轻手轻脚的，生怕把父亲惊醒了。他们知道父亲太累了，在家得好好地休息一下。

这年5月的一个星期六下午，覃东荣患重感冒，咳嗽不止，脸色苍白。家人心疼不已。

吃过晚饭，覃东荣强行拄着拐杖，要去学校守校。

家人们哭了。长子覃梅元几步跨到门口，拉住父亲的手，心疼道：“爹，您看您病得这么厉害，还要去学校守校。平常您守校我们不拦您，可是您现在这个样子如何守校？您这个样子去守校，我们也不放心。今晚您在家好好休息一下，吃点儿药，我替您去守校！”

覃东荣见长子这么体贴自己，也就点头答应了。

覃梅元把父亲扶到椅子上坐下，从父亲身上取下了钥匙。

出门之前，覃东荣好像有种预感，今晚好像有什么事要发生似的。他特意嘱咐覃梅元，在学校要留点心，多转几圈。

“爹，有我在，您就在家放心睡个安稳觉。”

覃梅元说完，背着书包，打着手电，脚步匆匆出了灶房门。

到了学校，覃梅元在食堂里烧好了水，洗脸洗脚。在天黑之前，覃梅元像父亲平时那样，拿着手电筒，这也照照，那也照照。他在校舍周围认真地检查了一遍。确认安全了，他才回到父亲的房间，打开日光台灯，开始做作业、复习功课。

时值春末夏初，微风从窗外一阵一阵吹拂进来，凉爽极了。学校静悄悄的，连蟋蟀的鸣叫声都能听得清清楚楚。

立体几何、解析几何、解析函数……这些对覃梅元来说，不是什么难事。高中数学就要多做题，多见题型。做完了数学习题，他还得做语文、英语……

不知不觉到了晚上十点，这是学校熄灯时间。覃梅元来了困意，他揉揉眼睛，伸了一下懒腰，此刻还不能睡觉，得再去校园内巡查一番。

他打着手电，关了台灯，关上房门，走到校园的西侧办公室附近巡视时，突然闻到一股烧焦的气味，而后又听到“噼噼啪啪”的爆炸声。

这个时候了，难道还有人放鞭炮？不对，一定是哪里起火了……

覃梅元迅速回头一看，说：“哦，不好，学校着火了！”只见父亲住房的上空，浓烟滚滚，火光冲天。

覃梅元大吃一惊。不过他很快缓过神镇静下来，连忙跑到教师办公室，关闭总开关，切断了线路。然后飞快地跑到父亲的房间，掏出钥匙打开房门。只见房里的书桌、钢笔、书纸等“噼噼啪啪”燃烧起来，火苗呼呼地乱窜！

站在门外，炙热的高温气流冲门而出。覃梅元想冲进房去，把棉被抢救出来。

他试着冲进去三次，只跨进两步，滚烫的高温热气和呛鼻的浓烟就把他给逼退回来。一意孤行，会葬身火海的！

急中生智的覃梅元只好跑到操场上大声疾呼：“快来人哪，快来人哪！学校着火了，学校着火了！”

接着，覃梅元一边大喊，一边向学校食堂狂奔而去。

覃梅元从食堂提来两桶水扑火。等他赶到着火房间时，附近听到呼喊声的乡亲们也纷纷赶来了学校。

操场上，无数的火把亮堂堂的，照得校园一片通红。乡亲们有的搬来梯子，上屋揭瓦，拆下椽子，让明火热气渗出，有的打着手电提着水，有的提着马灯提着水，有的将水泼向火源，有的打着火把给提水的人照路……

救火的乡亲们来来回回，不到半个小时，大火终于被扑灭。幸好乡亲们扑救得及时，房屋损失不大，只是覃东荣房间里的东西烧光了。

覃梅元打着手电，走进被火烧过的房间。他不由得惊呆了——

床上的帐子、棉被、床单、枕头、稻草等早已化为灰烬。自己的书、本子、钢笔烧得一干二净，只留下一堆灰……

抓了一把灰在手心，覃梅元大哭起来：我的书没有了，还可以借，可父亲唯一的一床棉被没有了，找谁借去啊？

乡亲们义务救火后，渐渐散去了。覃梅元一个人待在学校办公室，度过了一个不眠之夜。

第二天清早，覃东荣来到学校，看到自己的房间烧成这样，心里很难过。

覃梅元内疚不已："爹，对不起，我没有守好学校，对不住您！"

"这不怪你，只要没伤到人就好。幸亏你当时在巡视，发现得早，损失不大，否则后果不堪设想！你不要自责，我相信，失火原因上级会调查清楚的。"

教字垭派出所的民警调查，查明了失火原因，是电线老化短路引起的火灾。

镇学区领导来到火灾现场，当即表示要补偿覃东荣的损失，被他拒绝了。

覃东荣说什么也不给组织添乱："谢谢领导的关心！我的这点儿损失不要紧，一床棉被而已，我自己想办法，只要学校没有损失就好。"

罗振声苦笑着说："老覃，你能想到什么办法啊？"

覃梅元插了一句："爹，我们家就……"

覃东荣立马打断了长子的话："长辈说话，后辈别插话！"

于是，覃梅元耷拉着脑袋，气鼓鼓地走开了。覃梅元心里却挺不服气，心想："看你今晚怎么睡？"

傍晚，覃东荣备了一会儿课，取出烟丝袋子，打开抓起一点烟丝，放在薄纸里，卷成喇叭筒，点燃火吸起旱烟来。

家住张家嘴联组的堂姐夫李启华得知情况后，心里很难受。他清楚堂内弟覃东荣家里没有多余的棉被，就搬着自家的一床棉被来到学校，送给覃东荣。

覃东荣坚决不接受："姐夫，这棉被我不能要，你还是拿回去吧。"

李启华火气来了："东荣老弟，我知道你这个人，不随便接受别人的东西，但是人人都有困难的时候。我知道你家没有多余的棉被，也没有钱买棉被，没有棉被你晚上怎么睡？怎么守校？这就算我暂时借给你的，等你以后有钱买了棉被再还我，这样可以吧？"

李启华把棉被放在床上，转身出门去了。

"不送，慢走——"

覃东荣朝着姐夫的背影大喊一声。

李启华没有回头。他知道一回头，这棉被就会回到他的手中，一时半会走不了了。

不一会儿，覃东荣取下那把二胡，坐下来，拉起二胡曲《二泉映月》。曲调婉转、柔美。他边拉边跟着曲调轻唱起来。

夜深了，覃东荣盖着这床充满人间温暖的棉被，思绪万千：“梅元就要高考了，他代我守校，我还骂他，我是个称职的父亲吗？如果昨晚是我在守校，还不一定能及时发现电路起火，很可能葬身火海！我是不是对长子太苛刻了？”

令他遗憾的是，直到他去世时，都没有把这床棉被还给堂姐夫李启华。这被子一盖就是十几年！

第二十三章

常态家访

从做民办教师的第一天起，覃东荣就十分关爱学生。无论在哪所学校工作，每天学生的到校情况，他都了如指掌。一旦发现学生有困难，他会千方百计帮助学生解决困难。

在教字垭公社中心完小当校长后，他对学生更加关心。他将家访工作常态化了，而且将常态家访纳入了教师师德考核体系。

如发现没有来校学习的学生，无论白天还是夜晚，晴天还是雨天，三伏酷暑还是三九寒冬，也无论路程有多远，他都会拄着拐杖，亲往其家，面对面了解情况。

有些山区学生，家距学校较远，凌晨五点便打着手电从家里出发，晚上八点才能回到家。为了不影响孩子的学习，家长要求孩子在学校寄宿，学校尽最大的努力满足家长的需求。

深秋的一天，天刚黑下来。覃东荣拄着拐杖，打着手电，照样在教室外的走廊上巡视。

六年级班主任吕志雄清点寄宿生到校人数，发现班上二十多个寄宿生中，唯独伍秋霞同学没来上晚自习，他火速向覃东荣校长报告了此事。

“没有请假，不会出事了吧？”

覃东荣脑海里闪过一个念头，不由心急如焚。他立刻组织召开校委会紧急会议，经研究决定，大家分成若干小组，按照不同的路线，分头寻找。

覃东荣和吕志雄分在一组。覃东荣拄着拐杖、打着手电，与吕志雄一起在漆黑的校园里找了个遍，半个人影都没见着。

出了校门，二人在集镇上边找边打听，还是没有任何线索，于是，他们打算上伍秋霞家去找。

吕志雄有点累了，打着哈欠说：“覃校长，应该不会出什么事，再说路程这么远，我们还是别去了吧？”

覃东荣一脸严肃：“作为班主任，学生不见了，你是第一责任人，怎么能这样说呢？”

吕志雄愣了一下，找了一个很好的理由来搪塞：“我这不是为您着想吗？”

“为我着想，就得跟我走！”覃东荣提高音量，拄着拐杖拖着残腿，急急地往前走。

自知没趣的吕志雄赶紧追了上去：“等等我，等等我……”

伍秋霞家住在紧临张家界国家森林公园西南角、香炉山半山腰的一个边远土家族山寨，距学校有十几里山路。道路崎岖不平，白天山路都不太好走，更不用说夜晚了。

两人翻山越岭，从伍秋霞的亲戚家入手，一户一户地找，边找边问。

直到晚上十二点，二人才摸黑到达了伍秋霞家的附近。

两束手电光在山坳坳里缓缓移动。只见他们的左、前、后三面被成片成片高大的楠竹覆盖着，阴森恐怖。右面是悬崖峭壁，光照的尽头，是郁郁葱葱的溪沟。

远处的狗吠一声连一声，此起彼伏，令人胆怯。明明看见寨子就在眼前了，可他们还是走了半个小时，才来到目的地。

高寒山区的深秋气温低，寒意重。一阵冷风从竹林的间隙涌来，两人不禁打了个冷战。

还好，伍秋霞家没有养狗，不然就有麻烦了。

他们站在伍秋霞家门口，周围漆黑一片，出奇的安静。伍家人早已睡下多时了。

吕志雄老师边敲门边喊："请问，这是伍秋霞同学的家吗？伍秋霞在家吗？"

熟睡中的伍秋霞父亲仿佛听见外面有人在敲门，附近狗吠频繁。

伍秋霞父亲翻过身来，仔细一听，确实听到有人在"咚咚"地敲门，这不是在梦中吧！

睡意蒙眬的伍父揉了揉惺忪的双眼，双眉紧锁，不耐烦地问："这深更半夜的，哪个讨厌的在敲门？"

覃东荣在门外大声叫道："请问，这是伍秋霞同学的家吗？我们是伍秋霞的老师。"

伍父一听，这声音好熟悉。原来是学校的老师来了，他马上爬起来，点上煤油灯，穿好衣鞋，快步奔到堂屋。

打开门一看，只见门口一个高瘦的年长者拄着拐杖，旁边站着一个敦敦实实中等个子的年轻人，二人手里都拿着手电筒，冷得浑身哆嗦。

伍父借着手电筒的反射光，依稀辨认出来者。他有几分感动，在心里默念着：咦，这不是覃校长与吕老师吗？这深更半夜的，两人来到我家，肯定有重要的事才登门的。

伍秋霞的父亲好一会才缓过神，浓眉舒展，客客气气地说："两位老师，快进屋，外面风大、冷！为了我家秋霞，害得你们爬了这么远的山路，真是辛苦你们了。覃校长，您的腿不得力，走得那么艰难，我们对不住您呀！来，进来坐，喝杯热水，解解寒气！"

覃东荣拄着拐杖，和蔼地问："想必你是伍秋霞的父亲，我们不进屋了，水就不喝了。我只问你家秋霞在家吗？”

“嗯，在家。”

“在家就好，在家就好！这样我们就可以放心了。那她什么时候回家的？”

“天黑之前，她说感冒了，头有点儿晕。覃校长、吕老师，我家秋霞是不是在学校不听话？”

“没什么，只不过她今晚回家没请假，老师不知道。我们没看到她上晚自习，放心不下。从晚上七点找起，边找边问，一直找到现在，才找到你家。”

“喔，是这样的啊！这个不听话的孩子，我马上叫她起来给你们认错！”

“不必了！不要影响孩子的睡眠。明天早上你带她到学校来，顺便带她看下医生，买点儿药。等她病好了，我们再严肃教育她。时间很晚了，我们该回学校了！”

“两位老师，鸡都叫头遍了，这个时候了！在我家住一晚，明早我们一起去学校。”

“不必了，谢谢你！学校其他老师也在寻找，他们还在学校等我们的消息。我们必须回校，免得他们着急！”

“哦，既然这样，我送你们下山！”

“不用。我们走了，你休息吧！”

伍父说：“我不放心，覃校长，你的腿不方便，我一定要把你们送下山！”

这时，伍秋霞的母亲已起床，点好了马灯，递给丈夫。

伍父一手提着马灯，一手搀扶着覃校长，把两人送到山下柏油公路上，才放心地返回……

回到学校已是凌晨三点。其他老师因没找着伍秋霞同学，在学校办公室等待覃东荣两人的消息。

老师们不约而同地望向门口，从两人进来的神色中，猜想出伍秋霞同学已经找到了。当听说伍秋霞同学安然无恙在家时，压在老师们心中的巨石终于落地，老师们会心地笑了。李嫣老师看向拄着拐杖、身心疲惫的覃校长，内心有所触动，眼眶湿润了。

众人各自散去，回房间睡觉。

这群可敬可爱的乡村教师，只睡了三个小时，第二天早上六点照常起床，与寄宿生一起做早操！

六年级黄士祥班上有个叫覃正祥的学生，他家住在红旗堰的一个山冈上，离学校将近四里路。有一年，他放学后，在家门前瓦窑上玩耍，不小心一只脚踩进了烧得通红的烟囱里，左腿烫得红肿起泡，不能行走，在家治疗。

班主任黄士祥老师了解到覃正祥的情况后，告知覃校长。放学后，覃东荣与黄士祥一同到覃正祥家家访。

家访过程中，覃正祥的父亲面露难色："覃校长，你看，我家正祥一只脚烫成这样，在学校很不方便。我又要做生产，没时间接送，可能要休学。"

覃东荣一听，急得不行："您虽然年纪比我小，按辈分，我应该叫您叔，现在离六年级毕业只剩下一两个月了。如果休学就要耽搁一年多时间，学生的学习不能误。这样吧，您早晨负责把孩子送到学校，到校后由我和黄老师负责背他上厕所，放学后把他送回家，您看怎样？"

覃正祥的父亲立马伸出一双大手，紧紧握着覃东荣的双手，感激涕零："两位老师，太感谢你们了，给你们添麻烦了！"

黄士祥回答："不麻烦，应该的！"

其实黄士祥心里不痛快。自己两个孩子，在学校读书都来不及照顾呢！还有自己想要孩子在教师食堂搭餐，学校也不同意。但是校长都承诺了，他还能说什么呢？

第二天早上，覃正祥的父亲把孩子送到学校读书。白天，覃东荣、黄士祥轮流背他上厕所。放学后，两位老师又轮流背送他回家，黄士祥年轻力壮，背的路程长些。就这样持续到该生伤势痊愈，时间长达近五十天。

覃正祥不负众望，小学毕业以优异的成绩考入大庸二中初中部学习。

三年级学生吴腊春，父亲去世得早，与母亲相依为命。母亲身患重病，吴腊春经常未吃早饭就去学校读书，也很少吃中饭。

覃东荣从学生中了解情况后，觉得这孩子挺可怜，便来到吴腊春所在班级，将他带到自己房间询问。

覃东荣和蔼地问："腊春同学，听说你每天来上学没吃早饭？"

学生们都畏惧覃校长。吴腊春也不例外，低着头，不敢看覃校长，有气无力地回答道："嗯。"

"没饭吃，你要和老师说呀。"

覃东荣神情凝重起来，他带着吴腊春同学到食堂，用自己的餐票给吴腊春打了一份饭和菜。

看着腊春狼吞虎咽的样子，覃东荣思绪万千，自己也是忍饥挨饿过来的。此情此景，怎不心酸？

等吴腊春吃完饭，覃东荣又问："腊春同学，不要怕，饭要吃饱，没吃饱再打一份？"

吴腊春低着头说："覃校长，我吃饱了。"

覃东荣把自己当月的餐票，放进他的上衣口袋里，说道："腊春，不吃饭，哪有力气上课学习？记住，今后没吃饭就告诉老师。老师们都会关心你的！"

吴腊春当场就哭了："覃校长，你的餐票给我了，你吃啥呀？"

覃东荣一边给他擦泪，一边说："你吃饱就行，我自有办法的。"

吴腊春哽咽着点头："嗯。谢谢校长。"

此后，吴腊春在覃东荣和其他老师的关怀、救济下，安心读书，直到小学毕业。

张家嘴联组有个学生，叫吴云山，父亲劳动能力不强，家庭相当贫困。吴云山是老大，读五年级，弟弟读三年级，两兄弟时常迟到，面临着辍学的危险。

覃东荣从班主任那里了解实情后，决定放学后带着两兄弟的班主任，亲自去他家看看。

三名老师一走进屋，就看见吴云山正在堂屋里剁猪草，弟弟正在灶前烧火煮饭。烧的柴是生枞枝，吴云山的弟弟时不时用吹火筒吹火，满脸乌漆麻黑的，让人心疼。

覃东荣想起自己小时候煮饭，常常也是烟熏火燎的，不禁眼泪夺眶而出："云山，你父亲呢？"

"给别人干活。"

一名老师帮吴云山的弟弟烧火，另一名老师帮吴云山剁猪草。饭煮熟后，吴云山开始炒菜。

覃东荣问："云山，你家多长时间吃餐肉？"

"半年。"

"云山，老师这里有二十元钱，明天放学后称斤肉，改善一下伙食。记住，不管有多苦多困难，都要努力学习，上课不能迟到，老师们都会帮助你们的！"

吴云山不接受。覃东荣只好将钱塞进他的上衣口袋里。

吴云山感动得热泪盈眶："覃校长，您家也缺钱呀。"

覃东荣和蔼可亲地摸了摸吴云山的小脑袋："听谁说的？"

吴云山调皮地咧嘴回答："不告诉您……"

不一会儿，吴云山的父亲一身尘土地回来了，见三位老师来家访，双眉舒展，嘴角勾起笑容，满心欢喜。

他知道老师们的来意后，当即拍着胸脯做出承诺："今后我要多关心孩子的学习和生活，多准备些干柴，再买个闹钟，以免孩子上课迟到。"

覃东荣几个大笑起来："这就对了嘛。"

家访取得了成效。三位老师放心地离开吴云山家……

在山区，许多学生上学常常要蹚溪过河。下雨天溪河涨了水，覃东荣放心不下。

早上，他总是站在溪河对岸，把学生一个一个地接过溪河；放学后，他又把学生一个一个地送过溪河，不能让学生有任何闪失。

在背着学生过河的时候，他总在心里嘀咕，什么时候，这溪河上才会有一座石拱桥呢？

第二十四章

好人难得

1984 年，教字垭公社中心完小更名为教字垭乡中心完小。

1985 年 5 月 24 日，大庸县更名为大庸市，升级为县级市。教字垭乡中心完小也随之更名为教字垭镇中心完小。

覃东荣思想过硬、政治觉悟高、工作踏实，日常工作中以身作则、廉洁奉公，在师生中树立了极高的威望，向党组织靠拢的条件已经成熟。

同年 6 月，学区党支部正式接收覃东荣同志为中共预备党员。次年 6 月，覃东荣正式加入中国共产党。

在教字垭镇全体党员大会上，四十七岁的覃东荣站在党旗面前，饱含热泪，激动不已，做了一次发自肺腑的发言——

“感谢教字垭镇党委、教字垭镇学区党支部接纳我成为中共预备党员，实现了我二十年的入党梦想，我感到很荣幸。

各位领导，同志们，我今天加入了中国共产党，从现在起，我就要像个共产党员的样子，保守党的秘密，绝不叛党，绝不为党丢脸！

中国共产党是工人阶级的先锋队，今后，我这个先锋队中的一员要在师生中起模范带头作用，吃苦在前，享受在后，先天下之忧而忧，后天下之乐而乐。为人民服务是我党的宗旨，我要为师生服务，为人民群众服务。

请党组织看我的实际行动吧！我要报答党的恩情，为党和人民的教育事业鞠躬尽瘁，死而后已！”

话音刚落，台下所有党员使劲鼓掌，热烈祝贺覃东荣同志加入党组织。

“工作狂”覃东荣，在教字垭镇中心完小特色办学，倾力打造品牌学校，异军突起，成绩斐然，可他仍不舍昼夜。

不到四年时间，一所默默无闻的贫困山村小学，一举跻身全县、全州先进单位，不得不让人刮目相看。

拄着拐杖的覃东荣带病坚持工作，渐渐消瘦。长此以往，他的这条老命不保，非搭进去不可！

暑假到了，大庸市教委考虑到覃东荣的身体状况，想给他调整工作岗位，拟调他担任某学区主任。一来工作清闲一点，二来可以好好地疗养身体。

可覃东荣却不领这份情。教字垭教育办主任覃子畅受市教委领导的委托，找他谈话，征求他的意见。

覃子畅含蓄地说：“老覃啊，现在你成了我们湘西的名师，功成名就之时，当急流勇退哦。”

覃东荣听出了话里有话，脸上不悦，“感谢各级领导对我的信任。覃主任，你也知道，我这个人天生就不是当官的料！”

“唉，老覃，你谦虚了。”

“你们要我当这个完小的校长，我都感到力不从心，能力有限。更何况要当学区主任，我恐怕不能胜任！”

“当学区主任更好呀，可以大面积推广课堂改革，不正合你意吗？”

“好是好！……可我这个人嘛，不能离开学生，不能离开讲台，否则就会浑身不自在，心里空虚，不舒服。”

“老覃，这机会难得啊，很多人想做都没有机会。”

“你们让有能力的人上吧！我还是当这个完小的校长比较好……要不，我当一名普通老师更好！”

覃东荣字字朴实，句句实在。虽是抗命不遵，又不失大体。覃子畅主任很是感动，却无计可施。

覃子畅快快地走了。他赶往城里，向市教委领导如实汇报。

一切都在意料之外，市教委领导无可奈何。他们只好尊重覃东荣的意见，继续让他担任教字垭镇中心完小校长。

老少边穷的教字垭镇，学生入学率、巩固率素来就是老大难问题，高辍学率严重影响学校的教育教学质量。

覃东荣被“贫穷”这座大山压得腰弯背驼，拄着的那根拐杖似乎短了一截。左腿残疾的他使出浑身解数，仍未能实现目标，他决定收留贫困学生。

秋季开学了，覃东荣在开学工作会议上强调——

“老师们，我们在座的大部分人是国家公办教师，是拿国家工资的，每月或多或少还是有九十至一百元的工资。

你们可以试想一下，我们的农民兄弟一年到头面朝黄土背朝天地劳作，又能挣得多少钱呢？

不少家庭贫困得连饭都吃不饱，哪有钱来供他们的子女上学啊！昨天，我参加了大庸市教委召开的开学工作会议，市教委领导一再要求我们，不能让一个贫困学生失学。

学生的学杂费一律按市物价局、市教委的文件执行，绝不能多收学生一分钱。

我们要想尽一切办法让没有钱入学的学生先入学，学杂费的问题可以缓一缓，以后再交。

家庭实在困难的学生，班主任报上来后，由学校校委会集体研究，当减免的要减免。再穷再苦，绝不允许有一个学生因贫困而失学！

根据市教委的安排，8月30日、8月31日报名，9月1日正式上课……”

老师们瞬间心情沉重起来。他们知道，这个学期的劝学工作力度要加大，所有人都得下村走访跑断腿，覃校长的身体状况令人担忧。

8月30日下午一点，覃东荣戴着一副黑边宽框眼镜，眼眸是那样的有精神，满头黑发，看不到一根白发。可能是遗传吧，他的父母、祖父母头发也一直是乌黑的。

覃东荣主持全体教师入学进度汇报会。围坐在椭圆形办公桌旁的老师们，边听边做笔记。

须臾，旁边的教导主任将全校未报到学生的名单悄悄交给覃东荣。

双眉紧锁的覃东荣接过名册，仔仔细细地浏览了一遍，长叹一声：“这学期入学形势还是相当的严峻啊！”

他放下名册，提出了要求：各班班主任认真统计好未到学生的姓名、性别、具体住址、家长姓名、年级班级，越详细越好。

随即，他安排劝学事宜，除一名老师留校给学生报到注册外，其余老师都去劝学。校委会成员带队，分人分片进行全方位家访，做通家长工作，力争把家庭困难的学生都劝回学校。

带好相关资料及手电筒，老师们三三两两地出发了，往大山深处走去……

第二天上午，一些贫困学生纷纷被劝来报到注册。覃东荣脸上的阴云逐渐散去，欣慰不已。

下午三点，覃东荣第二次主持全体教师入学进度汇报会。

他了解到还有少数贫困学生没来报到，再次叮嘱老师们，按既定家访路线继续劝学，想尽一切办法，让贫困学生入学。

9月7日，星期六。这天，烈日炙烤着大地。

中午学生放学后，覃东荣第五次主持全体教师入学进度汇报会。他从班主任那里了解到，全校只差五年级伍良平和三年级伍凤华兄妹俩因家庭贫困没来上学。

曾饱尝家庭穷困之苦的他焦急万分，一种强烈的责任感驱使着他，下决心帮助这可怜的兄妹俩。

散会后，覃东荣要求黄士祥会计与伍良平、伍凤华的班主任留下，了解详细情况。

伍良平的班主任一一汇报："覃校长，我们这一组在黄会计的带领下，去伍良平家劝学好几次了，伍良平兄妹俩都想读书，但家里确实贫困拿不出钱。伍良平的父亲去年砍树擦伤了腰，做不了重体力活；奶奶年老体弱，时常吃药；母亲今年春天得了重病，为给他母亲治病，家里欠债近千元。兄妹俩实在太可怜了，学校能否研究下，减免他俩的学杂费？"

"好。"覃东荣点点头，"情况我知道了，辛苦几位了！减免学杂费一事，等我和黄会计再去趟伍良平家，进一步了解下情况再说。不知两位班主任今天下午有没时间？若有时间，陪我俩去一趟。"

在教字垭镇中心完小，入学率、巩固率与班主任的岗位津贴奖、年终文明奖和评优评先挂钩。两位班主任当然都想把本班的学生劝回学校，覃校长都表态了，求之不得啊！

两位班主任秀眉舒展，嘴角勾起，喜笑颜开，毫不犹豫地异口同声回道："有时间，有时间！没时间挤出时间也要去，那太好不过了！"

话说伍良平的家，在边远山寨军家垭村沙母界组的一个高山上。那里偏僻，交通闭塞，人们没有任何经济来源。

为给伍良平的母亲治病，家中一切能卖的都卖了，负债累累。

奶奶年老体弱需要照顾，兄妹俩不得不含泪辍学在家，帮家里做些力所能及的事，挣点儿钱给母亲治病，替母亲还债。

同龄的孩子背着书包高高兴兴地去上学。伍良平却早晚牵着一头大黄牯在乡间小道边徘徊，妹妹伍凤华一天到晚忙着做饭、洗衣、扯猪草……

为了让躺在床上的母亲高兴，白天，两兄妹装作一副快乐的样子；晚上，两兄妹躲在被窝里，偷偷哭泣。

两兄妹多么渴望能回到教室里，与同学们一起读书啊！

正当兄妹俩辍学在家绝望得欲哭无泪的时候，好运降临到兄妹俩的头上。从此，两兄妹的人生出现了重大转机。

9月，骄阳仍似火，天气炎热。人们不愿外出，躲在家避暑纳凉。

覃东荣心里牵挂着辍学儿童，不顾身残，头戴草帽、拄着拐杖，同几名老师前去伍良平家劝学。

其间路途遥远，路面崎岖不平，很是难行。

一行人步行到教字垭大桥时，覃东荣突然重重地摔倒在地上，两手撑地，一双膝盖跪在地，拐杖也甩出老远。

同去的老师们心里一惊：不好！覃校长摔倒了。

大家疾步上前，合力把覃校长搀扶起来，把拐杖递给他。

刚好，迎面走来的教字垭教育办主任覃子畅，看到了这令人心酸的一幕。

覃子畅快步走到覃东荣的面前蹲下，伸出右手摩挲着他的膝盖，心疼道："东荣，我刚才看你摔倒了，膝盖受伤没？你看你自己，搞成这个样子，这么大的太阳，你们这是去哪儿呀？"

黄士祥说："覃主任，我们准备到军家垭伍良平家劝学，他兄妹已有一个星期没来上学了。"

覃主任劝说道："覃校长，不要硬撑了，身体是本钱，快上医院治治腿伤吧！劝学的事交给老师们。"

教研主任李嫣也趁机劝道："覃校长，我们先送你去医院，再去伍良平家劝学。"

覃东荣左手抹去额角的汗水，揉了揉腿，右手拄着拐杖使劲往地上戳了戳，站直身子："覃主任，老师们，这是老病，不要替我担心，不要紧的，我能坚持！"

说毕，他拄着拐杖，戴上草帽，一瘸一拐地走在最前面，几人紧跟在他的后面。

在场的人无不为之感动，忍不住眼眶湿润，尤其是李嫣，紧紧跟着覃东荣，生怕他再次摔倒。

冒着炙热滚烫歹毒的太阳，覃东荣与几名老师继续前行。

在翻过一道山梁时，老师们看到他手脚并用地爬着，心里不是滋味，要搀扶着他上坡。他不让，坚持自己往上爬。老师们只好跟在后面。

覃东荣右手拿着拐杖，左手拿着一个黑色破旧手提包，坚韧地爬着。

爬这道山梁，覃东荣费了九牛二虎之力，大汗淋漓、气喘吁吁。

夕阳射不透深幽、茂密、阴森、恐怖的树林。

一行人正在树林里穿行。

突然，“噗”的一声，不知什么东西从李嫣的身边飞起。

“啊——”

胆小、紧挨着覃东荣走的李嫣，本能地叫出了声，吓得大家浑身打了个冷战。

走在前头的覃东荣连忙收住脚，屏气凝神，拄着拐杖环顾四周。原来是一只猫头鹰停在路旁二丈多高的枞树枝上，两只圆溜溜的小眼睛惊恐万状地俯视着下边的人群。

覃东荣板着个脸：“有什么害怕的，不就是只猫头鹰么？”

几名老师也看清楚了，野物是只黑色的猫头鹰，然后一齐看向李嫣，开怀大笑起来。

覃东荣不苟言笑，仍然拄着拐杖往前走。

微风吹得树叶簌簌响，众人感到一阵清凉从脸颊拂过，舒服极了。

再往上走，是一段有石阶的上坡路，更加陡峭难走。

黄士祥估计覃校长实在走不动了，心疼地劝道：“覃校长，您的腿不方便，刚才看您爬那道山坡，吃尽了苦头，疲惫不堪。这里有块阴凉的大岩板，您在这里歇着等我们，我们上去劝学，一定不辜负您的期望，保证劝他兄妹俩入学！”

上气不接下气的覃东荣点头道：“行，你们先去吧！”

几位老师爬上台阶远去了。

稍作歇息后，落单的覃东荣还是放心不下，拄着拐杖坚持赶往伍良平家。

过了一会儿，两个家长从后面走上来，见前面一个拿着拐杖的人，在台阶上手脚并用地爬着，心存疑惑，会是谁呢？

两人快步走近一看，原来是覃校长！高瘦的身材、水肿的眼睑，湿透的衣服紧贴脊背，满头大汗，正喘着粗气。

两人不由眼眶湿润，马上搀扶着他，深情道："覃校长，您这是到哪儿去？又是去家访的吧？您看您，腿都这样了，哪有像您这样拼着性命家访的？您这样做到底图个啥呀？"

覃东荣挣扎着站起身，右手拄着拐杖在石阶上戳了戳，拐杖底部包的铁皮在岩石上溅起少许火花，他气喘吁吁道："谢谢！我准备到伍良平家去，他两兄妹辍学，我放心不下，想了解一下情况，接他兄妹俩上学。"

两人听了，无不动容。

覃东荣拄着拐杖站立了片刻，待呼吸平缓后，向两位家长打听伍良平家的情况。

一个家长说："覃校长，他家十分贫穷，他父亲去年砍树擦伤了腰，现在干不起重活。母亲今春患重病，您到他家就知道了。"

另一个家长说："唉！我们也搞不清楚，一个原本好好的家庭，哪晓得如今变得这么穷困，两个孩子真可怜呀！"

覃东荣听后神情凝重，五味杂陈，心里不是滋味。

两个家长搀扶着覃东荣翻过几道山梁，再走一段斜上坡路，来到了辍学儿童伍良平家的院落。

覃东荣拄着拐杖抬头一瞧，只见伍良平家三间破烂不堪的旧木板房摇摇欲坠。

他走近一看：山尖柱子、架梁用几根长圆木支撑着；南北两面墙是由土砖砌成的，没砌上顶；东面墙由竹条编装成，只装半截；西面没有墙，放着柴火。

高山上的风大，虽是初秋，却寒气袭人，覃东荣冷得直打哆嗦。

覃东荣不由一阵心酸。他明白了，不是农民兄弟不想送子女上学，而是“贫穷”这座大山压得他们喘不过气来，心有余而力不足啊。

几名老师突然见到覃校长出现在伍良平家的堂屋门口，简直不敢相信自己的眼睛。

黄士祥睁大眼睛站起来，疑惑地问：“覃校长，你的腿不方便，怎么这么快就上来了？”

“是他们搀扶我上来的！”覃东荣伸手指了指旁边的两位学生家长道。

覃东荣与两名家长一一握手道别后，来到伍家堂屋坐下歇气。

知事的伍良平给汗流浃背的覃校长端来一碗泉水解渴。

覃东荣喝完了水，抹了下嘴：“好水，清甜可口啊！良平，来，坐在老师身边，老师问你，为啥你们兄妹俩这几天没来上学？”

伍良平沉默不语，脸红红的。

覃东荣和蔼地问：“良平，你给老师说，你自己想不想读书？”

伍良平难过地低着头：“覃校长，黄会计、李老师几个来我家好几次了。他们都问过我，我想，我天天做梦都想，可家里没钱。”

正说着，伍良平的父亲提着锄头，妹妹伍凤华背着一背篓猪草，一前一后走进堂屋。

伍良平的父亲听说覃校长左腿残疾，是手脚并用爬上来的，牵着女儿伍凤华的手，不好意思地说：“老师们，为了我家的两个孩子，让你们费心了。覃校长，您的腿不方便，却翻山越岭来我家，我对不住您啊！”

覃东荣说：“伍良平的父亲，这是应该的。送子女入学是家长应尽的义务，你家两个孩子已有六天没来上学了，为什么不送他们读书？有什么困难？”

“覃校长，你们看我这个家，家不成家，业不成业。唉，只怪我自己去年砍树不小心伤了腰，现在干不得重活。娃她奶奶身体也不好，时常吃药；哪晓得娃她娘今春患了重病，为她治病，借光了亲戚，卖掉了家中所有值钱的东西，家里现在欠下近千元的账。吃的都是亲戚、邻居施舍的。连饭都吃不饱，哪来钱送他们两兄妹读书啊？我对不住我的两个娃呀！”

说着说着，这个男子汉不禁蹲在地上，双手抱头哽咽起来。

覃东荣也蹲下来，好言好语安慰伍父：“伍兄弟，不哭，困难是暂时的。我们国家虽然现在还很穷，但我相信，等不了多久，国家富裕了，学生上学由国家负担，就不用交学杂费了！眼下得让孩子先入学，再苦再穷，也不能苦孩子。良平该读五年级了，再等两年，小学就要毕业了。两兄妹已缺课六天，不能再耽误了，后天都来上学！这样吧，兄妹俩的学杂费由我负责！”

此言一出，李嫣几个老师心里一惊，齐刷刷地望向覃校长。

伍父抬起头，泪眼婆娑地：“那怎么行？听说你三个子女正在读书，一个读高中，两个读小学，负担也很重，如何负担得起啊！”

覃东荣深情道：“不管能不能负担得起，反正孩子不能失学，孩子不能没有文化，有困难我会慢慢想办法。”

早已感动得泪流满面的伍良平，情不自禁地扑在他宽厚温暖的怀里，呜呜哭起来。

覃东荣隐隐约约听到隔屋传来了良平母亲轻微痛苦的呻吟声，又见凤华正在不时给咳嗽的奶奶捶背，心里更难受了。

他轻拍着良平的背脊，喃喃道：“孩子，莫哭，擦干眼泪。坚强些，走，跟老师到我家去！”

几位老师不禁再次心惊，覃校长的家境他们又不是不知道。想不到覃校长竟会作出这样的决定，这唱的是哪一曲啊？

伍良平背着书包，提着行囊，恋恋不舍地和家人道别，然后紧紧跟在覃校长的身后，出了家门。

伍良平的奶奶拄着拐棍，颤颤巍巍地走到门口，望着一行人远去的背影，连声道：“好人，好人难得，难得的好人呐！”

第二十五章

赈穷济贫

在返回学校的路上，覃东荣拄着拐杖走在前边，伍良平背着衣物紧跟其后，黄士祥、李嫣几个老师走在后面。

夕阳西下，斜斜照在他们身上，地上洒下一排排长长的影子。

走过一段下坡路，覃东荣还是坚持不让人搀扶。他一手拿着拐杖，一手提着那个黑色破旧的手提包，手脚并用，异常艰难地往下滑。

黄士祥不放心，怕他摔倒，就赶紧跑到他的前面。覃东荣一滑到下边，黄士祥就将他拽拉起来。

李嫣瞧着覃校长，既心疼又无助，不禁双眉紧锁。

此时她的内心世界百感交集。

四年来，这个残疾校长一心一意扑在工作上，事事带头，爱岗敬业，以校为家，每个节假日都在学校义务值守。

自身过得硬，很有威信。全学区的人都很敬重他。

短短四年，教字垭镇中心完小在他的带领下，不仅在全县有了名气，还跻身全州先进单位。

覃校长，我李嫣谁都不服，就服你！

四年前，我上班迟到十五分钟被罚十五元，当时还想不通，恨过你，现在看来你是对的，应该这样！不然学校就不会有今天的辉煌！也就没有我李嫣的今天……

李嫣瞅着前面一瘸一拐行走的覃校长，心里越发不踏实了：我丈夫在城里工作，工资是我的两倍多，我们只有一个孩子，都感到钱不够用，而他，工资比我多不了多少，不仅供三个子女读书，还答应为两个贫困学生负责学杂费，甚至把一个学生接到自家生活，真不可思议！

越想越乱，李嫣内心有些快撑不住了。她放慢脚步，轻声问并排行走的黄士祥：“黄会计，你和覃校长共事时间最长，你应该最了解他。他家那么困难，为何为这兄妹俩出学杂费，还收留贫困学生去他家生活？”

“嘘，小声点。”黄会计轻声道，“嘘，雷公脸，菩萨心，难得的大好人！”

李嫣眼眶湿润了：“他真不容易，为学校为学生付出太多了！”

黄士祥笑了笑：“唉，李老师，难道你现在不记恨覃校长了？”

李嫣瞄了一眼黄士祥，非常淡定：“你和我一样，都记恨过他。在制度面前人人平等，他当时那样做也是为了学校，身不由己！人心都是肉长的，四年来，他为学校为师生付出太多了，他太伟大了！”

黄士祥微微点头：“我们学校有这样的校长，是我们学校的荣幸！同他一起工作，不管有多苦多累，都是一种享受，都心甘情愿！”

李嫣驻足不动了，附在黄士祥耳畔说：“是的，我也有这种感觉。我现在担心，覃校长回家后，怎么对他妻子说。你说，他妻子能接受吗？”

黄士祥瞪着眼睛看向另外几位老师，轻声道：“我也担心！”

覃东荣见李嫣几个掉队了，回头大声喊：“喂，黄会计，你们在说什么？快些走，天快黑了！”

黄士祥赶紧大声应道：“来了，来了！”

李嫣也跟着附和："来了，来了——"

不知不觉中，三个小时过去了，一行人走到了教字垭镇集市。

分路时，几个老师眼巴巴地瞅着覃东荣，目光久久没有离开，好像在说：我们都在担心，你回家后，怎样向你妻子交代。

覃东荣是何等的聪明，立刻读懂了他们的眼神。他挥了挥左手，笑着说："放心吧，问题会妥善解决的。辛苦各位了！大家快回家吃晚饭。"

覃东荣拄着拐杖，带着伍良平又走了一个小时。晚上八点，才回到七家坪村覃家岗家中。

此刻，妻子伍友妹和两个儿女正在吃晚饭。

覃东荣领着伍良平，来到一个低矮的土砖灶房前。

伍友妹看向门口，颇感惊奇，心想：今天他怎么带了个孩子回家了？

伍良平羞涩地叫了声："师娘好！"

"嗳。"伍友妹瞬间缓过神，慌乱地回道。

伍友妹急忙放下碗筷，走向门口，取下伍良平的背包，和蔼可亲道："孩子，快坐下吃饭。"

女儿覃云站起来给两人去盛饭，小儿子覃兵站起身给两人搬来椅子……

一家人吃完晚饭，覃东荣拄拐站起身道："覃兵，和姐姐带良平去木板房看看书，我和你妈商量件事。"

支开三个孩子后，覃东荣说："哦，友妹，我今天突然把这个孩子带回家，事先没跟你说，情况紧急，请谅解！"

伍友妹双手在围裙上揩了揩："东荣，没事的，现在说了也一样。"

他对妻子说了想为伍良平兄妹出学杂费的想法和收留伍良平的前因后果。

伍友妹边听边擦眼泪，思索片刻，轻咬嘴唇道："这孩子确实可怜，东荣，你做得对！若是我在场，我也会这么做。再说，孩子你都带来了，还有什么说的，支持你。我只担心这孩子住哪儿！"

覃东荣笑逐颜开，自豪道：“我就知道，我家妻子慈爱善良。友妹，谢谢你！我代表孩子谢谢你。只要你同意接收，孩子的住处，我有办法。”

伍友妹听完一诧：“喔，你有什么办法？”

覃东荣把拐杖放在椅子边，坐下说：“对面堂弟覃正模一家不是几个月前搬到城里公安局宿舍去了，你忘了？”

伍友妹右手拍了下后脑壳：“哦，是，我怎么就没想到呢。不知他两口子愿不愿意？”

覃东荣微微一笑：“我晓得他两口子的秉性，心地善良。你明天进趟城说明情况，他两口子应该会答应的。”

“好吧。时候也不早了，你也该去学校守校了。”

伍友妹起身走到灶前，高兴地给三个孩子烧洗澡水。

覃东荣走进房间，对三个孩子交代一番后，拄着拐杖拿着手电筒回校守校。

覃东荣走到学校，已是晚上十点半。

李嫣老师及几个住校老师发现覃校长房间亮着煤油灯，前来探听消息。

几人一走进房间，就在覃东荣的身前身后站着。

李嫣瞅着他的脸，一名老师瞅着他的后颈，像在寻找什么似的。

覃东荣疑惑不已：“你们干什么？疑神疑鬼的，我一个男同志有什么好看的？”

李嫣和几个老师摇摇头，不说话，弄得他一头雾水。

覃东荣无奈地说：“你们别闷葫芦煮饺子，行不？”

李嫣诡秘地回答：“没什么？就看看而已。”

“哦。”覃东荣这才恍然大悟，举起手来，哈哈大笑。

李嫣疑惑：“覃校长，看来，你妻子的思想工作做通了，没掐你？”

覃东荣自豪感满满：“你们不知道她的为人，她慈爱善良得很呢！”

若有所思的李嫣说：“真是难为嫂子了！她一个女人，既要干农活，照顾自家两个孩子，又要操心收留的孩子。她品德太高尚了！这个星期六，我们几个去你家看看嫂子。”

覃东荣笑道：“好，欢迎！只是我提醒你们，来时不准带东西，不然到时不好看！”李嫣只好点头答应。

翌日，伍友妹坐早班车，来到县城覃正模家，说明来意。

覃正模夫妻一听是做善事，当即表示大力支持。

当天中午，伍友妹回到家。覃东荣看到妻子拿回了钥匙，很高兴，知道这事成了！

夫妻俩打开堂弟家三间土砖屋的房门，打扫卫生，而后，搬来一张床和一张破旧桌子，给伍良平和小儿子覃兵安排床铺和写作业的地方。

1985 年 9 月 9 日，星期一。

学校升国旗仪式结束后，学区主任来到学校办公室，给大家带来了一个好消息：覃东荣被湘西自治州人民政府授予“州优秀教师”称号。9 月 10 日，湘西自治州热烈庆祝我国第一个教师节，覃东荣受邀参加优秀教师表彰大会。

老师们听后一阵鼓掌。覃东荣本人惊诧不已，荣誉来得太突然，他自己却不知道。

同年，县级大庸市人民政府为覃东荣记功。

1986 年农历正月春季开学，覃东荣夫妻又收留了伍良平的妹妹伍凤华，供她读书。

这一年秋季开学后的第一个星期六下午，覃东荣回到家。他走近木板房靠板壁的椅子上坐下。

他两边嘴角下拉得厉害，愁眉苦脸，闷闷不乐，一个劲地抽着旱烟。

伍友妹做完农活，提着一把锄头刚跨入木板房的门槛，就瞥见丈夫老大不高兴的神情。

覃东荣默默地坐在那里，也不和妻子打招呼，也不主动做饭。

伍友妹缓过神后，放下锄头，火气上来了：“东荣，你是怎么搞的？

你在学校劲鼓鼓的，打得死老虎！你怎么一回到这个家，就愁眉不展，好像别人欠你钱还你糠似的。你自己好好想一想，我和你结婚十四年来，家里的农活你干过一天没有？三个儿女的学习你过问过没有？有你这个男人像没有一样！你星期六下午回家吃餐饭，又要去学校守校。好像学校才是你的家，这个家不是你的家！这个家，你到底要不要？……”

伍友妹机关枪似的“炮轰”半晌后，丈夫仍浓眉紧锁，沉默不语。

伍友妹急了，她寻思着：咦，今天是怎么搞的？数落他半天，竟一句话也不说！平常无论怎样讲他，他都会回几句的。

伍友妹瞅了一眼丈夫，语气变得委婉了：“我们都知道，你是个残疾人，一心扑在工作上，确实不容易！有什么烦心事不要闷在心里，把它说出来，这样心里会舒服些。不管有多大的事，多大的困难，我和孩子们永远都理解你、支持你！”

覃东荣沉默一会儿，嘴唇动了动，开口说话了：“友妹，真是辛苦你了！这个家全靠你了。我确实是一个不称职的父亲，不称职的丈夫！有件事想和你商量一下，但又不知道怎么向你开口。”

说完，覃东荣两眼看向别处，不敢看妻子的眼睛。

伍友妹坐在椅子上，大大咧咧道：“一家人，有什么不好说的，什么事？你直说吧，怎么变得这么吞吞吐吐、婆婆妈妈的了？”

覃东荣望了一眼妻子，声音低沉：“童家峪村的吕飞跃、吕启银两兄弟因母亲生病，家庭贫困无钱上学，已辍学几天了。我们以前收留了两个贫困孩子，我还想把吕家兄弟俩接到家里来，送他们读书，真不好意思向你开这个口。”

“怎么可能？”

伍友妹眼眶立刻涌满泪水，死死盯住丈夫的眼睛：“东荣，我们已收留了两个孩子，你还想收留？”

覃东荣不敢看妻子的双眸，痛心道：“友妹呀，你给孩子们洗衣、煮饭，家里一切家务、农活全靠你了，真是难为你了！本来不该再给你添麻烦的，可看到有孩子失学，我就心痛，想帮帮他们。这就算最后一次，行吗？”

因家庭困苦，只读到小学二年级的伍友妹，被丈夫的话语感染了。她内心挣扎了片刻，抬手擦了擦眼角：“东荣，我发现你的口才越来越好了，会做思想工作，适合当政工干部。刚才被你说得眼泪在眼眶里直打转，心里佩服！”

覃东荣嘴角勾起笑容：“友妹，这么说，你同意了？”

伍友妹嗔怪道：“我不同意行吗？看你那痛心的样子，我也心痛。你的性格我知道，我若不答应，你恐怕要痛心死。这可是你自己说的，这是最后一次？”

覃东荣坚定地说：“最后一次！”

伍友妹道：“刚才听你一说，吕家兄弟俩家穷，这么小就失学，确实于心不忍！我吃了没文化的亏，不能让孩子们也吃这样的亏。东荣，我支持你，孩子们也会支持你的！好，不能让这兄弟俩失学，明天我就陪你去接他们！”

覃东荣顿时喜笑颜开，握住妻子的双手道：“友妹，谢谢你！你以后会有好报的！”

伍友妹哭笑不得：“谢什么谢！”

第二天，骄阳似火。

覃东荣与妻子伍友妹一起前往吕飞跃家。

吕飞跃家住在离张家界国家森林公园不远处，巍峨耸立的十八山半山腰童家峪村，距覃东荣家大约三十里，山路十八弯。

吕飞跃家五口人，母亲身患各种疾病，父亲体力不强。为了给吕飞跃的母亲治病，家里负债累累。两兄弟不得不含泪辍学在家，做些家务，捡些破烂挣点钱，给妈妈买药。

覃东荣在妻子伍友妹的搀扶下，拄着拐杖拖着残腿，翻山越岭走了四个小时才到吕飞跃家，而后领着吕飞跃、吕启银来到自己家，并送兄弟俩上学。

当然，这不是他们最后一次收留贫困学生。

五星红旗迎风飘扬。学校放学了，校园空荡荡的。

腹痛难忍的覃东荣，右手拄着拐杖，左手按住腹部走进学校柴草房。柴草房铺有厚厚的稻草。

他正准备躺在稻草上歇息。走廊上李大娘在柴草房门口徘徊，像是有什么心事，又像是在找人。

头上冒汗的覃东荣吃力地喊李大娘，问她有什么事。

李大娘慢悠悠地走进柴草房，支支吾吾道："覃校长……"

李大娘见覃校长病痛成这个样子，情况不妙，着急地要出去叫老师。

覃东荣制止道："李大娘，您莫急，我的病我自个儿清楚，不要紧的！"

李大娘："覃校长，有病就得治，不能硬撑着！"

覃东荣："李大娘，凭直觉您找我有事！"

"……"李大娘欲言又止。

覃东荣轻言细语地说："大娘，您说吧，什么事？只要我能做到。"

李大娘尴尬地说："我外地两个亲戚家的孩子，两家都穷。一家父亲去世，母亲患病，两个成绩优异的姐姐不得不含泪失学；另一家父亲残疾，母亲又体弱多病。两家都送不起孩子读书，这两个孩子想跟着我，来这里读书。我留这两个孩子吃住了几天，我想收留他们，送他俩读书，却无能为力；赶他们走，又不忍心。覃校长，你家已收留了四个贫困学生，负担太重了，不想为难您，我说不出口。"

覃东荣右手拿着拐杖，左手撑地，从柴草上慢慢爬起来："这两个孩子可怜！李大娘，您快带我去看看。"

覃东荣拄着拐杖忍住疼痛，跟着李大娘走了二十分钟，走进她家。只见这两个孩子，一男一女，面黄肌瘦，衣衫褴褛。

他让李大娘陪着两个孩子。自己一瘸一拐地迈着沉重的脚步，回家同妻子商量。

覃东荣拄着拐杖、拖着残腿，手脚并用，沿着狭窄陡峭的山路艰难地爬了一个小时，才到自留地里找到了伍友妹。

正在地里忙活的伍友妹感觉有人走过来，转过身一看，惊奇了好一会儿，问："唉，东荣，是你啊！今天又不是星期六，你怎么有空回家了？太阳打西边出来了。"

覃东荣看着妻子那一双因劳作而显粗糙的大手，愧疚道："友妹，这个家真难为你了！"

伍友妹注意到了丈夫满脸的汗珠，抬起袖子心疼地给他擦了擦汗："东荣，看你额头上冒细汗，是不是身体不舒服？"

覃东荣低头说："腹痛了一会儿，不过现在好些了。友妹，我想同你商量件事，唉，但又不知怎么向你说。"

伍友妹情不自禁打了个激灵，两手颤抖了下，心想，莫非又是收留学生的事？

她双眼盯着丈夫，压住心中的怒火："你，你，该不会又想收留失学儿童？"

覃东荣不敢直视妻子的眼睛，说话断断续续，回道："嗯，我是想……再收留……两个。"

伍友妹听后怔住了半晌，哽咽道："什么？两个，你还想再收留两个？前不久，你自己说收留吕家兄弟是'最后一次'！我们已经收留了四个，你还想收留？你自己看这个家已穷到什么样子了！"

随后，伍友妹伤心地哭了起来。

覃东荣愧疚不已，安慰妻子："友妹，不哭，我知道你跟着我受苦受累，没过上一天好日子！你不知道呀，这两个外地的孩子非常可怜，是李大娘的亲戚。一个父亲去世，一个父亲残疾，母亲都患病，送不起孩子读书。"

伍友妹看了一眼丈夫，赶紧抹了抹眼泪，一惊一乍地说："喔！我想起来了，李大娘家确实有两个孩子，一男一女？"

覃东荣惊诧地问："你怎么知道？"

伍友妹弯着腰，低头继续忙活，含着泪说："我前天在李大娘家借东西时看见过他们。"

覃东荣慢慢蹲下身来，放下拐杖，一边帮着清理地里的杂草，一边深情地说："你看到的这两个孩子都想读书，两家孩子的家长实在没办法，只好把孩子送到李大娘家。友妹呀，你知道，李大娘这么大年纪了，她家也很困难，她如何送得起这两个孩子读书？我们能忍心眼看那两个孩子失学？"

伍友妹哭着说："听你这么一说，这两个孩子也怪可怜的。我看那两个孩子有灵性，是块读书的料，失学了实在可惜！可是东荣呀，你送自家三个儿女和四个收留的孩子读书都艰难。你一心想的是你学校的事，你可能还不知道，咱家现在穷到什么地步了！今天晚饭的米都是向邻居借的，明天早饭的米还不知在哪儿。"说完，她抽泣起来。

覃东荣心里很难过，他语重心长地说："友妹呀，实在难为你了，我对不起你！但看到有学生失学我就心痛。我是共产党员，又是校长，再穷再苦，就算砸锅卖铁，也不能让一个穷孩子失学！钱和米的问题我可以想办法，可一个孩子如错过了读书，将来要后悔一辈子啊！我们能忍心眼看那两个孩子失学？"

伍友妹放下锄头，痛哭道："你自己的孩子都养不起了！你几乎每两周借钱让家里的六个孩子吃肉，而你正在读高中的大儿子梅元，这两年吃的都是'跑马油'菜，落下了病根！你毁了他一生，你知道吗？"

覃东荣眼眶湿润，失落地拄着拐杖一瘸一拐地离开自留地。

伍友妹望着丈夫远去的背影，多年的委屈瞬间爆发："……呜呜呜——这日子没法过了！……"

晚上九点，伍友妹看着沮丧的丈夫拄着拐杖、拖着残腿，把借到的半袋米送回家，又转身去学校值守，眼泪夺眶而出。经过内心痛苦的挣扎后，她决定再次支持丈夫，去李大娘家把两个孩子接来。这两个孩子，男孩叫代新华，女孩叫陈霞。

第二天早晨，覃东荣主持全校升国旗仪式，无意中看到了伍友妹领着代新华、陈霞两个孩子来学校上学，心里很欣慰，他太感激妻子了！

这以后，覃东荣说话算数了。自此，他再也没有另外收留贫困学生。

许多乡亲来到覃东荣家，见他夫妻俩共收留了六个儿童，都替两夫妻捏着一把汗：你们两个是菩萨转世，大慈大悲，这往后的日子怎么过哦？

覃东荣还是蹦出一句话来："没有憋死的牛，只有愚死的汉。"

当时，覃东荣家经济负担相当的重。长子覃梅元在市一中读高三，女儿覃云、次子覃兵在教字垭镇中心完小读六年级和四年级。加上收留的六个儿童，这一家子人口多达十二人。

一到开饭的时间，锅碗瓢盆响，可热闹了！

孩子们洗漱后，围坐在一张破旧的方桌边，津津有味地享受着香喷喷的早饭。八个孩子大的十五岁，小的也有九岁了。

吃起饭时，你一碗，我一碗，好像在进行饭量大比拼似的。不到十分钟，满满一篓子饭所剩无几。

只是伍友妹忙得像一个陀螺似的，可她内心却深感欣慰，为能帮助孩子们成才而欣慰，但她不知，她和丈夫覃东荣正在做一件感动中国的大事！

第二十六章

爱生胜子

覃东荣夫妇不仅管这六个孩子吃住，还要送他们读书，家里还有一个患病的老父亲。

对一个本来就很困难的家庭来说，多了六张嘴吃饭，这是一个怎样难撑的家啊！这又是一个怎样强撑的校长！

一天傍晚，老支书拄着拐杖，走进覃东荣家的木板房。

待老支书坐定后，覃东荣给老支书倒了一杯浓茶。

老支书直截了当地发问：“东荣啊，我们大伙都搞不明白，你家三个孩子正在上学，本来就穷，一下子多抚养六个孩子，你有这个能力吗？你爱人既要干农活，又要照顾这些孩子，她很辛苦！你这样做，到底图个啥呀？”

覃东荣咬着嘴唇，指了指隔壁：“老书记，小点儿声！孩子们正在对面屋里做作业，不要让他们听到。我妻子跟着我受苦了，我对不住她！我不图什么，我只知道孩子不能失学，不能没有文化。老书记您还记得三十多年前，对我说的话吗？”

老支书捋了捋花白的胡须，沉默片刻，慢条斯理道:“哦，我当然记得，当时我说，你十五岁能开始读书，是托了共产党和毛主席的福！现在要发奋读书，等以后有文化知识了当个老师，让更多的穷人子弟都能上学读书！”

覃东荣激动道：“老书记，虽然时间过去了三十三年，您说的话我一直铭刻在心，一辈子都不会忘记！人要懂得感恩，没有共产党，我们这些穷人的孩子哪能踏入学堂读书呀！所以，我要报答党恩……”

老支书微微颔首：“是呀，没有文化，只能在家种田种地，重复父辈们的老路，困死穷死在山沟沟里头，农村也富不起来！收留贫困儿童，积阴德哦！只是你每个月工资，不到两百元，扛得住吗？”

覃东荣不假思索地回答：“虽然我家穷，但再穷再苦，孩子要读书，我夫妻俩宁愿自己少吃点少用点，也要想办法，把他们送到初中毕业！”

老支书抓住覃东荣枯瘦如柴的手：“东荣，你要是有什么困难，尽管跟我说。只要我这把老骨头能帮得上，会尽我所能的。”

说完，老支书从怀里掏出一张皱巴巴五元的旧钞，放在覃东荣的手里。

“老支书啊，你也不容易。使不得，使不得！”覃东荣赶紧将五元钱退回了老支书。

老支书再次把旧钞塞给覃东荣：“东荣，你就别客气了。我知道你家急需用钱。”

覃东荣坚持不接受，二人推来推去的。

“老支书，您自个儿有病，急需用钱。您还是自己留着用吧。”

正在屋里做作业的六个孩子，听到老支书和覃校长的谈话，忍不住偷偷流泪，他们都在想：覃校长、伍师娘太善良了，把我们当成了自己的子女啦，我们遇到了大好人了！

伍友妹宅心仁厚，是孩子们的“再生母亲”，她积极支持丈夫的工作。不是教师的她，却帮身为校长的丈夫承担了教师的工作。

覃东荣以工作为重，舍小家为大家，以校为家。家中一切农活、家务全落在她身上，可她没有半点儿怨言。

伍友妹待这六个孩子视如己出，吃的和自己的孩子一样，有时甚至比自己孩子吃得还好。

为了让孩子们多学点知识，伍友妹很少要他们做家务。她认为孩子的主要任务是学习，让家务劳动耽搁了，万万不可。

每天天刚刚亮，她便起床为八个孩子做饭。吃着热乎乎的饭菜，孩子们热泪盈眶。

孩子们吃的不是一般的饭菜，而是人间最暖心的营养佳肴，他们享受着“编外妈妈”无私的母爱。

“娘，再见。”

“师娘，再见。”

孩子们背着书包，打着嗝儿哼着歌，一个个蹦蹦跳跳地，出了家门去上学了。

望着这一大群孩子走在田埂上，伍友妹心里像吃了蜂蜜一样香甜。她有一种说不出的愉悦感。

白天，伍友妹在田里、山上做农活，一个人忙活着。

傍晚，她要为孩子们赶做晚饭，同样还是一个人忙碌着。

放学后，孩子们回到这个温暖的家，就会吃上香喷喷的饭菜。

每当夜幕降临，伍友妹总是提着马灯，背着一背篓衣服，到一公里之外的茹水河，为孩子们洗衣服。

三九寒冬，河水冰冷刺骨，冻得她手脚红肿，裂口渗血。尽管这样，伍友妹还是咬牙坚持把衣服一件一件地清洗干净。

孩子们围着有炭火的桌子做作业，看见师娘从河边背着一背篓衣服归来，一双大手冻得通红，就像透明的红萝卜。

孩子们心疼得掉泪了：“师娘，为了给我们洗衣服，您的手都冻坏了。”

伍友妹摆摆手：“不要紧，不要紧，烤一下就没事了。你们认真做作业吧，不要分心！”

于是，伍友妹在炭火边上烤一下冻得通红的双手，还没等热透，又得为孩子们准备翌日的食材了。

孩子们逢人便夸赞，师娘太善良了，比自己的亲娘还要亲！

摆在伍友妹面前的困难一大堆：

九个孩子读书要学费、书杂费，要买学习用具。孩子们有时生病要看医生买点药。

赡养双方的父母三人要开支。老大梅元在城里读高中，凭粮票吃饭，吃没有油水的菜，每月生活费至少要二十元。

每天炒菜要油，每两个星期为孩子们改善生活，称几斤猪肉要钱。

为孩子们洗衣、洗被褥、洗鞋袜要洗衣粉和肥皂，孩子们洗头、洗澡，要洗发膏、洗衣粉和香皂……

钱，钱，钱，什么地方都要钱！柴米油盐酱醋茶，伍友妹恨不得把一分钱掰成三分钱用。

覃东荣隔三差五叮嘱伍友妹：一定要搞好孩子们的个人卫生。五个男生至少三天洗个头，三个女生至少两天洗个头；女生头发长不会洗的，要帮她们洗。不要到了学校让人闻到有臭味。有时间去集镇多买些洗发膏、香皂回来……

夏季到了，天气热，孩子们都是两天才洗一次头，舍不得用洗发膏。

伍友妹鼓励几个孩子：“多洗两次，不要省洗发膏。”

孩子们一边洗头一边回答：“师娘，洗发膏要钱的呢！”

伍友妹微笑着：“没事，尽管洗。没有了，我去买。”

孩子们这才放心大胆地挤洗发膏，不再为洗头的事畏手畏脚的。

孩子们从小学读到初中毕业，时间最长的七年。收留这六个孩子，实在太艰难了。

覃东荣家里只有三亩贫瘠的责任田，收入几乎可以忽略不计，每月仅靠他不到二百元的工资，苦苦支撑着十二口之家。

大多时候，当月工资没发，家中就断炊了。他只好东挪西借，寅吃卯粮。

尽管家中捉襟见肘，但是每过两周的星期六下午，他总是借钱称几斤猪肉为孩子们改善伙食，补补身子。他叮嘱孩子们要努力学习，其他的事都不要想。

一个星期六下午，覃东荣拄着拐杖照常提着三斤猪肉，兴高采烈地走回家。

饭熟后，伍友妹炒好菜，把三碗肉和几碗小菜放在桌上，大伙准备吃晚饭。

此时，覃东荣走进灶房说："你们吃饭。覃云、覃兵，你们两个跟我去木板房，我有重要事情，要跟你们说。"

六个收留的孩子心里都明白，覃校长故意让自家的两个孩子避开，是想他们先多吃一点儿。

六个孩子眼含泪水，谁也不动筷子，约定要等覃校长他们回来了，再一起吃！

过了几分钟，伍友妹走进来说："孩子，你们先吃吧，他们等会儿就来。"

"知道了，师娘。"

伍良平为覃校长他们四人预留了一碗肉，放进菜柜里，带头端起了饭碗，几个小一点的孩子才拿起筷子，跟着慢慢地吃起来。

十分钟后，覃校长一家四口走进了灶房。

覃校长打开菜柜，见有一碗肉，立即端起这碗肉，就要给六个孩子平分。

伍良平着急了，哽咽道："覃校长，三碗肉我们吃了两碗，这碗肉是给你们四人留的，我们已经吃了！"

覃东荣笑呵呵道："孩子们，吃，快吃，你们多吃点！"

他边说边把这碗肉中的一半，平分给了六个孩子。

覃东荣、伍友妹、覃云坐下来吃饭。一旁气鼓鼓的覃兵，见剩余的肉又被父亲给分了一半出去，再也控制不住情绪了，“不吃了！”他哭着往门外跑去。

隔屋爷爷覃服周听到动静，拄着拐杖，紧跟在覃兵的身后，追赶幼孙。

覃兵跑得飞快，拄着拐杖的覃服周怎么也追不上。还好，跑了一阵子，覃兵停在大桂花树下，双手抱头蹲在那里哭。

覃服周拄着拐杖来到大桂花树下，给孙子擦拭眼泪：“乖孙啊，别生气了，跟爷爷回家去吃肉。”

覃兵不理睬爷爷，头偏向一边，继续啜泣。旁边有小孩玩耍，时不时有路人经过。覃兵也不顾那么多，放声大哭。哭出来就舒服了。

桂花树下，无论爷爷怎么劝说小孙子，这小家伙就是不理睬。

不过覃兵喜欢听爷爷讲当地的神话传说。许久，倔强的覃兵抬起头：“爷爷，我说了不吃肉，就是不吃肉。要不您给我讲个故事听听。”

覃服周捋捋长须：“好吧，乖孙子。”

“嗯。”覃兵起身了，挨着覃服周站得直直的。

覃服周右手指向后方：“孩子，你看——”

覃兵顺着爷爷手指的方向看去，只见七家坪西面是连绵不断、高低起伏的山脉，远远望去，巍峨高耸，像一位英姿飒爽的女将军镇守边关。

覃兵揉揉眼睛：“爷爷，那不就是望军岩吗？”

“没错，正是望军岩。”覃服周手指向更高处，“这望军岩的山顶呀，是一块宽阔的平地，站在上面向东望去，只见一匹锣（罗家岗）、一只鼓（古城坪，三国前是一座城）。自古以来，这山就是兵家必争之地，在此征剿贼匪的将军都攻占过此山。谁先抢得这个山顶，谁就可以居高临下，凭借地利优势消灭敌人。”

覃兵的好奇心来了，问道：“爷爷，那山顶石头为什么叫望军岩呢？”

“兵兵啊，这里头有一个凄美的神话故事，你可要听好了哦。”

“好咧。”覃兵擦了擦脸上的泪痕，坐在了桂花树下的一块石板上。

覃服周也放下了拐杖，和小孙子坐到了一块，绘声绘色地给小孙子说起“望军岩”的故事来。

很久很久以前，天下生灵涂炭，战乱不止。我们七家坪一带，许多男丁被强行征去守卫边关。

山下有一户贫穷人家，有一对十七岁的新婚小两口，他们相敬如宾，恩爱有加。新婚不到几天，妻子获知丈夫被强行征去服兵役，小夫妻难分难舍。妻子站在望军岩山顶上，望着丈夫远去，直至消失。

丈夫走后，妻子日思夜盼，希望丈夫早日归来。

炎热的夏天，一个白发白眉白胡须的老道，手持拂尘云游至此，看到这里山势巍峨、山水逸秀、景色优美，甚是欢喜，停在这棵千年桂花树下稍作歇息，摇扇乘凉。

道士手抚胡须，对正在乘凉的先民说：“此处风水极好，十八年后必出个将军。”众人不信。老道拂尘一扫，仰天大笑而去。

十个月后的第二年农历三月十八午时，天空忽而出现两道彩虹。山下的那户女子产下一女，重十斤有余，骨骼粗、眼大有神、声如洪钟，大哭不止，天黑了才慢慢停歇下来。

四年过去了，与丈夫一同服兵役的同乡，陆陆续续回来了一部分。那女子向他们打探丈夫的消息，都说不知道。

见不到丈夫归来，其妻思夫心切。农历每月初二、十二、二十二申时，该妇女都会准时站在高耸巍峨的望军岩山顶上，眺望远方，期盼丈夫的身影出现。

幼女六岁读私塾时，比同龄孩子高个头。下课玩耍时，伙伴们都听她的。说来也怪，比她大三四岁的人也听她指挥。该女孩聪明伶俐，悟性高，读书过目不忘。私塾先生很是欣慰，说她长大后会有个好前程。

翌年，幼女长到七岁时，好奇地同母亲、婶婶们一起爬到望军岩山顶上，盼望父亲归来。

不知不觉过了三年，小女孩已满十岁，力大无比，臂力过人，想学武艺。一个风雪交加的夜晚，少女迷迷糊糊地随两个白胡子老头，来到一个山洞里学武艺。当夜，少女家人没看到她，很着急，找了许久没有音信。

这少女悟性极高，刻苦用功，一点就通，在师父的指点下，武功突飞猛进，十八般武艺样样精通。

十七岁的少女女扮男装出外寻找父亲，一直朝着北斗星方向往北走，历经千辛万苦，终于来到京城，报名从军。因她武艺高强、有胆有识、作战勇猛，皇帝封她为少将军。

少将军在军中托人四处打听父亲的消息，一直没有音信。

少将军识天文地理、运筹帷幄、有勇有谋、体恤士兵，打了几次大胜仗，深得将士们拥戴，不久晋封为将军。不幸的是，女将军在一次战斗中，陷入重围，壮烈牺牲。

一开始，同该妇女一起站在望军岩山顶上寻找自己丈夫身影的有几十人，后逐渐越来越少，最后只剩她一人，从二十一岁，一直站到八十四岁，坚持了六十三年，从一个美少妇变成了老太婆！

有一天，突然乌天黑地，狂风大作。只听“嚓嚓”两声巨响，两道白光电击着望军岩山顶。老太婆大惊，还没等她缓过神来，被一团青烟卷入望军岩中，与岩石融为一体。一个时辰后，天空复明。

玉皇大帝被该女子的真情所感化，遂将该女子的丈夫化作一只雄狮，镶嵌在望军岩南约四百米的山峰上；玉帝又将该女子的女儿化作一个金箱子，让雄狮含在宽大的口中。

打开这个金箱子的那把金钥匙，藏在对面土崩岩的半山腰。因此历朝历代都有人想寻找这把金钥匙，无果而终。从此，当地人把这座山峰取名为狮子垴。

狮子垴下面的漆树塔有九个天坑，深不见底，至今臭气未消。据说每次战争后，人们清理战场时，把死人往天坑里丢。奈何天坑再深，也装不下漫山遍岭的死者，有的只好草草掩埋……

爷爷的故事讲得太精彩了。覃兵听得入迷了：“爷爷，对面土崩岩真的有金钥匙吗？”

覃服周笑眯眯地说：“也许有，也许没有。”

覃兵托着下巴，凝视着东边土崩岩那边：“那我长大以后，一定要找到这把金钥匙，打开这口金箱子，把金银财宝分给穷人。”

覃服周抚摸着覃兵的小脑袋：“孩子，金银财宝是死宝，用完就没有啦，文化知识才是最大的活宝，能创造更多的财富。”

似懂非懂的覃兵点点头：“爷爷，我有点饿了。”

覃服周微笑着说：“那我们回去吃饭吧。”

“好咧。”覃兵牵着爷爷的手，高高兴兴地往家里走去……

饭后，六个孩子又看到他们敬爱的覃校长拄着拐杖，迈着艰难的步子，一瘸一拐的，走在通往教字垭镇中心完小的乡间小路上。

当时孩子们搞不明白，为什么覃校长天天都要去守校，学校又不是他一个人的。

一年三百六十五天，除去开会、生病，大儿子替他守校外，恐怕他有三百五十天住在学校。好像待在学校，是他人生的一种乐趣。

一家十二口人，在灶房里吃饭热热闹闹的，饭后问题就来了。覃东荣夫妇不仅要为粮食、生活费发愁，还要为住房发愁，家里拥挤不堪。

覃东荣家只有窄窄的一间木板房。此房还是父亲覃服周从祖父那里继承下来的唯一祖业。

没有地方做饭，覃东荣只好在三弟、四弟的土屋山尖旁，用土砖搭建一间低矮的房子做灶房。

他家那间木板房里，摆放着两张床，一张床是他们夫妇的，另一张床是女儿的。

借来的三间土砖屋东西向，坐北朝南。在西头那两间正屋的土砖房里，夫妻俩为五个男生弄了一张大床铺。

地面潮湿，不能直接摊地铺。大铺的下面，用水泥砖砌出六个离地面一米的支点，前后支点各搁上一根四米长的大方木条。在两根大方木的左中右铺着三米长的厚木板，用门头钉固定，再在厚木板上铺上薄木板，钉上钉子。

很快，一张长四米、宽三米、高一米的大床铺就算建好了。为让孩子们睡得暖和点，木板上铺上厚厚的稻草。

这张大床铺供吕飞跃、吕启银、代新华、伍良平、覃兵五名男生居住。吕飞跃、吕启银两兄弟睡大床铺的西头，代新华、伍良平、覃兵三人睡东头，每头一垫一盖。

土房子东头的偏房里摆着一张床，专门供伍凤华、陈霞两名女生居住。

星期六覃梅元回到家，没地方住，只好和爷爷一起睡。为此覃梅元心里很不爽。

邻居都很同情覃东荣夫妇的处境，夫妇俩活得太累了，同情中多了几分钦佩。

一天晚上，覃东荣拄着拐杖拿着手电筒，想查看孩子们睡觉的情况后，就去学校守校。

他刚走到土砖房门口，听见大床铺挤得“哐哐”响。他偏头一瞧，大床铺东头铺上的三名男生都往内铺挤，不想睡外铺，因睡外铺的人经常摔下床。

覃东荣喊道：“覃兵，你睡外铺。”

“嗯。”覃兵极不情愿移到最外铺，蒙头就睡。

大床铺东头铺上三名男生中，覃兵年龄最小。

半夜在朦胧睡梦中，覃兵常常被蹬下床，而后，他摸着疼痛不已的脑袋，爬上床，躲在被窝里痛哭。他记恨父母偏心，甚至怀疑自己是不是他们亲生的。

一个星期六的下午，秋阳暖暖。

覃梅元走进旧木板房，只见父亲坐在椅子上目光有些呆滞，眯缝着眼睛，抽着喇叭筒烤烟。烟雾弥漫整个木板房。

覃东荣见长子回来了，高兴地说：“梅元回来了……好像有几个月没回家了吧，学习还好吧？”

覃梅元被烟雾呛了几口。他立刻打开木窗，让烟雾飘散出去。他边说边用手扇去眼前的烟雾：“还好。爹，您今后要少抽烟。哦，我回家取伙食费……咳咳咳……”

覃东荣立即把燃着的烟头在座椅旁摁了摁，杵灭烟蒂，丢进一个烂瓷缸里：“梅元呀……爹现在没有，等两天，我托人把伙食费捎给你。”

奇怪了。以前回家拿生活费，父亲都是立马就给的，从来不说“没有”。

等屋里烟雾飘散得差不多了，覃梅元轻轻地关上房门：“爹，怎么家里多了四个孩子？是怎么回事？”

覃东荣板着个脸：“梅元，你不知道，这些孩子家庭特别困难。看到他们失学，爹就心疼，就把他们收留了。”

愠恼的覃梅元压低声音：“失学的又不是一个两个，您没看到的还有很多，您都顾得过来吗？”

“唉……”覃东荣长叹一声，“顾得一个少一个，顾得一双少一双。别的地方爹不知道，但咱们镇现在没有学生失学。”

覃梅元争辩道：“人家扶贫助学都是有钱人，不是老板就是商人，他们有一定的经济基础。最起码扶贫助学的人，自家有余钱剩米，生活还算宽裕！”

“用不着你来教我。”覃校长硬邦邦地说，“不是共产党的关怀和人民政府的帮助，你爹十五岁哪能进学堂读书？人要懂得感恩，要报答共产党的恩情！看到有孩子失学，爹就心疼！”

覃梅元哽咽着说：“爹，弟弟写信都告诉我了，你们关心别人的孩子，胜过关心自己的儿女！”

“你以后会明白的……”

“你们自己舍不得吃穿，有病拖着。您看，你们的身体都变成什么样子了？你们就不想多活几年含饴弄孙？”

覃梅元气愤地走出房间，连晚饭都没有吃，直接坐班车回城去了。

得知长子负气回学校了，覃东荣目光更加呆滞，精神恍惚，过了很久，才缓过神来。

他从板壁上取下二胡，拉奏着曲子《没有共产党就没有新中国》。

在激越的乐曲声中，他逐渐忘记了烦恼，边拉边哼唱起来。

多年以后，覃东荣收留的第一个孩子伍良平回忆往事。他如是说——

“在那艰苦的年代，我们有肉吃，而在城里一中读高中的覃校长的大儿子梅元哥为节约伙食费，每餐却只能吃‘跑马油’菜，营养严重不良。

有一次夜里，师娘哭着向覃校长诉说，梅元因为营养不足，每天夜尿三四次，身体已经出现了问题。

覃校长听完，长时间沉默不语。

梅元哥是覃校长亡妻向佐梅之子，出生才六天，母亲就因病去世。

当时覃校长悲痛欲绝，大哭七天七夜，茶水未进，想一头撞死与贤妻同赴阴曹地府。

直到看到旁边哇哇啼哭的婴儿，才放下了轻生的念头。可见梅元哥在覃校长心中的分量有多重。

后来，我因指间感染而手肿到胳膊肘，覃校长立刻带我到镇医院治疗。他把原本打算给长子改善伙食的五元钱花在了我的身上。我当时就哭了……”

说到这，伍良平泪水不断地往外涌，浸湿了衣襟，他感慨万千——

“世界上有这样的父亲吗？自己儿子两年吃的是没油水的‘跑马油’菜，却让我们这些没有血缘关系的学生，每两周吃一餐肉！

假如是我，肯定做不到！覃校长大爱无疆，让我真正懂得了什么是爱生胜于爱子！”

第二十七章

有目共睹

1986 年 6 月，湘西自治州教委、大庸市教委联合检查团，入驻大庸市西北部的教字垭办事组所辖的中湖、兴隆、教字垭、罗水、桥头、禹溪六乡一镇中心小学，进行四天四夜的突袭工作检查。

6 月 9 日下午一点半，检查团来到教字垭镇中心完小，来不及休息，直接进入办公室，听取学校的工作汇报。

覃东荣校长在汇报中说了困难，也说了成效。内容大致如下：

德育是统帅。狠抓教职工工作作风，从 1981 年秋季开始，我校实行坐班制，讨论制定各项规章制度，以制度管人，校委会成员做表率，取得了实效。

为加强教职工的思想政治学习，我们规定每个教职工每天必须坚持读党报党刊政治学习一个小时以上，并写下政治笔记。每学年至少要撰写四十篇高质量的政治学习笔记和二十篇高质量的心得体会。

探索改革学生的思想品德评价，我们打破了以往评价学生的思想品德仅靠一张试卷上分数的做法，首推思想品德“六三一”科学评价体系，彻底扭转了学风。首创“立体式德育网络教育”，建立德育领导小组、德育顾问小组、家长委员会。坚持家校协同育人，让家长监督管理学校，实现家校共育互动，办人民满意的教育。

教学质量是学校的生命线。坚决按照教育部、省教育厅文件开课设节，按课表上课，是什么课就上什么课，上课要有教案，否则处罚。

带领老师们积极大胆地推行新课改，勇于开拓试验，开办了语文、数学、思想品德等学科课改实验班。五年来，毕业班的统考和肄业班的调考，我校始终在区（县）名列前茅。

每学期每名教师至少上一节公开课。为改革传统的教学模式，我自制了幻灯片八十多张。全校教研教改活动生机盎然，涌现出语文教改以伍建国主任为代表、数学教改以熊廷尧老师为代表的先进教改人物。熊廷尧深化数学教学改革，在教改中联系实际撰写了《应用题求异思维奇偶》等论文，在省级以上杂志上发表。语文教学上的“拔笋法”、数学教学上的“尝试法”、思想品德教学上的“立体式德育网络教育法”等等正在全校推广。

勤俭办校。接待上级领导时，学校定有统一的标准；教职工房间一律使用功率二十五瓦的灯泡，灯头和插口之间用胶布封上，盖有学校公章，防止撕毁换灯泡。

我们一贯倡导，用老师的一桶水去灌满学生的一杯水。加强教师自身的业务学习。要想备好课、上好课，必须练好“三笔字”。

“三笔字”的训练，我们有专人辅导，有详细的辅导方案。每学期至少要练八十页高质量的毛笔字，由教导处检查打分。每学期举行一次教职工“三笔字”比赛，每项取前三名进行奖励，还加强督促老师简笔画的学习。

为了陶冶学生的情操，丰富校园文化生活，学校成立了十几个兴趣小组。每天坚持至少四十分钟的第二课堂学习。学生根据自己的爱好可以从以上小组中任选一组。学生踊跃参加兴趣小组，不仅提高了学习积极性，还促进了思维的发展。

在各级各类比赛中，我校参赛选手取得了优异的成绩。一篇作文获市三等奖；寒暑假学生找的化石标本荣获州一等奖；学生彭朝阳在全市成人围棋比赛中，战胜许多成年高手，获得第二名；手抄报比赛获得市三等奖。

我们对少先队工作常抓不懈。每年清明节给红军烈士扫墓，进行革命传统教育。开展“向雷锋同志学习，争做好人好事”活动，为缺乏劳力的家庭插秧、收割……

在日常生活、教学中，强调教师与学生是平等的。学生要尊重教师的劳动成果，教师也要尊重学生的人格。学生有缺点，教师可以帮助改正。教师有做得不好的地方，学生同样有权利指正。

本学期我们组织五、六年级学生开展了“说出自己的知心话”活动，鼓励学生给校长写信，校长一共收到七条宝贵的建议与意见。这样一来，校风、教风、班风、学风得到进一步改善。学生学习主动了，教师在教学中也丝毫不敢马虎，勤勤恳恳地教学。

教导主任伍建国作工作补充汇报：五年来覃东荣校长以校为家，节假日他义务守校，不计报酬加班。接待上级领导时，覃校长严格按照制度办事。

两级教委领导听完工作汇报后，对教字垭镇中心完小的各项工作都给予高度的评价，对覃东荣校长的廉洁奉公给予高度的肯定。

检查团一致认为，该校的各项工作之所以这样出色，是因为有一个团结务实、开拓进取的领导班子；有一个以身作则、廉洁奉公、一身正气的好校长。教字垭镇中心完小的各项工作的成绩有目共睹，始终走在全州前列，其管理经验确实很值得在全州推广。

下午，在上课前十分钟，检查团拿着教师花名册，按课表随机抽查，听两名教师的课。听完课，检查该教师的教案和学生的作业，抽样询问学生。检查团及时反馈，给予高度的评价。

检查团又检查了该校的第二课堂，看九个兴趣小组的活动情况，随机询问学生，查看资料和学生成果，反响很好。

晚上七点，检查团在该校办公室又召开了教研教改座谈会，老师们争先恐后，踊跃发言。

检查团成员听了教师们的座谈，夸赞教字垭镇中心完小的教改搞得很不错，有特色有创意，是真金白银！

检查团离开后，覃东荣召集老师们通报了检查情况，认真总结经验。

他对大家说，为早日把我们学校建成全州、全省甚至全国名校，只靠我们现有教师的教学水平还是远远不够的。我们必须进一步努力，建立起一支真正思想觉悟好、业务水平高、教学能力强的教师队伍。

针对校内某些教师存在骄傲自满情绪的现象，学校校委会集体研究决定，暑假带领老师们到外面取取经。看看外面的世界到底有多大，别校是怎样管理的，别人是怎样教学的，看自己教学水平到底如何。

学校初步确定去邻近的湖北省教育教学搞得好的宜昌、武汉两地重点小学考察，顺便让老师们感受一下祖国的大好河山，现场观看祖国的重点工程——葛洲坝的雄姿，这对今后的教学是很有帮助的。

暑假一到，学校组织老师们到宜昌、武汉两地几所重点小学参观。通过实地听课、看资料后，老师们感受极深。山外有山，天外有天。我们学校与他们比起来，简直是天壤之别。

这些小学现代化程度极高，有标准化的四百米跑道，有一人一个座位的宽敞学生食堂，有能容纳一千多人开会的礼堂，还有多功能语音室、设备齐全的仪器室、多功能电化教学教室、建设独特的体育馆和干净整洁的舞蹈训练室。老师们一个个看得眼花缭乱、心潮澎湃！

老师们都说，比起外地，我们山区的教育确实太落后了，起码还要二十年、三十年，甚至五十年，才能赶得上这些学校的教学条件！

回到学校后，老师们自觉将学来的先进教学方法，运用到实际教学中，教学质量又得到了显著提高。原来有些自满情绪的老师也自感惭愧。

看到老师们在紧张有序地进行教研教改，覃东荣颇为感动。高兴之余，特作诗一首《参观取经》：

参观三峡葛洲坝，水力发电第一家。
建筑工程多宏伟，我们感谢科学家。
宜昌武汉取真经，教学方法让人夸。
回去一心搞教研，培养栋梁强国家。

暑假，8 月下旬的一天，下午四点了，太阳快落山了，但炎热的天气丝毫没有转凉。

军家垭村的一个学生家长，想把自己的孩子转入教字垭镇中心完小读六年级。经过几番打听，找到七家坪村覃家岗覃东荣家。

这位家长提着礼物，从五间土家族大木板房的后门走到天塔中央，边走边喊："覃校长在家吗，覃校长在家吗？"

听到有人喊，覃东荣拄着拐杖从破烂低矮的灶房里走出来，见一个中年妇女站在天塔中央张望着。

他走近，上下打量了来者：中年妇女年纪五十岁上下，身高一米六以上，头戴草帽，圆盘大脸，双眉平，两只明眸炯炯有神，高挺的鼻梁，双耳大，上穿一件白色短袖衬衫，下穿一条浅蓝色的涤良裤子，脚穿一双白色的凉鞋，整体气质还不错。

此人肯定是为孩子转学的事而来，覃东荣故意问："大姐，你找谁？"

中年妇女回答："我找覃校长。"

"你找他有什么事？"

"我想把我的小孩转入教字垭镇中心完小六年级读书。你就是覃校长吧！"

"你怎么知道我是覃校长？"

“我听说覃校长经常拄着拐杖。”

“哦，我就是。”

“那太好了！我是军家垭的一个学生家长。”

“你小孩上学期在哪所学校读书？”

“禹溪完小。”

“为什么要转学？”

“到你们学校读书近些，一个女孩子到禹溪完小读书太远了，做家长的不放心！”

覃东荣眉头紧锁：“转学的事不是我一个人说了算。如果有实际困难，需要转学，要经学校校委会集体研究。另外，转学还要征得原读书学校的同意，不是想转就能转的。这样吧，开学时再说，请你把东西提回去！”

“覃校长，这点东西，不成敬意，是自产的，不是买的。也是我家的一点心意，就算是我送给你家孩子的，请你收下吧！”中年妇女仍缠着说。

覃东荣瞬间严肃起来：“你的心意我领了，但东西我不能收，您不至于让我违反纪律吧！”

中年妇女抬头瞅着覃校长那威严无比的脸，思忖片刻，意识到现在跟他说什么都没有用。

她可不管这些，迅速提着东西，跑进低矮的灶房，往一张破方桌上一放，拔腿就跑。

中年妇女动作如此迅速，覃东荣不知所措，愣了一下，才缓过神来，拄着拐杖疾步走进灶房，提着东西边追边喊：“大姐，你等一下，不要跑，把东西提回去！”

那妇女不听只顾跑，跑到离老木板房堂屋门槛还差两步时，只听“嗵”的一声，原则性强的覃东荣，怒气冲冲地将礼物摔到塔子中央：“说了不要，就不要，硬是不听！”

中年妇女吓了一大跳，以为是覃校长跌倒了，停下脚步转过身，惊诧地看着后边。还好，不是覃校长摔倒了，要不这送礼就送出大事啦！

半晌，她走上前去，尴尬地弯腰提着东西，怏怏不乐，一声不吭地往回走。

路上，她边走边想：这个覃校长，果然厉害，送他点儿自产的东西，又不是好大个礼物，硬是不收。我活了快五十岁，还是第一次看到这样耿直的人。

他不愧是一个严于律己、清正廉洁的好校长！假如我家小孩能转到他管理的这所学校读书，该多好呀！校长不收礼，孩子转学的事，怕是有点悬，随他去了。

令这位家长意想不到的是，秋季开学时，教字垭镇中心完小校委会经过研究，她的孩子符合转学条件，同意接收，原就读学校也同意转学。

这位中年大妈的孩子，顺利进入教字垭镇中心完小六年级学习。转学如愿以偿，她很是高兴，始知覃校长做人是有原则的，无论事情能否办妥，都不会收礼。因为他是一个纯粹的共产党员，从不为个人谋私利。

第二十八章

子承父业

1978 年实施改革开放后，中国经济进入快速发展的黄金时期，国家财政收入有了一定的积累，对教育的投资力度逐渐增大。

1986 年 11 月，中央在改革开放的总设计师邓小平的倡导下，决定给全国所有教师涨薪，进行工资普调。覃东荣的月工资由原来的一百二十元，涨到了一百八十六元。每月涨六十六元，这对覃东荣一家来说，绝对是个振奋人心的好消息。

一个星期天，在大庸市教委开会的覃东荣，趁着中休时间，来到大庸一中，给正在那上高中的长子送生活费。

覃东荣算了一笔账，每月给覃梅元二十元生活费，可是这二十元他是不够用的，每月交燃料费要十一元，剩下的九元钱供吃菜，没有余钱买牙膏、洗衣粉了。

时任大庸一中党支部书记李子才，是覃梅元的堂姑父，为人心地善良，他非常同情覃梅元家的处境，决定帮帮这个可怜的孩子。李子才对覃梅元关怀备至，开学后的前两个星期，一到周末，李子才都要接覃梅元去他家，给他做好吃的，改善改善伙食。

时间久了，覃梅元怕麻烦堂姑父一家，不好意思再去。

慈爱的堂姑父心知肚明，知道覃梅元是个明白事理的孩子，只好每个周末带一瓶炒熟的好菜，送到覃梅元的教室或寝室。覃梅元感激不尽。得到堂姑父的热心帮助，他才有钱买牙膏和洗衣粉。

在大庸一中校园内的一棵梧桐树下，覃东荣见到了两个多月没有见面的长子。

长子瘦瘦高高的，已经高出父亲快半个头了。

高中学习压力大，覃东荣想给长子增加点生活费，可覃梅元不让："爹，我每月二十元钱够用了，我现在过得挺好，李姑父一家人很关心我，至少我中午还有饭吃。"

覃东荣从口袋掏出十元，递给覃梅元："爹涨工资了。你正在长身体，需要营养。"

"不用。"覃梅元没有接钱，"弟妹在小学读书没中饭吃，您就把这十元留着，让弟妹吃点中饭吧！"

"好吧。千万别再吃'跑马油'菜了，知道不？"

"嗯。"覃梅元点点头，一想起那"跑马油"菜，他就作呕，太伤身体了。

"如果钱不够用，就给爹写信。爹要开会，先走了。"

覃东荣说完，转身就走，覃梅元目送着父亲远去，心中的那个结还是没有打开，为什么父亲要收留别家的孩子呢？难道父亲真的是传说中救苦救难的菩萨转世吗？

没想到，拒绝父亲的好意给他带来了一生的遗憾。

1987 年 7 月 9 日，是覃梅元高考的最后一天。天气相当炎热，加之心理压力大，坐在教室里考试时，不觉汗湿衬衫。

上午考英语，覃梅元信心十足地做着试卷。开考铃响十分钟后，钢笔笔尖突然不下墨水了。

“这破笔，早不坏，迟不坏，偏偏在这个时候拉稀！”

覃梅元在心里骂道，使劲甩了甩钢笔，还是不下墨水，再甩还是徒劳。

他只好停下来作答，把钢笔拆开，修理了几分钟，墨水还是时下时不下。

糟了，这怎么作答啊？

时间紧迫，素来冷静的覃梅元心乱如麻。

覃梅元修理钢笔的小动作，被坐在讲台前的主监考老师发现了。主监考老师见他焦躁不安，悄悄走到他的身边，当即把自己的一支高级钢笔借给了他。

“谢谢老师。”覃梅元小心翼翼地接过了钢笔。

钢笔的问题暂时解决了，但覃梅元还是心理有点崩溃。他精神集中不起来，心还在“扑通扑通”地跳个不停，不知不觉终考铃响了。

覃梅元出了考场，蹲在一个安静的角落里，忍不住哭了。这场英语考试肯定考砸了。

原来这支不争气的钢笔，早在两个月前就出了故障，经常写着写着就不下墨水了。买一支钢笔只需要两元钱，何况他手里攒有几元钱，买一支钢笔还是不成问题的。

两元钱够他吃一个星期的菜呀！省吃俭用的他舍不得买。细节决定成败。在决定人生命运的高考战场上，这支钢笔坏了大事。

高考成绩公布后，忐忑不安的覃梅元不敢看。同村同学帮他看了，总分距中专最低控制分数线相差几分。虽然上了计划内自费专科线，可是每年至少得交几千元的学费，这对于一个农村贫困生来说，无疑是个天文数字，他想都不敢想。

思来想去，覃梅元在填志愿的时候，只好忍痛把计划内自费这一志愿栏空着不填，主动放弃了。他不忍心因为自己的自私，给全家带来灾难。

覃东荣知道了这件事，内疚不已，只怨自己平日关心他太少。

覃东荣惭愧之余，好言相劝："梅元，这次高考失利，是父亲对你的关心不够。我看你还是有潜力的，总分一百二十分的数学，你考了一百零八分，其他功课再努力一点，还是有希望的，你就复读一年吧！"

覃梅元倒是很淡定，反过来安慰覃东荣道："爹，你不要自责，是我平时读书不努力。和别的孩子相比，我还是幸运的。您送我读到高中毕业就相当不易了。不少人莫说读完高中，就是能读完小学都无望。我都二十一岁了，下学期妹妹读初中一年级，弟弟该读小学五年级，我家收留的六个'弟妹'要上学，用钱的地方还很多。这是我的心里话，您不要劝我复读了，我想出去打工挣点儿钱，帮你多抚养几个读不起书的贫困学生！"

长子长大了。说的话虽然朴素，却很现实，也很理智。

覃东荣听着听着，几滴自豪的泪水，不经意间从他沧桑的脸上滑落。

"既然这样，复读的事就暂时搁一边吧。"

"爹，说了不复读了。"

"嗯。"

就这样，倔强的覃梅元放弃了复读的机会。不是父亲不支持复读，而是他主动舍弃了走出大山的机会，把机会留给了八个弟弟妹妹。

8月中旬的一天傍晚，覃梅元与伙伴们正坐在塔子里歇凉。覃梅元无意中从广播里听到一则消息：大庸市教委计划招聘三十名初中代课教师和一百二十名小学代课教师。工资由市财政发，以后有机会，可以转为国家教师。

几个年轻人叽叽喳喳地议论开了。

"代课教师工资低，没地位，还不如去广东打螺丝！"

"是呀，一个月才五十元，不及国家教师的一半，这名有啥好报的！"

"不过，只要有机会，还是可以成为正式的。"……

伙伴们说得热火朝天，只有覃梅元低着头，一言不发。

校友向佐盟拍了拍覃梅元的肩膀："梅元外甥，你怎么不说话呀？"

覃梅元斜眼看着向佐盟："盟幺舅，我决定收了稻子就去广东打工了，有啥好说的。"

"也是，我打算再去大庸一中读高四，你要不要陪我一块去？"向佐盟故意得意洋洋地说。

覃梅元眉头一皱："就您，也想复读？得了吧，数学才考了五十六分！"

向佐盟哈哈大笑道："梅元啊，我是你的小舅哥，有什么事也就不瞒你了。其实我物理考了七十九分，比你高了二十四分，公费专科线是上了的。可我是不甘心，想让你陪我复读，顺便辅导我的数学。当然，我也可以辅导你物理……"

这句话直击覃梅元的心坎，是呀，向佐盟舅哥平时成绩不怎么样，这次高考发挥得不错，赶上了自己。哎，就是那支不争气的钢笔！

覃梅元一脸苦笑："小舅哥，别拿我开涮了，行不？"

向佐盟一本正经地说："梅元呀，这次高考要不是你出了点意外，我估计你考个专科，还是没有问题的。"

覃梅元瞬间来了精神："您真去复读。"

"真的。你小舅哥啥时候骗过你？"

"可是我爹收留了六个学生，拿不出钱。"

"唉，你爹不是去年才涨了工资么？"

"可我跟我爹说了，不打算复读了。现在又说要复读，这不是出尔反尔么？"

"没事，按辈分，我叫你爹姐夫。复读的事，交给我好了，我现在就找你爹说去……"

向佐盟还真的是当真了。说完就站了起来，就要去找姐夫覃东荣。

"你们几个在说什么呢？"

覃东荣拄着拐杖走到家，看到覃梅元和几个同伴聚在一起，嚷嚷着，甚是好奇。

向佐盟挠挠头："姐夫，我们在商量去广东打工的事。"

"哦，"覃东荣看了向佐盟一眼，"可我听说，你要去复读。"

"说着玩的。"

向佐盟说完，挥挥手，和几个同伴离开了。

等向佐盟几个走远了，覃东荣问："梅元，知不知道市教委招聘代课教师的事？"

覃梅元从牙缝里挤出两个字："知道。"

覃东荣追问："既然知道，那你想不想当老师？"

覃梅元大声道："不想！"

覃东荣感到愕然："为什么？"

覃梅元不屑一顾："当老师有什么出息？您教了一辈子书，现在月工资不到两百元，穷得叮当响，还背一身债！"

覃东荣问："那你想做什么？"

覃梅元道："爹，我正要给您汇报一件事。我昨天去了一趟城里，城里最繁华的那个居委会缺个秘书，想找个字写得好、有文化的高中毕业生。我与该居委会的领导见了面，通过考察，他们看好我，想让我去，我说我回家听听父母的意见。"

覃东荣沉默半晌："啊！这个问题等下说，我先带你去个地方。"

覃梅元道："去哪里？"

覃东荣道："跟我走，到了你就知道了。"

说罢，覃东荣拄着拐杖在前，覃梅元紧跟其后，走了一个小时，到了教字垭集镇西南四百米书箱岩下的茹水河滩上。

覃东荣站在河滩上，摸着眼前这块巨石上雕刻的红油漆描绘的五尺见方的"教"字。

覃梅元望了望那个大大的"教"字，心想：不知父亲唱的是哪一出戏，走一步算一步吧。

覃东荣转过身来，说起了往事："梅元，其实我刚教书前，也有机会出去，不当老师，可能比现在过得好。1962年，我高中毕业后，和你一样，被县里某机关单位领导看中，邀我去当秘书。当我把这个令人兴奋的好消息告诉你爷爷时，你爷爷不但不高兴，反而领着我来到这个‘教’字岩下，让我跪下。”

“哦。”覃梅元一脸茫然，“这个我没听说过。”

覃东荣继续道：“你爷爷当时说，我们住的地方覃家岗，新中国成立前叫‘齐家岗’。你爷爷的天祖覃庆恒将三个儿子迁居在这里，寓意就是大丈夫修身齐家治天下，为国家分忧作贡献。你爷爷的父亲覃章锦是个文秀才，你爷爷的大伯覃章桂是个武秀才。到了你爷爷那一辈，你四爷爷覃遵众绝世聪明，过目不忘，才华横溢。”

覃东荣看了看儿子：“你知道这‘教’字的寓意吗？”

覃梅元道：“不知道。”

覃东荣道：“你看那个‘教’字，寓意深刻。左边是‘孝’，意思是说，要有孝心，要尊敬老师和长辈；右边是‘文’，意思是说教更多的人读书，要有文化。整个‘教’字的意思是要有文化懂孝道。”

覃梅元聚精会神地听着，听完后点点头。

覃东荣又问：“你知道这‘教’字，是谁写的吗？”

覃梅元摇摇头：“不晓得。”

覃东荣右手拿着拐杖指着“教”字，就像当年母亲给他说的那样说给长子听。覃东荣激动地说着，覃梅元静静地听着，也不插话。

半个小时后，覃东荣问：“你说当年湖北荆州人伍铁岩，为何千里迢迢来这里办学？”

覃梅元若有所思地说：“这里的人愚昧无文化，他来兴办教育。”

覃东荣道：“好。我带你再去个地方。”

半个小时后，覃东荣拄着拐杖，带着覃梅元来到竹园坪村红四军二路指挥覃辅臣烈士墓前。覃梅元明白了父亲的良苦用心，决心报考代课教师，不去广东打工了。

第二天，覃梅元与几个伙伴结伴，到市教委人事股报了名。

当时有近两千人报考，覃梅元以优异的成绩，考上小学代课教师。大庸市教委把覃梅元分配到桥头乡高枫小学任教。

秋季开学前，覃梅元乘车专程来到城里那个居委会，说明来意。居委会领导尊重他的选择，只是叹息不止。

爷爷听说长孙考上了小学代课教师，虽不是国家正式教师，但也能为家乡的教育作贡献，异常兴奋。

覃服周看到长孙家穷，买不起棉被，就将自己的棉被送给长孙，语重心长地叮嘱说："梅元，你这几年的高中总算没有白读。从明天起，你就成为一名老师了。你要多向老教师学习，学习他们的教学方法。你要把学生看作自己的弟妹，向你父亲学习，当个正派的老师，做一个师生喜爱、群众满意、领导称赞的好老师！"

覃梅元紧紧拥抱了一下覃服周："爷爷，您放心吧，我会好好工作的！"

覃服周笑眯眯地说："梅元，路途远，爷爷就不送你去学校了。"

"我都是大人了，爷爷您就待在家里，好好养老吧。"覃梅元说完挑着一担行李，出了家门。

覃服周倚在门口，依依不舍地望着覃梅元走远，直至长孙消失在望军岩半山腰的茂密树林中，才回屋。

一学期很快过去了。覃梅元工作勤勤恳恳、认真负责，深受学校师生、家长及领导的一致好评。在年终评优评先教职工大会上，覃梅元被评为"大庸市先进教育工作者"。他没有辜负爷爷和父亲的期望，给覃家带来了新的希望。

第二十九章

花好月圆

覃东荣收留的六个孩子住的房子，是临时借的。长期借用也不是办法，终究还是要还回去的。

不久，覃东荣听说堂弟覃正模要在城里修房子，需要老家的瓦和木材。堂弟的房子就要拆除了，他心里不由着急起来，那收留的六个孩子将居住何处？该如何是好？

邻居们知道后，纷纷劝覃东荣夫妻，在自家老屋场上修几间房子，供收留的学生居住。

覃东荣想起唐代大诗人杜甫的一首诗《茅屋为秋风所破歌》：“……安得广厦千万间，大庇天下寒士俱欢颜，风雨不动安如山。”

念着这首诗，他不禁咬牙，决定在原老屋场上修建几间平房，解决住宿困难。况且小儿子覃兵天天嚷嚷着要一个单独的床铺，更加坚定了他的想法。

一天晚饭后，一家人围坐在火塘边。

覃东荣一边抽烤烟，一边缓慢地说："友妹，听说堂弟等几个月要拆房子，我们赶紧在原老屋场上修建三间平房，让收留的六个孩子住，我请瓦匠估算了一下，至少要六千元！"

伍友妹着急："啊！可一下子哪来这么多钱修建房屋？"

覃东荣对伍友妹说："你尽快将建房手续办好，我找亲朋好友借，总会有办法的！"

覃梅元看着父亲说道："修屋供收留的贫困生居住我支持。反正现在放了暑假，我有时间，下基脚的岩头、封墙的细沙我们自己挑，减少费用。"

覃东荣望着懂事的长子，心里踏实了许多。

伍友妹拿着有七家坪村覃家岗组三十多户户主签名的"伍友妹房屋修建申请书"，来到教字垭镇国土所要求批建房屋。国土所的几名工作人员，早就听说覃东荣家收留了几名贫困孩子，决定到覃东荣家现场看看，再做决定。

几名国土所工作人员，随着伍友妹来到覃家岗组，看到伍友妹家确实只有一间木板房和一间低矮的灶房。他们在现场进行实地丈量，房屋总共占地面积三十平方米。收留的六名贫困学生不计算在内，伍友妹全家五口人，人均住房面积只有六平方米，完全符合修建房屋的条件。

当几名工作人员看到那四米长、三米宽、一米高的大床铺时，不觉肃然起敬！心想：覃东荣夫妇确实不容易！把寄宿生寝室搬到家里来了，不知覃东荣一家是怎么熬过来的！

感动之余，几名工作人员将"伍友妹房屋修建申请书"上报给大庸市国土局。没过多久，市国土局按照政策，同意伍友妹在原老屋场上建造三间平房。

修建房屋的手续办妥了，问题又来了，修建房子的钱从哪里出？没有钱怎么修？

覃梅元撸起袖子："爹，钱不够用，我们自己动手！"

覃东荣当即赞同长子的想法：“行，死马当作活马医。就这么着吧。”

1987年暑假。每天天一亮，覃东荣拄着拐杖带领家人，到一公里之外的茹水河挑岩石，运细沙。

覃梅元年轻力壮，每小时挑三回，每担一百五六十斤，挑六回后吃早饭。他头顶烈日，健步如飞，每天坚持挑十个小时，挑三十多回。

两个月下来，一家人脸晒得黝黑，肩膀上结了一层茧。三十多方岩头和十几方细沙运到老屋场上，材料准备齐了。

暑假中一家人苦战两个月，将下基脚的岩头和砌砖的细沙挑足了。这仅仅是第一步，修建房屋的砖、瓦、水泥、钢筋、石灰、人工费等等没有着落。

开支几个孩子的生活费和学杂费，欠了一身外债的覃东荣已无可奈何。覃梅元告诉父亲，钱的事情他可以想想办法。

高枫小学的五名老师，知道了覃梅元家的情况后，很受感动，每人当即从个人微薄的工资中，挤出五十元借给覃梅元。

星期六下午，覃梅元骑着从二叔覃正柏家借来的自行车，飞快地回到家，把这二百五十元钱交给父亲。

覃梅元满头大汗的，说：“爹，这是我校五名老师借我的二百五十元钱，也是我五个月的工资，您拿着吧。不管怎样困难，我们也要早日把房子修好，让这六个弟弟妹妹有地方住。”

覃东荣拿着长子借来的这笔钱，两手颤抖着，半天说不出话来。当年代课老师覃梅元，每月工资五十元，每年六百元。这二百五十元，他得一个学期才能够还清。

覃东荣的许多亲朋好友知道这件事后，纷纷给他借钱。他东拼西凑，很快借到了三千多元。他不管自家有多困难，从不向教字垭镇中心完小借一分钱！

七家坪村的几个砖厂老板都曾是他的学生。他们听说覃校长准备修建房子供收留的贫困学生居住，但无钱支付时，都纷纷来到他家，说：“覃校长，您是我们最尊敬的老师！您为了供收留的六名贫困学生居住才修建房子，我们作为您的学生感到无比的自豪！覃校长，您没有钱不要紧，砖您只管派人来挑。钱嘛，等您以后有了再给，我们放心！”

覃东荣夫妇收留贫困孩子的事迹，也感动了四乡五里的人。附近村民纷纷加入帮助覃东荣家运砖的队伍中。

砖厂距覃东荣家约有一公里，只见蜿蜒曲折的小路上尽是人。教字垭镇联校的许多男老师，也利用周末休息时间帮他家挑砖。

覃东荣再三叮嘱伍友妹：“咱家虽穷，但穷要穷得硬气。这么多好心人帮我们挑砖，无论是村民还是老师，都要记住，砖六分钱一匹，按每匹砖两分钱给他们开点报酬。这样我们才心安！”

在修房子期间，覃东荣依然全身心投入学校工作中，晚上和周末在学校义务守校。

老师们实在看不下去了，纷纷劝他：“覃校长，修建房子是人生中的大事，一个人一生能修建几次房子？你白天上班，晚上还是回去看看吧！”

没想覃东荣油盐不进，微笑着说：“我家修建房子，确实是大事，但学校的事更大，我睡在家里，心里可就不踏实了。睡在学校，心里才踏实！”

谁也改变不了覃东荣的个性，谁也说服不了他，只有自己说服自己了。以至于李嫣在日记中写道：“这覃校长真是疯了，没有你，地球照样转。没有你，学校照样上课。可你却一如绝壁上的西西弗斯，整天推着那块巨石滚上山坡，晚上又掉下来了，不断重复。你又何苦为难自己呢？”

不久，覃东荣遇上一件事，让覃梅元真正懂得了父亲的为人。

一天，覃梅元悄悄告诉父亲：“爹，七家坪村有个砖厂老板，听说您给贫困生盖房，他想贡献点砖。”

覃东荣一听，脸拉得老长老长的，不悦道：“我虽然曾经救过他的命，但那是作为一个老师应该做的。我不要人家报答，更不能收人家的东西！

你告诉他，他有这个心我很感动，他的砖我买，否则不用他的砖！”

覃梅元点点头：“知道了，爹。我一定转告他。”其实覃梅元内心是崩溃的，父亲是打肿脸充胖子，自己可以做慈善，为什么不允许他人做慈善呢？看不懂，真的看不懂。

四个月后，1987年农历的九月初八，覃东荣家的小平房建成。

虽然简陋了点，但能为六个孩子避风挡雨，压在他身上的巨石终于落地了。

星期六下午，覃东荣回到家。两夫妇对八个孩子的住处进行了分配：

北头西的一间摆着两张床，五名男生居住，一张床睡吕飞跃、吕启银两兄弟，另一张床睡代新华、伍良平、覃兵三个；北头东的一间是覃东荣夫妇居住。

南头西的一间是伍凤华、陈霞两个女生居住，南头东的一间是覃云居住。

老木房里专门堆放柴火、农具和杂物。覃梅元周末回家，还是跟爷爷睡。

覃兵在新房子里跳了起来，一蹦三尺高：“喔嚯……终于不用五个睡了！”

只是想到姐姐一个人住一间，覃兵心里还是有点不痛快，不过比起从前晚上睡觉被挤下床铺，还是好很多了。

有了新房，这一大家人的居住条件得到了改善。收留的六个孩子终于有地方住了。覃东荣放心了。

覃东荣为修建该房屋欠了六千多元的债！可他却特别的高兴，钱可以再挣，机会错过了，就挣不回来了。

只要收留的六个孩子有房屋住，即使欠更多的钱，也值得！孩子有书读，才有走出大山的可能。父爱如山，覃东荣却把这山一般的父爱，给了学生，苦了自己的孩子。

有人说，爱自己的学生，要像爱自己的孩子那样付出真爱，这才叫爱生如子。的确，爱生如子最高尚，而覃东荣夫妇却做到了，爱生胜于爱子！

当今世上能有几人有此胸襟，有此境界？恐怕除了覃东荣，多乎哉，不多也。

他为八个孩子分好房间后，坐在新砖屋里，看到孩子们唱呀跳呀的样子，忍不住拿出来久违的二胡，尽情地拉着经典歌曲《花好月圆》。

此情此景，不正是花好月圆吗？

第三十章

塞翁失马

身正不怕影子斜。即便是这样，治校严谨、正直无私的覃东荣一心为公，还是遇到了不小的麻烦。

就在覃东荣家修建房屋期间，一封匿名信神不知鬼不觉地，送到了市纪委办公室的桌子上，状告覃东荣。

收到这封言辞犀利的匿名信，为了彻查此事，市纪委事先打一个电话给市教委领导，让教委领导转告覃东荣，积极配合调查。

市教委领导接到电话，询问为什么有人告状。

市纪委领导说，别问为什么，有人告状，我们不能不重视，你负责转告覃东荣就行。

早在这以前，李嫣曾对覃东荣说过：“覃校长，有人想联合我告你的黑状，我没答应。”

覃东荣不以为意：“这我知道。李老师，你能跟我说这话，我很感激你！”

“覃校长，这人是谁，我要保密。”

覃东荣笑笑：“做人就应该这样，背后不开枪。工作中肯定有磕磕绊绊，告状是好事，看我覃东荣到底有没有过失！越告越明嘛。”

李嫣和他说的这事，他没有放在心上。这不，有人告到了市纪委啦！

覃东荣微笑着接听完电话，双眸看向窗外。

恰好李嫣在屋外听到了，她焦急得不行：“覃校长，要不要我给我姨父打个电话，说下情况？”

覃东荣却微笑着说：“这是小事，不要惊动你姨父，领导很忙。告状是好事！这只告到市纪委，告到省纪委、中央纪委更好！真金不怕火炼嘛。”

李嫣说：“别人告你的状，你还笑得出来！”

覃东荣双眸看向远方，坚定地说：“李老师，你放心，我覃东荣到目前为止，自认为还是一名称职的共产党员！还是经得起查的。”

李嫣叹气道：“但愿如此吧，希望你平安渡过此劫。”

覃东荣随即吟诵起高尔基的《海燕》：

在苍茫的大海上，狂风卷集着乌云。在乌云和大海之间，海燕像黑色的闪电，在高傲地飞翔……这是勇敢的海燕，在怒吼的大海上在闪电中间，高傲地飞翔；这是胜利的预言家在叫喊：“让暴风雨来得更猛烈些吧！……”

是的，覃东荣就是那只高傲飞翔的海燕，不惧怕暴风雨，更不惧怕别人告状。

第二天，由市纪委牵头，市审计局、市教委等单位组成的调查组，进驻教字垭镇，立即对覃东荣的问题展开调查。

调查组来到教字垭镇中心完小，借用学校两间房，一间核查学校出纳的存款账目，另一间核查学校会计的账目。调查人员细致核查每笔收支账目，都很规范，而且校长每天都有签字，一个星期一小结，一个月一大结，账目清清楚楚。教职工领的补贴中，覃东荣几乎没有。出纳存的钱数与会计的账目一分不差。贪污公款的罪名子虚乌有！

调查组在询问教职工和查看账目过程中，惊奇地发现：该校招待制度严格。覃东荣任校长六年来，节假日义务守校，加班没领一分钱报酬。该校账目上年年有结余。

接着，调查组来到教字垭镇农校，询问了教字垭镇联校副校长、成教专干、镇农校校长李自卫关于卖木材给镇中心完小的情况。

李自卫以人格担保：他卖给镇中心完小的木材，都有合法的手续；每一根木材都有编号，全部用在镇中心完小的建设上，这个可以查看镇中心完小的账目，覃东荣也没有以教字垭镇中心完小的名义，擅自运走一根木材。

随后，调查组与当地党委政府、教育办、联校和居委会领导座谈。几级领导一致认为，覃东荣刚直不阿、清正廉洁、一身正气，是个搬起碓码不换肩的“碓码二公”。他严谨治校，管得严，未免得罪了一些人。希望调查组实事求是，尽早核查出结果，不让勤恳工作的老实人寒心，还这位拐杖校长清白！

而后，调查组来到七家坪村覃东荣家，询问覃东荣妻子伍友妹修建房屋木材的来源，也看了覃东荣修建房屋借款账目记录本。

正在此时，在大庸市公安局任法医的覃东荣堂弟覃正模，接到七家坪村部电话，身穿便装及时赶来。此时的覃正模听说东荣哥被诬告，情绪有点激动。

覃正模激动地对调查组组长说：“我叫覃正模，今年四十一岁，是本市公安局的一名法医，现以一个十六年党龄的共产党员的身份告诉你们情况。1979 年，我修建三间土砖屋，那时我才大学毕业，刚工作，妻子是农民，家里穷，东荣哥就把他自己准备建房屋的六十九根檩子全部借给了我，我很感激东荣哥两口子！想必你们也看到了，他家五口人，只有一间木板房，全家居住都困难。可以说，他是一个有责任心有良心的好校长，他每月工资一百八十六元，妻子是农民，他这点工资送自家三个儿女读书都困难！除了他，谁会前前后后收留六个贫困学生，供他们吃住，供他们上学读书。他收留的六个贫困学生需要地方住，我只好把我家这三间土砖房暂时借给他。你们想，他借这房子也不是长远之计。早在两年前，我就把六十九根檩子还给了他。他家用木材的情况你们可以询问周围的人……”

给覃东荣家修建房屋的瓦匠、木匠、邻居、组长和村干部证实：

我们给覃东荣修建房屋，他按市场价给我们开足了劳务费；沙石是覃东荣一家人从茹水河里一担一担挑回来的；乡亲们为覃东荣家挑砖，砖六分钱一匹，他家按二分钱一匹开了劳务费；修建房屋准备用的六十九根檩子，是他正模弟还给他的；修建房屋的门窗，覃东荣家两年前就备好了，用的木材是经过镇林管站批准的，办有采伐证，都有备案的；覃东荣家修建房屋期间，除从教字垭集镇运回水泥、石灰、钢筋外，没有运回一根木材；覃东荣收留了六个贫困学生，开销很大，他们家是实打实的贫困户，建房欠债也是事实……

当调查组一行看到覃正模家那四米长、三米宽、一米高的大床铺时，顿感惊诧、震惊，心想：这覃东荣校长怎么把寄宿生寝室搬到家里来了？这三间土砖房不是他的，而是暂时借用他堂弟的。

调查人员并没有离开的意思。他们还想询问下放学归来的覃东荣收留的六个学生。

黄昏，孩子们快乐地回到家。调查组询问了覃东荣收留的六个学生和他的两个儿女。

伍良平哭着说：“叔叔，如果覃校长贪污了学校的钱，我们几个还有必要五个人睡一个床铺吗？覃校长还需借钱给我们买肉吃？覃校长家读高中的大儿子梅元哥，那两年还吃‘跑马油’菜？覃校长爱生胜于子……”

吕飞跃也哭了，他给调查人员讲述了那天覃校长给他们六人分肉吃的故事。说着说着，其余四个收留的孩子也跟着哭了起来。

调查组组长安慰几个孩子：“同学们，你们别哭了，我们相信你们说的话。你们尊敬的覃校长是被冤枉的。好了，没事了。”

那一刻，调查组几人心灵震撼了，眼眶湿润，深受感动。他们在调查中，无意中发现了一个默默付出、扶贫助学的重大先进典型。

伍友妹泪流满面，弱弱地问调查组组长：“请问领导，我家东荣犯错误了？”

调查组组长深情地对伍友妹说：“这几天，通过走访、调查，你家东荣校长没有一点错误，你放心！他是个真正的共产党员，是个大好人！伍大姐，你也是大好人！你家这么穷，自家只有一间木房，收留的六个贫困生，竟居住在别人家，你和覃校长还供他们读书，太不容易了，你们俩功德无量啊！”

伍友妹感激地点头：“谢谢领导，谢谢领导！应该的。东荣没事就好，东荣没事就好！”

而后，调查组将这几天核查的结果，反馈给覃东荣。说这封匿名信是诬告，要覃东荣不要背任何思想包袱，要继续努力，比以前做得更好！让写匿名信的人内疚！

覃东荣微笑着说：“感谢组织对我的信任！不过你们这次清账，帮了我校一个大忙呀！我们应该感激你们。你们不来，我们学校也是一个月大清一次账。你们这次清账了，我就放心了，就不用再清账了。我覃东荣行得正，站得稳，光明磊落，不惧怕流言蜚语。告状是好事！越告越明嘛，是不？”

调查组组长深情地和覃东荣握手，连忙点头称是：“覃校长，您太伟大了！我们要向您学习啊！”

世界上的事就有这么奇怪，不是任何事都能凭主观意识左右的。那个写匿名信者，本来是想借此机会让组织撤掉覃东荣的校长职务，让他名誉扫地。

哪想到覃东荣真金不怕火炼，因祸得福。调查组无意中发现了一个扶贫助学重大先进典型。不知此时，那个写匿名信的人怎么想?

事后，覃东荣多次在会上说："我覃东荣要真心感谢写匿名信的那个人，没有那双看不见、无形的眼睛时刻盯着我，我覃东荣恐怕还做不到那么好！甚至还可能要犯错误。所以，我还要真心感谢他（她）呢！"

多年后，一次吃晚饭时，覃东荣意味深长地告诫长子："梅儿，你父亲一生一世没有犯过错，没有翻过船，是因为有双无形的眼睛始终盯着我，这是好事。记住，仇人面前满斟酒。你争取早日加入党组织，做党的人，做一个有信仰的教师，千万不能做对不起党的事！不要让别人戳你的脊梁骨！"

覃梅元没有辜负父亲的期望，在父亲去世后的第五年，他也光荣加入了中国共产党。

第三十一章

碓码校长

俗话说，“吃人嘴软，拿人手短”。

覃东荣深知接受他人的吃请与馈赠，会侵蚀个人意志。他处处严格要求自己，极力反对请客送礼的事儿。自他参加工作以后，他从未给领导送过礼，也从不收受别人的礼品。

有次临近年关，他在期末散学大会上，义正词严地告诫全体教职员工。他如是说：

我们要坚定不移地同各种腐败分子做斗争。做人要清正廉洁。中央三令五申，要求春节期间，不准利用公款大吃大喝，不准利用公款给上级领导送礼，不打着考察学习的幌子在外面旅游。

可为什么有些人把中央的指示当成耳边风呢？我看主要还是思想问题。

春节期间，有老师想到我家来玩，只管空手来，我欢迎；谁要是提着礼物来，不要怪我到时翻脸不认人！……

在座的老师唏嘘不已："你家那么穷，我们又不是不知道，空着手来你家吃喝，多不好意思啊？"

覃东荣自我解嘲："我家是穷了点，萝卜白菜饭还是有的。"

李嫣大声地说："覃校长，放寒假了，我不回家，到你家吃个十天半个月，你不会心疼吧！"

覃东荣扶了扶镜框："只要你不嫌弃，我家随时欢迎。"

其余人知道李嫣是说笑的，她不可能上覃东荣家去过春节。

没想到向小桃突然冒出来一句："李嫣啊，要不你给覃校长做义女吧。这样你就可以天天到覃校长家吃饭了！"

李嫣大大方方地回答："这，很好呀！只要覃校长愿意，我就做他的义女。"

一句俏皮话，引来全场哄笑声不断，反倒让覃东荣有点不好意思了……

教字垭镇中心完小在覃东荣多年的精心管理下，教学质量以肉眼看得见的速度在逐渐提升。一所名不见经传的乡村小学在大庸市、湘西自治州出名了。

许多邻近乡镇的家长都想把自己的子女转入该校学习。谁不想自己的孩子出人头地，谁不想自己的孩子比别人多学几门特长，谁不想把自己的孩子送到校风好、信誉好、教学质量高的学校读书呢？

许多人自然而然地，就想找校长来帮忙了。覃东荣坚持一个原则，只要是符合政策规定的，想转学的学生一律来者不拒，不用躲躲藏藏地吃请送礼；不符合规定的转学，一律不接收。

覃校长从不搞特殊招待取悦领导。他自己始终与同事们同甘共苦，从不搞特殊，甚至不抽学校一根烟。

有一次，上级教育部门的两位领导来校检查教学工作。

上午听了语文、数学、自然三节课，两名领导对这三节课评价高。评完课，就到吃午饭时间了。按照规定，是学校教导主任覃遵兵陪同领导吃饭。

覃遵兵带领两位领导一走进学校食堂，眼前的情景让两位领导惊呆了：食堂南侧紧挨过道的地方摆着一张方桌，桌上摆放着几盘热气腾腾的炒菜；食堂的北侧紧挨灶台的地上摆放着一大盆白菜，覃东荣正和十几个老师端着碗，在旁边津津有味地吃着。

一个年长的领导说道："覃校长，来，你带个头，同老师们一道，来这里吃吧！"

覃东荣微笑着说："领导们，实在对不起，怠慢你们了！我们学校一是经济困难，二是定有招待制度。我们就不来了，有我们的教导主任陪同你们吃是一样的。不要客气，菜不好，饭要吃饱！"

没想到这个校长，竟是这样一个以身作则，与老师们同甘共苦的人！

两位领导从心底上更加尊重佩服这位校长了。

这顿饭，两名领导只吃个半饱，站起身回办公室，覃遵兵主任跟在后面。

待三人走出很远后，覃东荣才喊道："老师们，你们好像有两个月没有吃荤菜了，把没吃完的肉吃完，改善一下伙食。"

李嫣端着碗跑到覃东荣身边，说："覃校长，你也有几个月没吃肉了，一起来吃吧！"

覃东荣摆摆手："老师们，你们吃吧，我就不来了。我就吃这个菜，挺好的！"

1988 年 1 月 23 日，大庸市由县级市升级为地级市，辖两区两县，原县级大庸市变成了永定区。

1988 年 4 月 28 日，覃东荣被湘西自治州职改办评为小学高级教师职称。同年，覃东荣被评为"永定区先进教育工作者"。

鉴于覃东荣在教字垭镇联校的威望和业绩，永定区教委任命他兼任教字垭镇联校纪检组组长。奇怪的是，这次覃东荣愉快地接受了任命。

1989 年 6 月的一天，教字垭镇联校正在进行每学期第二次教学评估检查。

教学评估检查组共七人。其中联校领导四人，另外三人是本联校精通业务且有威信的骨干教师。

全联校八所小学，都要先听课，再查看资料，检查后客观、公正评分。分数记录在联校教师档案中，与年终考核、评优评先挂钩。

这天早晨，没有雾。

一轮红日，从武陵源核心景区张家界西南边的十八山冉冉升起。教字垭镇联校教学评估检查组，早上八点之前，步行赶到一所小学。

这所小学在全联校列居第二，有一至六年级六个班，九名老师。

检查组决定，听课按课表进行，每位老师的课听一节。

听课时，七名检查人员同时参加。听完课之后，根据检查细则，一项项地打分，得出被检查教师的综合得分。

正午时分，格外炎热。太阳直射着柏油公路，柏油被高温晒得渗了出来。穿凉鞋的行人都格外小心，生怕凉鞋被柏油粘住，提不起来。

太阳光照得行人的眼睛都睁不开，撑着的防晒伞快要被骄阳烧焦了。

忙了一上午，检查组成员该吃午饭了。大家鱼贯而行，有说有笑的，刚走进食堂门口，一股浓烈的肉香味扑鼻而来。

覃东荣拄着拐杖，抬头向里面看去，只见桌子上摆着一桌比较丰盛的菜。他笑逐颜开的脸骤然变得严肃又愠怒，当即把校长叫到一边询问。

“为何对检查人员给予特殊招待？”

“没什么，几盘肥肉而已。”

“你们平时是不是这样吃的？”

“不是。”

覃东荣严肃地说：“你们学校财力本来就相当紧张，不要认为我们是领导，就搞特殊，炒这么多好菜干啥！平常吃什么菜就炒什么菜。我身为本联校纪检组组长，今天要批评你。希望你们能把钱用在刀刃上，把节约下来的钱用在购买教学用具上，多购买点幻灯机、录音机、收音机、幻灯片、挂图、小黑板……当然炒了就不能倒掉，我们不饿，你们自己吃吧！”

说罢，他拄着拐杖狠狠地戳了戳地，气冲冲地回到办公室工作去了。搞得该校校长一个头两个大，很是尴尬，劝也不是，不劝也不是。

覃东荣当天说到做到，赌气饿了一顿。

有一年年底，由湖南省政府教育工作督导评估专家组成的一行十几人检查团，来到教字垭镇中心完小检查教育目标管理工作。

出于礼节，当地在镇上一家馆子招待检查团专家。覃东荣被通知陪同专家吃饭。

一位领导走进覃东荣房间，一本正经地说：“覃校长，上级要我通知你，和我一起陪省市检查团专家吃饭，顺带交流一下情感，这对学校的发展是有利的。”

覃东荣说：“我们学校有规定，就餐一律在学校食堂，你也知道，我覃东荣从不到馆子里吃饭。你们不会让我违反制度吧？”

该领导知道覃东荣是不会去的，只好摇摇头走了。

其实，覃东荣已有三个多月没吃过荤菜了。他何尝不想趁检查之机好好犒劳犒劳自己。可是他心里的信仰占主体，他迈不过那道坎。虽然工资不够用，他还是每两周借钱称几斤猪肉提回家，为收留的六名贫困学生改善伙食。

覃东荣全身心投入教学工作中，因劳累过度，旧病复发。同学们经常看到他把腹部紧抵着讲台，疼得大汗淋漓，仍在死死扛着。乡亲们、师生们实在看不下去了，都劝他去医院住院。

他摇了摇头：“谢谢！不要紧，没事，无大碍，过一会儿就好，你们回家吧。”

其实呀，他家正收留着六名贫困学生，入不敷出，哪舍得花钱住院啊？当然也没有钱去住院。

覃东荣坚持原则、大公无私、清正廉洁、不畏权势、说一不二，从不拐弯抹角，搬起碓码不换肩，教职工及群众又都称他为“碓码校长”。

第三十二章

劳模风范

1986 年 10 月，县级大庸市“普六”工作正式进入验收倒计时。教字垭镇中心完小在进行学生入学情况自查时，发现全校有一名学生未入学。表册中六年级学生李敏显示转学到别的学校，但备注中去向不明。

“这是怎么回事？”

得知情况的覃东荣心急火燎，上完课拄上拐杖，约上该生原班主任陈生祥老师，就要去张家嘴联组问个明白。

陈生祥不以为意：“覃校长，这个同学已经转出去了，对我们学校的入学率也没有什么影响，你又何必跑那么远的路呢？”

覃东荣严肃地说：“这‘普六’工作来不得半点马虎，要做到真实细致，不留死角。即使这个学生转到别的学校，也要有相关证明啊。”

陈生祥很了解覃东荣的脾气，但凡他决定了的事，就是九头牛也拉不回来，只好答应全力配合校长的工作。

众教师也劝说：“这芝麻大小的事，不要太较劲了。”

覃东荣说："事大事小都是事。既然转学，那证明是必不可少的，我们不能因小失大。"

于是覃东荣两个亲自去了张家嘴一趟，挨家挨户地打听。乡亲们告诉他，我们组没有这个名叫李敏的学生，可能是学校搞错了。

第一次走访无功而返。在回校的路上，覃东荣反复唠叨着一句话："为什么户口册上却有名字呢？"

这件事没有落实，覃东荣还是放不下这茬事。他不厌其烦地到教字垭派出所查户口，多次到张家嘴了解，前前后后为这个学生花了很长时间。家访让他疲惫不堪。

有人说他是个死脑筋，不转弯。随便指个不就完了。

覃东荣仍不甘心，不懈坚持，最终查明了李敏是随母到浙江落户，本地的户口没有销。如此认真，众人皆赞叹。

他在总结会上说："我们的工作虽很平凡，但也是很重要的工作。我们要在这平凡中做到让人民放心，要不厌其烦地去做细做实！"

简短的几句话，让全体教师深为震撼。是呀，如果不是覃校长的认真务实，教字垭镇中心完小能有今天的辉煌？

俗话说，村看村、户看户，群众看的是干部。一所学校办得好不好，能不能持续发展，要看这所学校的校长能否带得起头，是不是敢于担当。

1989 年春季，大庸市（辖永定区、武陵源区、慈利县、桑植县）教委在教字垭镇中心完小召开了全市德育工作先进经验交流现场会，覃东荣在大会上作了德育工作先进经验介绍。随后，大庸市教委领导在会上号召全市教育工作者向覃东荣校长学习。

几天后，湖南省人民政府计划在五月一日劳动节这天，表彰一批各行各业的劳动模范。省总工会要求各地、市、州总工会上报一批政治觉悟高、贡献突出的先进个人。

上级领导考虑到大庸市永定区教字垭镇联校这几年成绩突出，决定将一个"省先进教育工作者"名额分配到该联校。

教字垭联校有了“省先进教育工作者”的推荐名额，在当地可以说是破天荒的好消息。

联校校长思忖，这么高的荣誉应该给谁呢？这也是上级领导对我联校评模工作的大考验啊！既要公正，又要评选出真正能享受这种荣誉的人，只有先听听教学第一线各校校长的意见了。

那天上午，天气格外晴朗，风和日丽。各村小、片完小、镇中心完小及镇中学校长早早赶到竹园坪小学会议室。

会议由教字垭镇联校党支部书记、校长主持。他说：“这次上级领导将‘省先进教育工作者’名额分配到我们联校，这是对我们联校工作的充分肯定。这几天，我在思考这个问题，要在我联校内评选出一个政治思想觉悟高、纪律性强、工作突出的先进模范人物出来，有请各位校长谈谈自己的看法，推选出自己的候选人。”

各校校长、联校领导争先恐后地发言，气氛热烈。

东道主竹园坪小学校长第一个发言：

“这次评模座谈会能在我校召开，我作为这个学校的负责人深感荣幸。这样的名额下放到我联校，自新中国成立四十年来，对我联校，甚至教字垭教育办来说是第一次。我联校能取得这样的成绩，主要由教字垭镇中心完小作支撑。八年来，教字垭镇中心完小取得的成绩有目共睹，多次受到区（县）、市（州）政府的表彰，教学质量一直名列前茅。可以说，教字垭镇中心完小能有这样的成绩，校长覃东荣功不可没，我提名覃东荣为‘省先进教育工作者’候选人。”

新路小学校长激动地说：“我提名覃东荣为‘省先进教育工作者’候选人。覃东荣校长，十六年前我就佩服他。1973年，他在甘溪峪小学工作期间，为了在洪水中抢救落水学生，连自己的性命都不要，导致终身残疾，那么大的洪水，谁敢救！他的确是老师们学习的楷模。无论在哪所小学工作，无论环境、条件多么艰苦，他都不畏艰难，直到把这所学校办得轰轰烈烈，成为全县先进单位才离开。”

七家坪小学校长深有感触地说："我同意上面两位校长的意见。我们就入学率、巩固率来说，整个联校除了镇中心完小以外，哪所学校的入学率、巩固率能达到双百？为什么镇中心完小就做到了？覃东荣为了早日实现普及九年义务教育的目标，不让穷孩子失学，拄着拐杖，拖着残腿，上坡手脚并用爬、下坡手脚并用滑，踏遍了我们教字垭镇的每个村村寨寨，甚至把六名辍学儿童收留在自己家中，不仅供他们吃住，还为他们代交学杂费。同志们，我们可以试想一下，他覃东荣工资现在有多少，和你我一样多，不到三百元。1986年他收留六名贫困学生时，他的工资不到两百元，那时他自家三个子女也正在读书。其家庭的艰辛可想而知！大家还记得1986年10月15日那次'普六'验收吧，我们联校只有镇中心完小入学率、巩固率能达到双百。所以说，镇中心完小的入学率、巩固率能达到双百不是偶然的，而是要花费心血的。我提名覃东荣为'省先进教育工作者'候选人。"

柑子坡小学校长说："我同意以上几位校长的意见，提名覃东荣为'省先进教育工作者'候选人。覃东荣做事认真的态度值得我们在座的每位同志学习。我认为镇中心完小的财务公开制度搞得很好，值得推广。不管是哪一级领导在完小检查工作，递烟递的是根根烟，就餐在学校食堂，住宿在学校。学校收支账目透明，每期结束清理账目人人参加，人人理财。学校从不负债，每学期都有节余。学校来人来客后，他坚持原则，同老师们一起吃大锅菜。像这样节俭廉洁的校长少之又少啊！……他是我们教字垭人民公认的好校长！"

…………

覃东荣环视了一圈："刚才几位校长提名我为'省先进教育工作者'候选人，我深表感谢！在这个会上，我衷心地表个态，请同志们不要提我为'省先进教育工作者'候选人。虽然我取得了一点儿成绩，但与'省先进教育工作者'的标准还有很大的差距。我讲的是真心话，不管有没有荣誉，工作都要努力干。刚才几位校长发言时，我在思考一个问题：

自我1981年秋季调到镇中心完小任校长至今，八年来，在镇联校领导下，经过全体教职工的共同努力，是取得了一点儿成绩，难道这些成绩就应归属我一个人？自我参加工作二十七年来，得到的荣誉够多了，其实我们联校教职工中比我工作做得好、贡献突出的人还有，应该选他们。”

…………

教字垭镇联校党支部书记、校长作总结讲话。他说：“今天的评模座谈会开得相当成功，每个人都发了言，提出了自己的候选人。今天是初步意见，各位校长回到学校后认真传达会议精神，使每个老师都有心理准备，提出自己的候选人。三天后，在镇中心完小召开全联校教职工大会，再确定下来。”

后来，在镇联校全体教职工评模大会上，许多老师又提名覃东荣为“省先进教育工作者”候选人。覃东荣再次表明了自己的态度，坚决谢绝了。

事后很多老师感到惋惜。李嫣问他：“覃校长，我们始终搞不明白，你为什么推辞当候选人？最终，候选人只有两人，你参加竞选是很有实力的。这么高的荣誉你为什么不争取？假如你得到了这个荣誉，不仅可以加一级工资，还可以将你长子的农业户口转为非农业户口。”

覃东荣道：“你不当农民，他不当农民，谁当农民？一个人不管是非农业户口，还是农业户口，都能为国家作贡献。我是一名共产党员，不能总想着荣誉。莫说加工资，我的工资够高了，我们的农民兄弟一年到头又能挣到多少钱呢？做什么事不能向钱看，要向前看。再说，成绩不是我一个人的，是大家共同努力的结果。只要党和人民认可我的工作，我就满足了！”

一个周末，在桥头乡中学任教的覃梅元骑自行车回到家，得知父亲主动退出了“劳模”评选，很是不解：“爹，这‘省教育先进工作者’的含金量太高了。您若能评上这个荣誉，不仅可以加一级工资，而且我的非农业户口也就解决了。”

覃东荣早就料到覃梅元会拿事说事，他也清楚加一级工资和非农业户口意味着什么。

现在听长子这么一说，愧疚感溢于言表："梅元，爹又让你失望了。我已经得了那么多荣誉了……"

"爹，我怎么发现你越来越迂腐了。我家有八个弟弟妹妹在上学，开销很大，一级工资可以买不少肉了！"

"子曰，不义而富且贵，于我如浮云……"

"别跟我谈什么仁义道德。这次'劳模'评选，大家都一致推选你。我就搞不明白，你为什么要中途退出，不参加竞选？"

"梅元，你听爹解释……"

"不用解释了。只怪我命苦，眼看就要到手的非农业户口……"

气愤不已的覃梅元冲出了木板房，头也不回地往母亲的坟地奔去。

他边哭边说，要是娘亲在，他也不至于落到今天这般田地，高考落榜做了一个代课老师，月工资只有九十元。日子就不会过得如此艰难。都是因为自己有这么一个施不望报的爹！

为了这事，覃梅元回学校后，很长时间都没有回家。

覃东荣淡泊名利，赢得了各级领导、全联校教职工的尊敬与爱戴。不久，永定区教委又任命他兼教字垭镇联校业务校长。

同年深秋的一天晚上，覃东荣感觉自己的身体每况愈下，恐怕在这个世上的日子也不多了，想在有生之年把《教字垭镇中心完小教育史》编写出来，以供后人参考。

第二天，他把自己的想法告诉了教导主任覃遵兵和出纳覃金春。

覃遵兵惊愕不已："覃校长，兵马未到，粮草先行。编写校志要经费，可学校哪有这笔钱？编写校志要资料，需要花时间深入采访，不是一天两天就能写出来的，起码要花几年时间。采访要车费，要吃饭，这些钱从哪里出？你看你现在的身体，我们都感到心疼，你把你的病治一下吧！身体是本钱，不要想那么多，争取多活几年！"

覃东荣乐呵呵的："我们编写校志，不用花学校一分钱，我们有手、有脚、有笔，自己写，我想在我有生之年，为教字垭镇中心完小作点贡献，一定要把《教字垭镇中心完小教育史》编写出来！"

心动不如行动。覃东荣利用放学后和节假日时间，拄着拐杖，夏顶烈日、冬迎寒风，跋山涉水、翻山越岭，通过实地采访健在的老师、老人，掌握第一手材料，亲自撰写校史。

覃遵兵、覃金春看到身体残疾的覃校长，为撰写校史那么辛苦，心里很不是滋味。

两人商量，决心帮助覃校长完成心愿。他们联系黄士渊、吴明浩两位退休老师，帮覃校长一起搜集整理资料。

教字垭教育办主任也很重视教字垭镇中心完小校志的编写工作，经常来学校调研、审核、校对。

功夫不负有心人。经过近三年的辛勤劳动，一部花去覃东荣、覃遵兵、覃金春、黄士渊、吴明浩、覃子畅等编写人员无数个休息日的近万字的《教字垭镇中心完小教育史》，于 1992 年 10 月 9 日定稿完工了！

该史志记载了教字垭镇中心完小从 1925 年创建至 1992 年的一系列大事。该中心完小经历了从大庸县第十二学区区立第一高等小学到大庸县民众学校、大庸县强华学校、大庸县西教乡中心完小、大庸县立第十三完小、大庸县教字垭完小、大庸县教字垭公社中心完小、大庸县教字垭乡中心完小、大庸市（县级）教字垭镇中心完小，最后到大庸市永定区教字垭镇中心完小的校名变更，历经包括覃东荣在内的二十六任校长艰苦办校，共六十八年的历史。

六年来，覃东荣夫妇收留的六名学生一年年长大，从儿童变成了青少年。孩子们学习勤奋，积极向上。

1992 年 8 月，代新华初中毕业后以优异的成绩考入湖南省物资学校，毕业后分配到永定区金属材料总公司。

伍良平初中毕业后考入张家界旅游职业学校。可是面对三千元的学杂费，他一家人欲哭无泪。

就在伍良平的母亲为凑不齐学杂费哭红眼睛之际，覃东荣听说了，东借西凑，筹得一千元钱，拄着拐杖送到伍家。

当伍良平的父亲双手接过这充满人间真情的一千元现金，不由双手颤抖，泪如雨下：“良平啊，你一定要记住，每次当我们走投无路时，覃校长一家总是帮助我们。覃校长的大恩大德你一定要记住呀，长大后一定要好好地报答人家！”

覃东荣语重心长地说：“良平，你要努力学习，毕业后成为一个对社会有用有爱心的人。多关心帮助那些读不起书的贫困孩子，就是对为师最好的报答！”

“老师，我记住了。只要我有出息了，我会尽我所能，把爱心传递下去的……”

伍良平已经泣不成声了，一头扑倒在覃东荣的怀里。

第三十三章

父子同校

覃东荣一直不希望自己的子女和自己同在一所学校工作。

他不是害怕管不住他们，而是担心子女在教职工中起不到模范带头作用，会让自己失望。

世上的事就有这么奇怪。越是想来的事，它硬是盼都盼不来；越是不想来到的事，它却偏偏会到来。

1990 年 8 月，为了更好地提高教育教学质量、整合教育资源，教字垭镇联校进行布局调整，两公里以内的竹园坪小学在调整之列。

竹园坪小学只留一至四年级，五、六年级划到教字垭镇中心完小就读。在竹园坪小学刚刚工作一年的覃东荣长子覃梅元，因为这次教育资源的调整，随学生到镇中心完小工作。

8 月 31 日清晨，大雾很浓，能见度不到五米。浓雾散去后必是个大晴天。

覃梅元心想，今天新学校第一次开会，要给学校领导和老师们留个好印象，他要早早地来到教字垭镇中心完小。

覃梅元吃过早饭，走到学校会议室一看，已经来了五六个老师。会议室南面墙壁上的挂钟“嘀嗒嘀嗒”不停地响着。

“呵，来早了！才七点半，离开会时间还有一个小时。”

他打算利用这段时间，到自己的房间修理一下书桌、床铺，打扫一下卫生。

覃梅元修理好床铺和书桌后，脸颊上的汗珠往下滴，用手揩了几下脸，开始清理房间的卫生。

谁知一心打扫卫生的覃梅元或许是记忆出问题了，他拿着一把半新半旧的扫帚扫着扫着，总感觉有什么事，但又想不起来，居然把开会的事给忘了！

突然间，他发觉四周异常安静，没有一点儿动静。愣了片刻，想起来了：不好！是不是已经开会了？

覃梅元连忙丢下扫帚，拿上会议记录本，飞快地跑向学校会议室。

他刚跑到会议室门口，傻眼了！一看，老师们整齐地围坐在椭圆形办公桌旁，端正坐好，正专心致志地听父亲讲话，显然自己迟到了。

覃梅元心里顿觉慌了。他好不容易定了一下神，壮了壮胆，喊了声“报告！”。

这一声喊，打破了会场的安静，打乱了会场的秩序。

正在讲话的覃东荣回过头，老师们也不约而同地看向会议室门口。

天花板上的两台吊扇快速地旋转着，感觉风速加快了。即使再大的凉风，也吹不散覃梅元脸上、背心的汗水，带不走他内心的慌乱。

会场沉寂了好一会。大家都在想，这次看覃校长如何处置他儿子。

只见覃东荣神情严峻，双眉紧蹙，愠怒的双脸像灌了猪血似的，严肃地说：“覃梅元老师，今天是你到我校第一天上班，开会就迟到，我作为校长很不满意。你自己看看墙上的钟，会议已经进行了三分钟。你迟到了三分钟，按学校制度罚款三元，座位上有姓名，自己找座位！请值周老师记下。”

李嫣老师站起身，说道：“覃校长，我们看到他七点半就到了办公室，肯定他刚才有什么特殊情况耽误了。考虑到他今天刚来，不知道我们学校的规章制度，就免予处罚吧！”其他几个先来办公室的老师纷纷点头证明。

覃东荣坚定地说：“不行！如果是其他初来乍到的老师，还可以原谅。但他覃梅元，是我覃东荣的儿子，更要严格要求！这不是罚款不罚款的问题，是给他贴个‘记性皮’。要他永远记住，遵守规章制度是没有理由可讲的，今后请自重。耽误了大家的时间，我代表他向大家道歉！好，我们接着开会……”

覃梅元不敢抬头看父亲那涨红而威严的脸。他低着头，走到了自己的座位上，不觉脸红，感到自己对不住以身作则的父亲。假如这时会议室里有地洞，他非马上钻进去不可。

会议结束后，覃梅元仍然忐忑不安，心想：“父亲啊！今天是儿子不对，给您丢脸了。今后我要做教职工的表率，不再让您伤心！”

吃一堑长一智，这次开会迟到被罚款三元，覃梅元长记性了。在制度面前人人平等，违反规定没有必要解释，认罚即可。在以后的工作中，他无论在哪所学校工作，不仅时间观念很强，还经常不计报酬地加班。十年后，他成了一名党员，同时也是一位廉洁自律的老师，他继承了父亲的廉政品质，从教三十七年，没收过学生及家长的任何礼物。

无巧不成书。说来也怪，儿子一年前迟到三分钟被罚款三元。一年后，同一个日子，父亲竟也因公事主持开会迟到两分钟，不仅自罚了两元，还主动写了检讨，张贴在校务公开栏里。

不同的是，儿子覃梅元是普通老师，父亲覃东荣是一校之长。

那是 1991 年 8 月 31 日，清晨，太阳早早升起来了。

休息了一个暑假的学生，在家长的带领下快乐地来到学校报名。学校原定早上八点半正式开教师大会，安排报名事宜。

教字垭镇中心完小，它的前身是大桥村办小学，修建于二十世纪七十年代。校舍破烂不堪，教室少而窄，每班最多容纳三十张双人课桌，最多可容纳六十名学生。课桌挨课桌，前抵讲台，左、右、后三面抵墙，教室里只有两行狭窄的过道供学生们进出。

两公里以内的凉水井小学、竹园坪小学相继被撤销后，七家坪、中坪、香炉山、丁家峪四所村级小学只保留一至四年级，五、六年级学生全部进入教字垭镇中心完小学习。

教字垭镇中心完小教室严重不足，一年级只能招收两个班，国家规定每班四十五人。

据初步统计，大桥居委会、凉水井村、竹园坪村三地年满六周岁该读一年级的儿童，已经达到一百二十人！

学校根据实际情况，请示上级批复，决定每班招六十人，两个班共招收一百二十人。学校要求，招收一年级新生，拿户口簿按照上级文件规定执行。贫困地区凡是年满六周岁的孩子，一律进入一年级学习，凡是年龄没有达到的一律不收。

四五个家长因为自己的孩子不到六周岁，就到覃东荣的房间找他说情，覃东荣苦口婆心地给家长们作解释，结果主持开会迟到了两分钟。

在会上，覃东荣主动交了罚款；会后，他写了检讨，张贴在公告栏里。此举，让那些家长知难而退，不好意思再纠缠着覃东荣恳求孩子超前入学。

覃东荣因公迟到被罚款的事很快在教字垭镇传开了，当地人民纷纷议论，看起来覃东荣是“菩萨心肠”的人，但执行规章制度，却是铁面无私，毫不留情。尤其对自己和子女的要求更加严格，在单位能有这样带头作表率的人，学校何愁办不好呢？

随着社会的不断发展，教字垭山区的教育面貌也在日益发生着变化。1991年，永定区委、区政府为了整合教育资源作出决定，教字垭镇“五七”中学正式并入大庸市第二中学。

1992年春季开学后，教字垭镇中心完小整体搬迁到原教字垭镇“五七”中学校区。镇中心完小的校园变大了，教室变宽敞了，变多了，师生们特别高兴。从此，镇完小有了像样的教室、像样的寝室、像样的操场、像样的礼堂、像样的食堂……

镇中心完小搬过来后，有些原来在镇“五七”中学卖东西的附近村民，照常挑着东西在学校操场上卖。

时值三月，阳光明媚。周围山林梧桐树、枞树、杉树、松树等争相吐绿。校园内柳枝垂碧，桃花绽开，让人陶醉。

一天上午，风和日丽。一个近二十岁的年轻女子，背着一捆广西甘蔗走进校园，在操场上的一棵大槐树下摆起了摊，卖起甘蔗来。

这女子不是别人，正是校长覃东荣的亲外甥女熊金桃。

熊金桃心想，附近这么多村民都在学校卖东西，这里的校长又是自己的亲姨爹，会睁一只眼闭一只眼的。

熊金桃放下甘蔗，大声吆喝起来：“卖甘蔗啦，上好的桂林甘蔗，又甜又脆！”

课间，学生们纷纷围了上来，不一会地上就留下了一大堆甘蔗皮和渣渣，脏兮兮的。

不到十分钟，只见覃东荣拄着拐杖，从办公室一瘸一拐地走出来，走到熊金桃的身边，笑着说：“金桃，你今天在这里卖甘蔗啊。”

“嗯。”金桃笑呵呵的，“姨爹，您吃根甘蔗。”

说罢，她取出一根大甘蔗，递到覃东荣的手上。

覃东荣连忙把手中的甘蔗放回原地：“谢谢！姨爹不吃甘蔗。金桃，你可能不知道，镇‘五七’中学搬到大庸二中去了，现在镇中心完小搬到这里来了。我们学校有规定，校园内不准卖东西。外甥女，对不起，不是姨爹要为难你。你是我的亲戚，更要带头遵守学校的制度，你不会怪姨爹吧！”

“姨爹，您做得对，我这就背到市场上去卖。”外甥女背着甘蔗，边走边说走出了校园。

望着外甥女远去的身影，覃东荣一时心里感到很不是滋味。是不是自己六亲不认，太绝情了啊？这是为了给师生创造一个安静舒适有序的校园环境，培养学生良好的卫生饮食习惯，外甥女以后会理解的。

几个附近卖东西的村民，看到覃校长的亲外甥女都背着东西离开了，觉得不好意思，也纷纷把东西背回家。

当天中午，覃东荣在教职工会上重申，禁止在校园内卖东西。下午，他在学校醒目处张贴公示。

第二天开学典礼，覃东荣在师生大会上作了重要强调：为杜绝学生吃零食，禁止学生在校园内买东西。发现有学生买东西，实行责任追查制。

不到一个星期，附近村民知晓学校的规章制度后相互转告，说学校的做法是对的，学校不是农贸市场。于是乎，擅自在校园里卖东西的现象逐渐消失。

校园变整洁了，教学环境彻底改变了。覃东荣站在迎风飘扬的五星红旗下，望着学生们在清扫飘落的树叶，开心地笑了。他忍不住随口吟诵词一首《忆江南》——

江南好，风景旧曾谙。日出江花红胜火，春来江水绿如蓝，能不忆江南？

第三十四章
编外妈妈

自从“雷公脸”丈夫覃东荣收留了六个贫困儿童，伍友妹的劳动强度翻了几番，超乎常人想象。

见不得他人可怜的她，只好一次次地安慰自己：唉！每天为几个孩子做两餐饭，洗洗衣鞋也没什么。辛苦点都不要紧，力气用完了，第二天又会有的，好人会有好报的。

可一想到钱的事儿，她五味杂陈，欲哭无泪。丈夫每月一百八十六元的工资是家里收入的唯一来源，仅凭这点微薄工资，这个家还怎么维持下去呀？

在那个年代，经济发展远不如现在活跃，每挣一分钱，都非常艰难，更何况是在武陵山片区大庸这个偏远的山区。

思前想后，她咬咬牙，说出来几个字——劳动，劳动，再劳动。

酷暑寒冬，伍友妹在田间、在山头，耕种劳作，拼命地劳动，为的就是增加粮食收入，解决温饱问题，给丈夫减轻一些负担。

一个冬天的晚上，望军岩山下的七家坪村覃家岗，格外寂静，皎洁的月光倾泻在沉睡的大地上。

三间屋舍南边，那棵千年大桂花树像一把巨大的伞，遮护着身边几棵正在成长的小桂花树。大桂花树也似乎盼望着小桂花树能快快成长，成为国家的栋梁之材。

夜里，村里的公鸡打鸣声此起彼伏，一声比一声响亮，一声比一声高亢。伍友妹被鸡叫声吵醒，心里装着事睡不着，索性起床。

她到对面正模弟土砖屋里孩子们的房间看看，为掀开棉被的孩子轻轻地盖好被子。看着八个孩子熟睡的样子，想着他们在一天天成长，她满脸笑容，脸庞像熟透的苹果。

这几年来，为了抚养这六个孩子和自己的三个孩子，她一直都没日没夜地忙碌着。

鸡叫三遍时，伍友妹已做好饭菜。此时，天还是蒙蒙亮，她叫八个孩子起床。

孩子们搞好个人卫生后，围坐在灶房里的破旧饭桌旁，一个个狼吞虎咽的。不一会儿，一大桌饭菜就只剩残羹冷炙了。

孩子们上学后，伍友妹赶紧洗碗筷，打扫卫生。

她走到大门边一看，东边巍巍朝天观半山腰，被厚厚浓浓的雾笼罩着。半小时后，朝天观上空出现了红彤彤的一片火烧云，那是太阳快要出来的征兆。

果然，不一会儿，一轮红日冲破重重包围，从最薄的那片乌云中挤了出来。

伍友妹想，这一向忙于农活，已有一个多月没给孩子们洗床上用品了。今天是个大晴天，她得把孩子们和公公的被罩、床单、枕套、枕巾、帐子好好地洗一洗，把棉絮好好地晒一晒。所有人的床上用品加上昨晚八个孩子换洗的衣服、鞋袜，足足有两箩筐。覃东荣在学校很少回家，家中一切农活、家务全落在她肩上，她没有半点儿怨言。

当伍友妹挑着两箩筐衣物来到茹水河边时，洗衣的女人不约而同地抬起了头，目光齐刷刷地扫在伍友妹满是皱纹的脸上，继而落在她挑的两只箩筐上。

同村的女人们都知道，伍友妹年纪不大，今年也只有三十五六岁，按说不该这么苍老！

有几个年轻媳妇，是由伍友妹牵线搭桥嫁到这里来的。她们看到伍友妹挑着这么多衣物来洗，甚感震惊，心疼道："伍阿姨，您挑这么多衣物，快到我们这里来洗吧。"

伍友妹挑着担子，稍微停了停，微笑道："谢谢！不用了，我今天洗的东西多，你们那码头太窄，被罩、床单、帐子抖不开，我到河中间洗，水深好洗些。"

为了孩子们今晚能及时睡到干净的被罩、床单、枕套、枕巾、帐子，她要先洗这些，再洗孩子们的衣服、鞋袜。

伍友妹边洗边把洗好的被罩、床单、枕套、枕巾、帐子一一晒在河滩中的卵石上。九床被罩、九床床单、十二条枕套、十二条枕巾、六顶蚊帐竟占了半个河滩，像天上飘着的白云那样洁白、轻盈。

太阳已升到头顶，正午了。她才开始洗孩子们的衣服。

几位年轻媳妇已经洗完了自己的衣服，看到伍友妹还有那么多衣服、鞋袜没有洗完，都想帮帮她。

她们走到河中间，诚恳地对伍友妹道："伍阿姨，您太辛苦了！我们都知道您是一个好人，您已洗了一个上午，水太冷，您看您的手都冻成什么样子了，让我们帮您洗，您就休息一下吧！"

伍友妹感激不尽："不用不用，谢谢你们！到吃中饭的时候了，你们快回家吃饭，我很快就会洗完的。"

大家都走了，只留下伍友妹一个人在河滩上，孤零零的。

下午三点，伍友妹洗完了所有的衣服！她搓衣时，因时间过长，心里着急，用力过猛，手上已搓破了皮。鲜血一滴滴滴在洗衣的灰色岩板上，岩板变红了。她的一双大手肿得像馒头。她顾不上疼痛，接着又洗孩子们的鞋袜。

太阳快落山了，离望军岩山顶不到二丈，这时寒气开始袭人。伍友妹终于洗完了孩子们所有的衣物。

她来不及休息，立即将已晒干的被罩、床单、枕套、枕巾、帐子收拾好，装在一只箩筐里，再把未干的衣服、鞋袜等装在另一只箩筐里。

干的一头轻，湿的那头重，她把轻的那头放了一块干净的石头。伍友妹挑着箩筐试了试，感觉两边平衡了，才挑回家。

回到家，她晾开孩子们的衣服、鞋子、袜子后，又为八个孩子赶做晚饭。

晚上，孩子们睡在暖烘烘、干净的被褥里，偷偷地流下了感激的泪水。

秋天，是收割稻谷的季节。别人还未起床，勤劳朴实的伍友妹早就割完了半亩田的稻子。

秋种油菜冬种麦。伍友妹总是挑着一百斤的农家肥，要沿着狭窄陡峭的山路艰难行两里，才能到达望军岩山半山腰的自留地。在崎岖不平而又狭窄的山路上，身高只有一米五的她显得非常吃力，为了让孩子们能吃好一点，她咬着牙一步一步地爬着，累得腰酸背痛、筋疲力尽。

下山时，她挑着满满的一担红薯，两条腿有些发抖，险些跌入悬崖，吓出一身冷汗。每日为孩子们做两餐饭用的柴火，都是她从山上一担一担地挑回家的。面对陡峭的山路，每回至少一百三十多斤，就算一般的男劳力挑起来都感到吃力！

冬修水利，她家五口人的义务工都是她一锄一锄、一担一担地超额完成的。她多次被村（大队）评为“劳动生产积极分子”。

乡亲们说，伍友妹就是这样的人。她天生就具有助人为乐的品质。只要她有三升米，宁愿分给别人两升；她有三元钱，宁愿给别人两元；她有三件衣，宁愿给别人两件；她有一碗饭，宁愿给别人分半碗。

一个农村妇女像一个精壮的男劳力那样做农活，这样长时间地过度劳作，就是铁打的也经受不住！

六年来，夫妻俩收留的六个贫困孩子逐渐长大，渐渐成才，伍友妹却渐渐消瘦了。

看到她这几年一切为了孩子们，自己舍不得吃穿，承担了所有的苦，乡亲们都深受感动，常常向她伸出援助之手。

又是一个漆黑的夜晚。

伍友妹背着一背篓衣服，左手提着马灯，右手捂住胸口，喘着粗气艰难地走进大门，脸上豆大的汗珠往下滴，少量水从她背上垫着的薄膜纸上往下滴。

正在做作业的孩子们看到师母脸色苍白，放下作业本便急步走上前，赶紧把她背上的背篓和薄膜纸取下来，把她扶到椅子上坐下。

孩子们围在她的周围，心疼道："师娘，您病得这么厉害，我们送您去医院！"

伍友妹左手捂住胸口，右手摆摆手，吃力地说："你们快把衣服晾在竹竿上，把我扶到床上睡一觉就好，没事。不要为我担心，做完作业早点睡，明天早点起床。"

伍友妹早就知道自己的病情了，患糖尿病、高血压、心脏病多年了。因无钱医治，一直强忍着、瞒着、拖着……

她胸前长着一颗肉瘤，不知是良性的，还是恶性的？

覃东荣及乡亲们都劝她到城里大医院检查一下，她总是笑着说："谢谢，没事，你们看我好好的，浑身有劲，能吃饭，能有什么病？"

伍友妹也想去检查一下自己的病，她还想多活几年。因为还有很多的事，等着夫妻俩去做呢。

可是作为家庭主要劳力的她，一天也不敢耽搁。一旦她倒下了，她家的农活、家务扔给谁？

她必须强忍着病痛，不遗余力地给这个家撑起一片蓝天！

在她的精心照料下，孩子们一同上学、一同长大、一同进步。他们互相帮助，时而吵闹，时而嬉戏，八个孩子亲如兄弟姐妹，就像同一个母亲生的一般。

伍友妹大爱无疆，无私奉献，谱写人间传奇，感天动地。乡亲们都亲昵称她为“编外妈妈”。

名号不重要，重要的是要有一颗仁爱之心。伍友妹日复一日、年复一年地劳作着，她的信念只有一个，帮助这些孩子走出大山，去看看外边的世界。

第三十五章

和谐大使

在贫困山区教字垭镇，患妇科病的妇女比较多。许多贫困家庭，无钱上医院医治，越拖越严重，苦不堪言。

同为妇女，伍友妹深感同情。她采用祖传秘方免费帮助她们治疗，减轻她们的痛苦。

农闲时，她上山采草药，回来制成半成品，送给患病的妇女同胞，分文不取。

说来也怪，经她治疗过的病人大多痊愈了，不再复发。大伙都赞叹不已，称她是妙手回春的伍郎中。

童家村的吴芳云更是感激不尽：“我得妇科病这么多年了，想不到您的两服药，就治好了我的病，还给我免费。您夫妇还收留了我的两个孩子，不仅供他们吃住，还送他们读书。您夫妇是我家的恩人，我家永生永世也不会忘记您夫妇的恩情！”

伍友妹只是微笑着说：“举手之劳嘛，乡里乡亲的，不用客气。”

有人传言，伍友妹的家传秘方能够治疗痔疮，来她家治疗痔疮的人更多了，有时她忙得连喝水的时间都没有。

病人都想给她一点材料费，以示感谢。

伍友妹说：“要什么钱啊，几服草药而已。只要能减轻你们的痛苦，我就心满意足了，医者仁心嘛。”

“可你也是花了时间的呀！”病人坚持着要给伍友妹一点儿钱，否则心里不踏实。

伍友妹憨笑着呵呵道：“我要是看在钱的份上，就不给你们治病了。”

病人只好收回了钱，千恩万谢地离开了覃家。覃东荣得知妻子还会治病，而且不收费，特别高兴！说妻子是救苦救难的观世音菩萨，往后一定会有好日子过的，先苦后甜嘛。

伍友妹撇撇嘴：“你就拉倒吧！要不是你不计代价地收留了六个孩子，我用得着这么辛苦吗？你还认为往后有好日子过了，明天能不能活着，我都不清楚。”

听妻子这么一说，覃东荣立刻闭嘴了。他知道这些年来，如果不是妻子在苦苦地撑着，他能够在学校安安心心地工作？他能够成为湘西自治州、大庸市的优秀教师？

在七家坪村、在教字垭镇，伍友妹热心帮助了多名单身青年解决婚恋问题，哪家儿子娶不上媳妇，哪家大龄姑娘嫁不出去，都会找到伍友妹，让她给想想办法。

因为她的热诚，覃东荣家成了名副其实的乡村免费“婚姻介绍所”。

只要她亲自出马，姻缘树必开花结果。

做红娘，做成功了就好，失败了可能会招致双方的怨恨。

儿女们经常反对母亲做红娘，但善良的伍友妹凭着一颗真挚的心感动着双方，经她促成的姻缘都经得起风吹雨打。

看到一对对有情有义的新婚夫妻举行婚礼时，伍友妹笑得合不拢嘴。在教字垭镇，经她撮合成功的夫妻有很多。

乡亲们都说："伍友妹常做好事，她是我们乡村免费'婚姻介绍所'的好红娘。"

教字垭镇是个老少边穷山区，经济比较落后。政府一再提倡孕妇分娩要到正规医院，可有的人家经济条件差，舍不得花钱，生孩子不愿到医院分娩。

仲夏的一天上午，万里无云，天气闷热。

七家坪三组一村民看到妻子即将临产，就连忙把村里的接生婆接到家里来。

老天偏偏作弄人，谁知灾难就降临到这位憨厚朴实的庄稼汉的儿子身上。

妻子分娩时顺利，婴儿却危在旦夕！三十出头的庄稼汉焦急万分，痛哭欲绝。他听说覃家岗的伍友妹对接生有些经验，立即派人去请。

此时，伍友妹正在一尺来高的禾苗田里扯草。来人说明来意后，伍友妹马上放下农活，草草洗手、洗脚后，卷着裤脚就直奔吴家而去。

吴家门前围满了乡亲。潺潺溪水在屋门前静静地流着，像是停下脚步，祈盼婴儿挺过难关。

接生婆累得汗流浃背，无计可施，一屁股坐在地上。产妇脸色惨白，急得昏迷过去。

伍友妹来不及细想，凭借多年的经验，快步挤到婴儿的床边。她两手将婴儿的头部轻柔柔地移向床沿，深吸一口气，用嘴对准婴儿发紫的嘴，一口一口地吸出污水，吐在脸盆里。

许多妇女闻到这种恶臭的气味，都抵不住，纷纷捂着鼻子退出门外。伍友妹又给婴儿进行人工呼吸，几分钟后，只听到"哇"的一声大哭，婴儿得救了！

伍友妹一阵恶心，作呕不止。婴儿活过来了，婴儿的父亲激动万分，"扑通"一声跪在伍友妹的跟前，泣不成声："伍郎中，今天多亏有你！……"

伍友妹连忙把他扶起来，责怪道："我不是郎中！你看看，在家生小孩多危险！今天险些出了人命。”

她又转身对众乡亲道：“大家今后要引以为戒，分娩都要去正规医院！”

大伙纷纷点头称是。从此以后，只要是哪家有产妇生产的，都一律送进正规医院。

伍友妹大大咧咧的，依旧卷起裤脚，大步往自家农田走去。到田间时，太阳已经到了头顶。伍友妹冒着烈日，继续田间劳作，她要除尽这丘田的杂草才回家。

那孩子得救后，其父母对伍友妹感激不已，逢人就说伍友妹是他们家的恩人。覃东荣也夸赞妻子做了大好事，夫妻俩恩爱有加。乡亲们说，覃家真有福气！婆婆在世时，挽救过许多婴儿的性命；婆婆去世后，大儿媳伍友妹不仅挽救过许多婴儿的性命，还会治病！

十八年后，这孩儿高中毕业，考上了全国一所名牌重点大学。大学毕业后，在省城某单位工作，为省城建设贡献力量。

“高手在民间”，用在伍友妹身上，再合适不过了。她只上过小学二年级，大字认识不了一箩筐，却在教字垭镇帮助乡亲们解决了很多困难，怎不叫人肃然起敬？

第三十六章

普九功臣

1991 年秋季，开学第三天。

六年级的覃双来同学，因家庭困难没来上学。覃东荣听说后，心急如焚。

中午休息时，覃东荣组织几名老师商议一起去覃双来家家访，劝他来上学。

放学后，他们早早地吃了晚饭，浩浩荡荡地出发了。

时间虽是下午四点，但初秋的太阳依旧滚烫威猛，射得行人睁不开眼。柏油公路上还是那样热气逼人，闷得难受，仿佛野火烧烤似的。

一行人走到教字垭粮店北门附近时，覃东荣突然腿脚乏力，腿一软，双脚跪地，双手撑在地上，拐杖甩在旁边。

紧跟其后的几位老师不禁一惊，随即喊道：“不好，覃校长摔倒了！”

老师们发现，覃东荣摔伤了左手。

陈生祥急急地说：“覃校长，我扶你起来吧。”

“不用，我还行！”

覃东荣右手拿着拐杖撑地，试图站起来，挣扎了几次都没有成功，拐杖又倒地。

几名老师快步上前将他搀扶起来，把拐杖递给他。

覃东荣拍了拍身上的灰尘，拄上拐杖，跺了跺右脚，又要往前走。

同去的老师不由得要落泪了，覃建新心疼地说：“覃校长，你的腿病又发了。双来家很远，你就别去了，我们几个保证劝他明天入学！”

“不要紧，这是老病，过一会儿就好。没事，走吧！”覃东荣不听，拄着拐杖一瘸一拐地走在最前面。

覃双来的家，在教字垭镇丁家峪村扎营山组的一座大山上，偏僻高远，山路险峻，很不好走。

经过三个小时的艰难行走，覃东荣一行人总算到了覃双来的家，那时已是晚上七点了。

只见覃双来家的三间木板房，破烂不堪。右边房间倾斜，用三根大长圆木支撑着，两边的房间用木板装的板壁。堂屋后面土砖砌成的墙只有半截，前面由竹条编装成墙。高山上大风呼呼地刮，坐在堂屋里，寒气袭人，从屋后吹进的大风让人冷得人直打哆嗦。

覃双来家有三兄弟，覃双来是老大，十二岁，二弟、三弟都还小，没到读书的年纪。

覃双来正在家里煮晚饭，见覃校长与老师们接他上学，鼻子一酸，眼泪就在眼眶里打转了。他急忙用抹布将几把椅子上的灰尘抹干净，很有礼貌地请老师们坐。

几个老师坐下后，覃东荣问：“双来，这几天怎么没来学校报名读书啊？”

“家里没钱。”

“你自己想不想读书？”

“想。”

覃双来的父亲闻讯从外面走进堂屋，听说覃东荣的腿不得力，是手脚并用爬上来的，不由感动得热泪盈眶：“覃校长，您的腿本来就不方便，可为了我家双来，爬了这么远的山路。把你们害得够苦的，很对不起你们！”

“不辛苦，应该的。双来是我们的学生，家访是我们老师的职责。不管条件有多艰苦，有多困难，孩子要读书，孩子不能失学！”

“覃校长，你说得对，只有知识才能彻底改变贫穷落后的面貌。虽然为娃他妈治病欠下许多债务，但我决定克服困难送他读书，不让你们白跑这一趟！覃校长，您放心！”覃双来的父亲一边说，一边抹泪，“我即使讨米也要送双来上学，不会再让他失学。明天，我就送双来到学校来，不送他上学，也对不住您呀！”

覃东荣笑逐颜开道：“老弟，那太好了！这样我们就放心了。你明天送他到学校来，学杂费、伙食费我们再想办法。天快黑了，我们该回学校了，明天见！”

“覃校长，你们还没有吃晚饭吧？”覃双来的父亲突然想起老师们空坐这么久，也该补充一下体力了。

“吃了，我们下午四点钟就吃过了。”覃东荣回答。

“可回去还要走那么远的山路。不吃点什么，我心里过意不去。”

“老师家访不是来吃饭的，既然你这么客气，就煮几个蛋好了，一人一个，不能多哦。”覃建新道。

“好咧。”覃双来的父亲立即生火，煮了六个鸭蛋，老师们一人一个。

覃建新没在学校食堂用餐。他也许是真的饿了，一两口就把一个鸭蛋给吃了。

覃双来的父亲好不容易才攒了些鸭蛋，老师一来家访蛋就没了。覃校长端着碗看了一会，他吃不下，让给覃建新吃。

覃建新不好意思地说：“覃校长，我吃过了，还是你吃吧。”

在家长再三劝说下，覃东荣才吃了起来。吃完后，他在碗里悄悄地放了两元钱，当作六个鸭蛋的成本。

紧接着，他第一个起身，拄着拐杖就要往门外走："我们得走了。"李嫣等人紧跟其后。

覃双来的父亲说："覃校长，你的腿不得力，这山路不好走，无论如何，我要送送你们！"

覃东荣不让，覃双来的父亲坚持要送。他提着马灯，搀着覃东荣，一直护送到山脚下的公路上，才转身回家。

覃东荣一行人回到学校时，已是晚上十点。

又劝返一个辍学儿童，兴奋不已的覃东荣自备煤油灯，先拉了十分钟的二胡曲《花好月圆》。如果不是怕吵醒学生，他真想高歌一曲。放下二胡，他又花一个小时备课、改作业。

覃东荣喝了口水站起身，提着马灯来到寄宿生寝室，为掀开被子的学生盖好被子，回房间睡觉已到凌晨一点了。

第二天清早，覃双来背着书包提着桶子，覃双来的父亲背着棉被来到学校。覃东荣高兴得像个孩子似的，把父子迎进办公室："老弟，来了就好，来了就好！"

覃东荣当即把自己的当月二十五张餐票送给覃双来，鼓励他努力学习，长大后做一个对社会有用的人。

"嗯。"覃双来双手颤抖着接过餐票，激动得说不出话来。他紧紧拥抱着覃东荣，眼泪只顾吧嗒吧嗒地往下落。

"孩子，别哭，再哭就不是小男子汉了。"覃东荣微笑着给覃双来擦去了泪水。

覃双来含泪笑着说："覃校长，有书读了，我这不是忍不住嘛……"

随后，班主任覃建新也买了十三张餐票，送给覃双来。

在学校老师的关怀下，得以重返校园的覃双来，学习非常刻苦认真，成绩嗖嗖地往上升。他要用实际行动报答老师们的恩情。

为了早日实现普及九年义务教育的目标，为了不让任何一个贫困孩子失学，覃东荣拄着拐杖几乎走访了全镇贫困山村的每个角落，这里的山山水水都留有他的足迹。大多时候，覃东荣翻山越岭家访，都是手脚并用着爬。

有人粗略地统计，覃东荣担任教字垭镇中心完小校长十二年间，曾访问学生一万多人，为贫困生垫交学杂费、书本费、生活费三万多元。

覃东荣一个“半边户”，自己身体残疾，既要用微薄的工资供养三个子女上学，又要赡养双方父母。对他来说，这些钱弥足珍贵啊！

在覃东荣爱心的感召和全校教职工共同努力下，教字垭镇中心完小没有一名学生因贫困而失学，入学率、巩固率年年都是双百。

据不完全统计，覃东荣担任教字垭镇中心完小校长十二年来，不计报酬地加班加点、义务守校的时间可折算成标准工作日两千多个。

假如他遇到开会或生病的情况，不能去守校，他就要他的家人替他守。他家是一个地地道道的“半边户”、困难户，两个孩子又小，确实需要劳力。

可他为了实现普及九年义务教育的目标，为了“四率”达标，为了贫困山区早日摆脱贫困，不得不以工作为重。他舍小家为大家，节假日经常在学校加班加点、义务守校，不要学校一分钱报酬。

学校其他领导及老师们多次在会上提出，给覃东荣发点加班补助、守校生活补助，却都被他坚决拒绝了。

李嫣老师说：“覃校长，你守校、加班不是一天两天，而是十几年没日没夜地守校、加班，不给你点生活补助怎么行？何况你在学校加班、守校也要吃饭，不能空着肚子工作啊！你家也很困难，不给你补助点生活费，我们心里都过意不去，这也是你应该得到的！”

覃东荣却说：“老师们的心意我领了，虽然我家很困难，但学校的困难比我家更大！这个钱我不能要，我为学校节约一分是一分，学校还有很多事要做，还需要很多钱。我家欠债不要紧，但学校不能欠债啊！我守校加班不是为了钱，而是想把工作做好，不让学校财产流失！”

“我家可以欠债，学校却不能欠债！”

这是多么感人的话语啊！这一席话，深深震撼了所有老师，他们为有这样的当家人而感到自豪！他们的“拐杖校长”，把自己的全部心血都献给了贫困山区的教育事业！

1992 年 11 月的一天，冬日暖暖。

市、区教委两级领导组成的检查团，对教字垭镇中心完小教育目标管理进行初检。

覃东荣拄着拐杖，戴着一架破旧的宽边眼镜，在自己的房间取了迎检资料，往学校办公室走去。突然头昏目眩，“咚”的一声，一头撞在砖柱上。

正在房间办公的教导主任覃遵兵听到响声，立即跑出房间。只见覃东荣右手捂住头，左手拿着资料撑着砖柱，站在那里，摇摇晃晃的，拐杖掉落在地上。

覃遵兵快步上前，一双大手将覃东荣扶住，发现他头上撞了一个大包，镜框下眼睛充血，脸色苍白。覃遵兵捡起拐杖递给他，用宽大的背部紧抵着他：“覃校长，我扶你回房休息一下，我替你送资料去！”

覃东荣什么也没说，仍然拄着拐杖拿着资料一步一步地走向办公室。覃遵兵怕覃东荣摔倒，紧跟其后，心疼不已。检查人员并不知道覃东荣受伤，只看到他脸色苍白。

下午，检查结果出来了。该校得了高分，成为优秀等次。

一个月后，十二月中旬的一天，是一个阳光灿烂的日子。

湖南省政府教育工作督导评估专家检查团一行十几人，对教字垭镇中心完小的教育目标管理进行复检。

检查团经过细致、详细的复检，该校分数仍然很高，成为湖南省教育目标管理先进单位。

一位年老的督导感慨地说：“同样是老少边穷地区，为什么这所学校的入学率、巩固率能达到双百，手写的教育目标管理资料这么齐全、工整？为什么这所学校能够成为湖南省普及九年义务教育的创优集体及教育目标管理先进单位？真不可思议！”

众人大笑中，有专家要覃东荣谈谈创优的体会。

覃东荣激动地说：“以前如果不是共产党和人民政府的关怀和帮助，十五岁的我永远也踏不进学校读书。我要报答党的恩情，就想要让所有读不起书的适龄儿童都能上学读书。我的妻子对我也很理解，是她在背后鼎力相助，我才能对工作全力以赴！”

一个年轻的督导员开玩笑道：“原来有个贤内助啊！不错，这是一个好经验哩，军功章上也有她一半呀。”

大家听了，都哈哈大笑。覃东荣也高兴地笑了，即使头上有包也不觉得疼了。

覃东荣担任教字垭镇中心完小校长期间，始终将学生巩固率纳入全年工作管理目标，逐月量化。他要求学校校委会成员、班主任、科任教师重视走访劝学。

他制定相关制度，带头履行。如果学生流失，老师在三天内未家访，被扣除岗位目标奖，并通报批评。对特困家庭的学生，学校行政管理、班主任和相关老师，采取对口捐助，绝不允许有一个学生流失。再穷再苦，绝不允许一个学生失学。

在覃东荣的带领下，教字垭镇中心完小筑起了一道“堤坝”，他是防治学生“流失”的“安全堤”，是“普九”大业的第一功臣。

覃东荣身残志不残。他的一生是战斗在第一线的一生，是为山区教育无私奉献的一生，是廉洁奉公、受人尊重的一生。

覃东荣原计划在1995年教字垭镇中心完小建校七十周年时，举行一个盛大的校庆。可这一年还未到，覃东荣却再次因公受伤住院，无法主持庆典的筹备工作。

这一次，他爬不起来了。爬了几十年，他困了累了，也该歇歇了。

第三十七章

时来运转

覃东荣在“湖南省先进教育工作者”推荐会议上，谢绝参加竞选，主动把机会让给了他人。他的这一“大方”操作，无法让长子的农业户口转为非农业户口。

唉，谁让他是覃东荣的儿子呢？在大是大非面前，父亲先人后己，他覃梅元还能说什么呢？

由于覃梅元没有城镇户口，就不能参加招工招干考试和本地区的教师录用。

上帝关上了一扇门，同样会为你打开一扇窗。覃梅元就是那个爬窗户的孩子。

为了能够尽快晋职，增加一点收入，那就得提升学历，尽快拿到大专文凭。

1989 年上半年，覃梅元准备参加当年成人高考。他到大庸市永定区教委招生办咨询报名事宜，想报考湖南师范大学函授本科数学专业。考虑到湘西自治州近一点，可以减少学员车旅费，工作人员建议他填报湘西民族教师进修学院函授专科数理专业，覃梅元点头同意了。

报名后，覃梅元把高中课程带到学校，只要一有空就看书、做题，为参加函授入学考试积极做准备。

同年七月，覃梅元以高分通过了入学考试，收到湘西民族教师进修学院函授专科数理专业录取通知书。

1992 年初夏，一个星期天上午。

覃梅元早早吃过早饭，乘班车去大庸城里，准备买文学书籍和小学五年级语文的备课资料，好好提升下自己的教学水平。

出了汽车站，覃梅元快步朝东往市新华书店走去。没多久，他走到一家商场附近的人行道上时，只见商场外面围满了人，熙熙攘攘的，甚是热闹。覃梅元很是好奇，忍不住驻足观看。

围观的人实在太多了。覃梅元一下子挤不进去，他拉了拉旁边一个老乡的衣角：“大叔，这是在做啥呢？”

老乡笑着告诉他：“这是商场在搞促销活动，两元钱抽一次奖，你要不要试试手气？”

好奇心特强的覃梅元点点头：“试试吧。”

那老乡让覃梅元站到前边，覃梅元这下看得清楚了。

柜台上放一个红色正方体箱子，箱子里装着许多券。柜台旁边的一块牌子上写着，中奖率高，设有一、二、三等奖和参与奖，其中一等奖、二等奖、三等奖各奖一千元、两百元、五十元；中奖者不直接兑换现金，现场换取相等价值的物品。

女店员甲笔挺地站在纸箱后监督摸奖，女店员乙坐在柜台边收款。摸奖券的人很多，获奖的却很少，偶尔有几人摸到参与奖。没有获奖的人，一个个垂头丧气，唉声叹气，怨自己手气太背了。

围观了好一会，好不容易等前边抽奖的人离去了，覃梅元才挤了进去。

“终于轮到我了！”

心血来潮的覃梅元心中大喜。他想试下自己的运气如何，毫不犹豫地掏出四元钱，交给店员乙："同志，我买两张奖券。"

店员乙收好了钱，笑眯眯地说："好咧，你在箱子里随意摸两张吧，只能摸两张哦。"

"我知道，两张就两张！"覃梅元搓搓手，撸起了袖子，举出右手来，就往纸箱子的缺口探去。

就在他的右手快要伸进纸箱子里面时，他突然停住了。这时他想起了农村老一辈常说的一个词——男左女右！

覃梅元临时把右手取出，换成左手。他把左手伸进纸箱里，感觉券不多了，到底了，顺手拿出来两张奖券，交给店员甲。

店员甲立即刮开第一张，没中，内心欢喜，让覃梅元确认一下。

覃梅元接过奖券一看，只见上面写着几个字：谢谢惠顾，下次再来。

"没事，我还有一次机会呢！"覃梅元双眼紧紧瞅着店员甲手里他的第二张奖券，生怕那奖券飞走了。

片刻，店员甲慢慢地刮开了，覃梅元鼓着双眸一瞧，上面写着"恭喜您，获得二等奖"！

那一刻，覃梅元激动得手舞足蹈起来："我中二等奖了，我中二等奖了！"

覃梅元偏头看向店员甲，只见她双眉紧锁，眼角下拉，满脸不高兴的样子。周围的人像自己中奖了一样，也跟着高兴，吆喝声、喝彩声不断。

看着覃梅元欣喜若狂的模样，店员甲随即给覃梅元泼了一盆冷水："小伙子，你这张券没有盖章，不算数。"

覃梅元双眼盯着她，气愤道："这两张奖券，是我刚才从这个箱子里摸出来的，你看到我摸的。没中奖的有盖章，中奖的没盖章，这是你们商场的事，怎么不算数呢！岂有此理！"

四周众人也气愤，跟着大声吵道："这两张奖券，我们亲眼看到是这位青年刚从箱子里摸出来的，你也看到他摸的。人家得了奖，不兑现，还说没盖章不算数！是不是有奖的都不盖章。你们不讲诚信，真是天理不容！”

覃梅元恼怒不已，大声道：“你们不兑奖，就把你们经理叫来！我给他说……”

众人也附和说：“对，叫你们经理出来，说个明白！”

店员甲见众怒难平，形势不妙，赶紧与几个店员走进柜台内商量对策。

嘀咕了好一阵，店员甲走出来，不冷不热地说：“这位兄弟，你打算兑什么物品？”

覃梅元思忖片刻，说：“用一百八十元给身高一米七三、体重一百四十斤的中年男子做一套中山装，用你们这里最好的蓝色呢子布料，像大人物穿的那种！剩下的二十元全部兑糖果。”

店员甲说：“好。”

于是，覃梅元同另一个女店员去柜内，选布料和糖果了。不一会儿，覃梅元左手提着布科，右手提一袋糖果，高兴地走出来。

覃梅元朝大家鞠了一个躬，大声道：“大爷、大妈、叔叔、阿姨们……谢谢你们！刚才不是你们替我伸张正义，打抱不平，我也就兑不到这个二等奖！”他边说边把糖果分发给现场的每个人。

众人大喜。覃梅元兴高采烈地拿着布料走了……

回到教字垭集镇，覃梅元找到当地最好的裁缝师傅，请他按照父亲的身材做一套呢子中山装。

裁缝一摸这呢子布料，满脸诧异道：“覃老师，这布料挺贵的，差不多得二百元哦，是你买的吗？”

覃梅元摇摇头：“不是买的，是我今天在城里抽奖中的，就花了四元钱。”

“咦，还有这等好事啊！”裁缝不失时机地恭维覃梅元，“哪天我也摸张试试。覃老师，我看呀，从今天开始，你就要走运了。”

“托你吉言，请不要对外张扬！”

“好的。不会的。”

覃梅元放下手工费，哼着土家歌儿走出了裁缝家。

没过多久，放学后，覃梅元从裁缝那里取回了呢子中山装。他提着一路小跑到了学校，走进父亲的房间，“啪”地一下，把衣服放在父亲的书桌上：“爹，我给您缝制了一套新衣服！”

覃东荣打开衣服一看，惊呆了：“梅元，这套衣服太贵重了，我穿不合适，你还是退了吧……”

“没有什么不合适的，你先穿下试试。”

“梅元，这套衣服不会是别人送的吧？如果是，你马上退给人家。告诉他，你爹是不会随意接受他人馈赠的！”

本来想给父亲一个惊喜的，没想父亲不乐意。覃梅元只好把中奖的事儿说了一遍。

覃东荣这才放心了。伸出手指，摸了摸衣服的面料，高兴地流泪了。

覃东荣穿上这套中山装，挺精神的。他拄着拐杖走了几步，感觉有点紧，不过他很满意了。这是长子参加工作来，孝敬父亲最贵重的礼物。当时一百八十元一套的呢子中山装，加上手工费，相当于覃梅元一个半月的工资。

自从覃梅元抽奖中了二等奖，他的人生出现了重大转机。

功夫不负有心人。经过三年的努力学习，覃梅元于 1992 年 7 月顺利毕业，如愿以偿拿到了函授数理大专文凭。

同时好消息来了。1992 年 11 月 14 日，覃梅元成了国家教师。

1994 年 7 月，大专毕业的覃梅元被永定区教委人事股直接定为“小学一级教师”。

这算是了却了覃东荣多年的心愿。把孩子带进了教育行业，就应该给他一个好的未来，可是覃东荣没有做到。

这未来基本都是覃梅元自己一手打拼出来的。家里所欠的债务，覃梅元还了很多年才还清。

第三十八章

抗洪勇士

久雨就会大旱，久晴就会涨洪水。这是千百年来人们在实践生产中总结出来的经验。

1993 年上半年，天气反常，一点雨水都没有。持续几个月的干旱导致茹水河快断流了，河床都见底了，鱼虾们不得不干挤在狭窄的水域里。

大河无水小河干，小河无水农田干。

七家坪的农田全部暴晒在太阳底下，泥土都开裂了。裂缝有两手指宽，有的甚至放得下小孩的拳头。禾苗像火熏过一般，全都枯黄了。

人们在祈求老天爷快点下雨，可是天气一直晴好，仍然不见半点雨。人们想抗旱，可是没有水，人们只能干着急。

有人说，这是一个不祥之兆，是特大洪水来临之前的煎熬。

七月中旬的一个夜晚，浩瀚的天空星星点点，满月的四周堆起浓浓的、厚厚的“毛发”。俗话说，月光生毛，大水浩浩。

一个时辰后，本来晴朗的天空，突然变脸，狂风大作，电闪雷鸣，乌云翻滚，黑黑的云向南方涌去。

不一会儿，天空中的黑云重重压下来，大地像一口倒扣的黑锅。

顷刻，暴雨如瓢泼一样洒向大地，一直不间断。雨下了三天三夜，山洪暴发了。

百年罕见的一场洪涝灾害，袭击了湘西一带。

7 月 23 日凌晨两点，覃东荣辗转反侧，难以入眠，仿佛听到远处有急促的敲锣声。

只听见敲锣声越来越急促，敲锣人边敲边大喊："老乡们，兄弟姐妹们，快起来呀，快起来呀！小河的水漫过岗啦，河堤快决口啦……"

喧嚣的铜锣声越来越近。覃东荣赶紧爬起来，穿好衣鞋，打开大门。只见雨越下越猛，眼前一片漆黑，一里之外，各家各户灯火通明。

到处都是哭喊声，到处都是亮光，到处都是忙碌的身影。有的拿着手电筒，有的提着马灯，有的打着火把，向地势高的地方转移财产。

千年桂花树上的鸟儿叽叽喳喳。沉睡在雨夜之中的小山村顿时沸腾起来。

天刚出现鱼肚白，只听见"轰隆"一声巨响，小河堤有一处地方决口了。人们被这突如其来的洪水惊呆了！

只见五米高的洪峰，像一条饿得发狂的巨龙从北向南一扫而过，似雷霆万钧，排山倒海，大有一副吞没一切的架势！洪水掠过之处，稻穗连根带泥被冲走。

整个七家坪、古城坪都进了水，小沟堤水满堤决，大沟堤水满告急，堤坝危在旦夕！

大雨中，爱田如命的农民伯伯，有的头戴斗笠，身披蓑衣，正在搬石头沿途加高加固小沟堤。有的干脆光着头和膀子，搬来自家的门板拼命地想堵住决口。

洪水太猛烈了，门板根本就放不稳，一放下立即就被冲开了。农民伯伯只好双手撑着门板，两脚叉开，与门板形成一道钢筋铁壁防护栏，保护着农田，保护着稻穗，保护着命根子。

覃东荣家的三亩责任田，处在小沟堤与大沟堤之间。小沟堤决口的洪水与大沟堤翻出的洪水形成包围之势，渐渐吞噬着覃东荣家的良田与稻穗。

此时此刻，覃东荣担心的，不是作为自家唯一生活依靠的责任田被冲毁，他担心的是教字垭镇中心幼儿园的房屋与财产。他得及时赶到那里看看才放心。

教字垭镇中心幼儿园毗邻茹水河，地势低洼。这么大的洪水，房屋很有可能被淹没，甚至被冲垮。覃东荣心里挂念着镇中心幼儿园的安危。

覃梅元花了九牛二虎之力，才卸下自家的一块门板。他满脸汗珠，紧张的神经才松懈下来。

稍歇片刻后，他搬起门板去挡住小沟堤决口，保护快要收割的稻穗。

这时，覃东荣对覃梅元大声道："梅元，快放下门板，教字垭镇中心幼儿园危急，跟我走！"

覃梅元双眉紧锁，犹豫不决，嗫嚅道："这……"

覃东荣厉声道："国家财产高于一切！快放下，跟我走！"说罢，他卷起裤脚，穿着凉鞋，拄着拐杖拖着残腿，带把旧伞走出家门，一头扎进狂风暴雨中。

父亲的语气，没有任何商量的余地。覃梅元只好怏怏地放下门板，拿把雨伞紧跟其后。父子俩冒着狂风暴雨，一路前进。

覃梅元心想：这么大的洪水，自家的责任田、稻穗被毁不抢险，偏要跑到镇中心幼儿园去抢险，怎么自家的胳膊总是往外拐！自家田的稻穗被冲走，吃什么呀？唉，我真是服了你，爹……

覃梅元心里极度矛盾，想回去保护自家的农田，但不听使唤的双脚，还是跟随父亲的脚步往前跨。

覃东荣拄着拐杖、拖着残腿在前，覃梅元跟在后。

雨还在倾盆而下。雨伞挡不住密集如麻的雨水，打着雨伞可以说不起作用。父子二人在与风雨搏斗前行。

覃东荣除头部没湿透外，全身其他部位都湿透了。

覃梅元心疼不已。父亲身体差，体质弱，左腿残疾，怎经得起如此折腾！

看着父亲在全是稀泥的山路上，一瘸一拐地走着，覃梅元不觉深深感动，担惊受怕。

他想劝父亲回家休息，可话到嘴边又咽了回去。覃梅元心想，此时劝他也是白劝。父亲认定的事情，就是十头驴都拉不回去，自己干脆加快步伐，超越父亲往前走。

父子俩行至竹园坪村茅塔坟墓包地段，覃东荣偏头朝左下看去，只见汹涌滚滚的茹水河波浪滔天！“轰轰”的洪水声震耳欲聋。

“梅元，你看大河里的洪水快满岗了，镇中心幼儿园危急！你比我行动快，赶快上前帮我通知一下沿途的老师，我随后就到！”覃东荣拄着拐杖，边追边对覃梅元喊道。

覃梅元道：“知道了。爹，我先走了，你自己注意安全啊。”

覃东荣道：“我没事，你自己也要注意安全！”

“爹，我知道了。”

覃梅元边说边加快了步伐。不一会，覃东荣就落下了老远。

覃梅元干脆收起了伞，一路小跑往前边去了。他一边跑，一边通知沿途的老师和群众去幼儿园抢险。

四十分钟后，覃东荣拄着拐杖走到教字垭大桥上。

大桥下波涛翻滚的洪水发疯似的怒吼着，不时发出震耳欲聋的轰隆声。它好像要冲垮大桥，吞没成片的村庄与农田！

覃东荣走在桥上，身躯在颤抖。拿拐杖的右手无力握紧拐杖，两腿在发抖。右脚不听使唤不敢往前迈，五脏六腑在不停地翻滚着，心快被揪出来了。大桥仿佛在漂移，人走在桥上好像坐在轮船上一般。

覃东荣脑袋“嗡嗡”作响，他不敢往旁边看。他闭着眼睛，凝神消除杂念。片刻后，他紧握拐杖，一鼓作气，一步一步地从大桥中间往东行走。

三分钟后，他终于走过了大桥，心里暗自一阵高兴："好险啊，总算过来了。"

此时，大雨丝毫没有停下来的迹象，还在继续肆虐着。洪水仍在上涨，已经漫到镇中心幼儿园的操坪。

覃东荣拄着拐杖，颤颤巍巍的，好不容易走下台阶，来到镇中心幼儿园，想进去查看险情。

李嫣在下边大喊："覃校长，你的腿不得力，洪水在上涨，这里很危险，你就站在公路上指挥吧！"

"这哪成呢？多一个人，多一份力量，我必须进去！"

覃东荣不听，毅然拄着拐杖同老师们和附近的群众一起走进了园内，参与到转移财产的行动中。

大家七手八脚地忙碌起来。搬的搬桌子，搬的搬凳子，搬的搬教学设备……操场上人来人往，忙而不乱。

值得庆幸的是，在洪水淹没镇中心幼儿园之前，财产已转移完毕。

一个小时后，最大洪峰淹没了镇中心幼儿园一层楼！整个教字垭集镇一片汪洋，积水最深处有四米多，真的好险呀！若不是老师和附近群众奋力转移财产，镇中心幼儿园的损失可就大了。

洪水退去后，覃东荣带领附近老师，铲除镇中心幼儿园内的淤泥，清洗操坪、教室。镇中心幼儿园清理干净后，他又带领附近老师清洗集镇街道。

第二天，覃东荣按地域将全镇分成四个片区，并将附近老师分组，每组调查一个片区师生受灾情况，做好登记。

明知山有虎，偏向虎山行。

7 月 27 日下午三点多，几天几夜没有休息好、眼睛充血的覃东荣，不听家人的劝告，依旧带领覃遵兵、李嫣、覃建新、覃基权、覃金春、覃梅元等老师四处调查。

走到农校上坡石头台阶路段时，劳累过度的他，突然一头栽倒在石阶上，不省人事。

“不好啦，覃校长晕倒了！”

后面的老师们见状，跑上前去，众人把覃东荣搀扶起来，覃遵兵掐他人中。覃东荣一直昏迷不醒，看来真的是累垮了。

覃遵兵来不及多想，立即背起覃东荣，李嫣叫上救护车，火速把他送到张家界市人民医院，进行紧急抢救。

在重症室内，医护人员尽了最大的努力对覃东荣进行抢救。连续六天六夜不停地输氧、输液，覃东荣仍没有醒过来。

医院院长对家属说，如果病人到第七天还没有醒过来，你们就准备后事吧。

覃梅元一听，脑袋“轰”地一下懵了：“院长，无论花多少钱，你们都要把我父亲救活过来！”

“覃老师，你要有个心理准备，你父亲的体质太差了，就算醒过来了，也可能是半身不遂了。”院长摘下口罩，拍了拍覃梅元的肩膀，走出抢救室。

这六天六夜中，妻子伍友妹一直守候在覃东荣身边。前两天两夜，她都未曾打个盹。

后四天四夜，因救夫心切，她更睡意全无，脑子一片空白。一天二十四小时，每一分每一秒，都是眼睁睁地望着丈夫，盼望他早点醒来。

这期间，她内心已经到了快崩溃的边缘。如果丈夫不再醒来，连最后道别的一句话都来不及说，该是何等的凄惨。

家中的两个儿女也焦急地期待着父亲早日醒来、早日康复。

教字垭镇中心完小的师生，默默地祈盼着他们的“拐杖校长”尽快好起来。

乡亲们也默默地祈祷着他们尊重、爱戴的校长早日出院去家访。

抢救到第七天时，覃东荣终于度过了危险期，总算醒过来了。

伍友妹高兴之际，不断呼喊着丈夫的名字：“东荣，东荣……”

无论伍友妹怎样喊，怎样叫，覃东荣只是呆呆地望着妻子，却不能说话。原来他脑部受损严重，身体过度透支，成了“植物人”。

覃东荣的命是保住了。而伍友妹呢？她六天六夜没有睡过一会儿，没有休息片刻，她因焦虑过度，抵抗力、免疫力减弱，一下得了重感冒，也倒下了。

就是铁造的机器人，也要休息啊。

覃东荣自己也想不到，就是因为自己的过于执着、不爱惜身体，他这一躺下，就是近三年，想爬着行走，都成了一种奢望。

第三十九章

夫妻同心

夫妻同心，黄土变成金。尽管覃东荣夫妻同心同德，可他们并没有让黄土变成金，反而苦难深重。丈夫不幸晕倒，妻子因护理病倒，这真是患难见真情啊。

覃东荣因公受重伤一事，牵动着教字垭镇中心完小千名师生的心。师生们多么希望覃校长早点返校，给他们讲伍铁岩的故事，讲雷锋的故事，讲红军长征的故事，和他们一起跳土家摆手舞，和他们玩老鹰捉小鸡的游戏。

当然他们最喜欢的，还是听覃校长上语文课。唐诗、宋词、元曲、明清小说，覃校长什么都讲，只要是和语文知识有关的，他信手拈来，说他个三天三夜，也说不完。

而今，可亲可敬的覃校长倒下了。学校校委会召开紧急会议，决定派专人护理他们的校长，但事先需征求他妻子伍友妹的意见。

教字垭镇中心完小校委会部分成员提着一大摞礼品，来到医院病房。

此时，伍友妹也许太累了，竟然坐在床沿边上睡着了。

向小桃一进门就大大咧咧地说："嫂子，我们来看覃……"

李嫣把手指放在嘴唇边："嘘，小声点，让嫂子好好睡一会。现在有我们两个看着就行了。"

李嫣把礼品轻轻地放在床头柜上，也不去打搅伍友妹，就静静地站着。看着病床上的覃东荣，她忍不住落泪了。

李嫣在心里默念着，一周前还生龙活虎的覃校长，今儿却躺在这里，昏迷不醒。学校的七十周年校庆还等着他牵头呢！以前我总是和你对着干，实在对不住啊，覃校长！没有你的严厉，没有你的鼓励，没有你的培养，就没有我李嫣的今天……

她多么希望覃校长立刻就醒过来，还有许多事要咨询他，想请他给出指导性的建议。可是目前这个情况，他也许一个月醒来，也许永远不会醒来，李嫣不敢再往下想了。

不知道什么时候伍友妹醒来了。她抬头一看，旁边站着两位老师，不由大吃一惊："两位老师，你们什么时候来的？今天不上课吗？"

李嫣微笑着回答："嫂子，今天是星期天，不用上课。"

"你看我都急糊涂了，今天是周末……"伍友妹苦笑了一下，"你们别站着啊，快坐！"

病房里是没有座位的，李嫣尴尬地说："我们站着就行。"

伍友妹从旁边病床搬来两把凳子，看向向小桃，说道："两位坐。小桃啊，今儿你们有什么事吗？"

向小桃拉着伍友妹的手说："姨妈，听说您护理覃校长病倒了，学校派我们几个来护理覃校长，你好好歇息一段时间吧。"

伍友妹眉头一皱，望了一眼病床上的覃东荣："要老师来护理东荣，他会不安心的！东荣瘫痪在床，不能去学校工作，就已经对不起党和国家了。若再派个老师来护理他，岂不耽误了学生的学业、老师的工作？"

李嫣说："嫂子，覃校长是因公负伤，学校派人护理他是应该的。

你日夜不停地护理覃校长快两个月了，就是铁打的也支持不住，你还是休息一段时间吧。再说你家要做农活，孩子需要照顾。这里有我们。”

伍友妹说：“谢谢你们！李老师，你来护理，力气还不如我，东荣屎尿要接，很不方便呀！再说你是主管教学的副校长，学校很多事等着你去办。”

李嫣说：“嫂子，要不我们换个男教师，怎么样？”

早走进病房的覃遵兵赶紧接上了话：“对，对，对。我是男的，护理覃校长方便。我力气大，照看覃校长没有问题的。”

伍友妹摆摆手：“覃主任，学校也离不开你。你的辈分比我家东荣大，更不合适。”

向小桃态度诚恳地劝说：“嫂子，你都生病了，就别逞强了。”

“我家老覃说了，千万不能占公家的便宜。”伍友妹还是不同意让老师护理，“不然东荣醒来有意识了，会埋怨我的。”

向小桃很不放心：“姨妈，可是你也病了啊，怎么护理？”

“没事，我让亲戚过来，帮忙护理几天就行啦。”

三位老师拗不过倔强的伍友妹，只好悻悻离去了。

伍友妹在永定医院住了一个星期的院，花去医药费五百多元。

一出院，伍友妹又回到丈夫的身边，仍坚持自己护理，不麻烦学校和公家。

后来，伍友妹考虑到医疗费用问题，将丈夫转到医疗费用比较低的张家界市中医院治疗。

此后，覃东荣就一直瘫痪在床，吃饭要喂、茶水要喂、屎尿要接。但伍友妹从没有责怪过丈夫，她认为丈夫为了抢救国家财产，倒在调查师生受灾情况的路上，虽负伤致残瘫痪也光荣，他做得对，他应该这样做！

护士告诉伍友妹，病人在床上睡久了会磨破皮肤，那样问题就大了，要隔半小时给病人翻一次身，一天一夜至少要翻二十四次身，她不厌其烦；一天要擦三次身，晚上要洗脚，活动一下血脉，她任劳任怨；丈夫身材高大，有一百四十多斤，每次接大便，伍友妹一个人吃力地把丈夫抱下床，累得满头大汗，气喘吁吁，她从不叫累嫌脏。

丈夫住院后虽屎尿要接，但所住的这个病房是最清洁的。每次医院的清洁工打扫到这个病房时，看到干净整洁，不需再扫、再拖的地面，无不感动。勤劳苦做的伍友妹把这个病房的卫生全包了。

连每天查房的医生，量血压体温、打针发药的护士都说，想不到这个病人的家属护理得这么好，瘫痪在床这么久，病人身上闻不到一点儿味道！这不是一天、半月，而是一年、两年，哪个护理病人有她护理得这么好。

张家界市中医院的领导、医护人员也被伍友妹这种耐心、负责、细心的护理态度所感动。整个住院部的病人、家属，都被伍友妹这种无微不至照顾丈夫的举动所震撼，投以敬佩的目光。

对一层楼的病人，伍友妹看到哪床吊水打完了，还帮着喊护士；哪床没人护理，她就给病人接屎接尿、打开水。病人及家属也称她为“伍护士”。

为了更好地护理病人，节约病人的经济开支，院方给伍友妹开了绿灯，特许她在过道上做饭。

覃东荣成“植物人”后，有半年未能开口说话了。直到第二年春节过后，在各级党委政府、教育主管部门的关怀下，经过医生的精心治疗和妻子没日没夜的耐心护理，真情战胜了病魔，真情感动了上苍，真心唤醒了丈夫。

奇迹出现了，覃东荣能开口说话了，虽话说得不是很清晰，但还是能听出说的什么。

“友妹，友妹，我有半年没交党费了，告诉孩子们记得替我交党费，不然我对不住共产党！”原来，这是他会说话后，交代妻子要做的第一件事。妻子听懂了，微笑着叫他放心，她一定会要长子替他交的。

阳春三月的一天黄昏，晚霞映得巍峨高耸的天门山格外美丽壮观。

伍友妹端着一碗饭走进病房，准备给丈夫喂饭，不知怎么回事，覃东荣却突然哭起来。

望着泪流满面的丈夫，伍友妹急了，忙问：“东荣，你怎么啦？是身体不舒服吗？”

覃东荣抽泣着：“友妹，我这是怎么了，怎么会睡在这里？”

伍友妹和蔼地说：“东荣，你不知道呀，你都因公负伤住院半年了。”

覃东荣右手摸着自己的头：“哦，我想起来了，我和几个老师走到镇农校上坡石头台阶路段，突然晕倒，感觉头疼。”

伍友妹道：“东荣，你晕倒受伤、昏迷不醒，是几个老师送你到医院抢救的。你能想起来就好。”

覃东荣挣扎着道：“友妹，我要起来，我要起床！我要回学校给学生讲课去！”

覃东荣想用双手撑床，两腿弯曲，试图爬起来。可惜他左半身瘫痪，左手左脚没有一点儿知觉，任凭他右手右脚怎么挣扎，还是无济于事，坐不起来，他不禁泪如泉涌。

他不是因为头疼而流泪，也不是为自己在调查师生受灾情况的路上摔倒致瘫痪感到后悔而落泪，而是因半年来，没有踏入学校半步，未给学生上过一节课，心存愧疚而痛苦。他觉得自己对不住那些天真可爱的孩子，他做梦都在给学生上课哩！

看到覃东荣病成这样，还想着他苦心经营的学校，想着他的学生，同病房的病友都眼眶湿润，有的擦眼泪，有的叹息。

一位瘦高的年老病友徐徐走过来，劝他道：“覃校长，我们都知道你是一个好人。你住院期间那么多人看望你，关心你。你年纪虽然比我小好多，但我们这些病友都敬佩你！你今天应该感到高兴，我住院七个月了，看到你半年没说过一句话。今天你能开口说话，是因为你妻子日夜不停的护理。你还是吃点饭吧，人是铁，饭是钢，人不吃饭怎么行？你不吃饭怎么能好起来，怎么能早日出院，回到学校给学生上课？”

在众病友的劝说下，覃东荣感激地点点头，开始张开大嘴，吃起饭来。

伍友妹立刻笑逐颜开。她在丈夫的颈下周围围上一层纸，就像母亲给刚刚能吃饭的幼儿喂饭一样，一口一口地喂。生怕他噎着，还不时用勺子给他喂冷开水。喂着喂着，饭菜凉了，伍友妹把饭菜热一下，再喂。

就这样，一碗饭至少要热三次，可伍友妹从不嫌麻烦。覃东荣瘫痪在床，此时还不能动。

一天上午，伍友妹给丈夫喂完饭。覃东荣望着妻子道："友妹，记得在抢险前，我把工资放在裤子口袋里，你后来看到这钱没？"

伍友妹摇摇头："没看到。我来医院后，洗你那条裤子时翻了口袋，没发现有钱。那恐怕在抢险中，被洪水冲走了。"

覃东荣道："我也记不得了，恐怕是……"

这次抗洪抢险、调查灾情，覃东荣腿脚不好，完全可以不用去，全盘指挥就行。可是一念之差的执着，就让他彻彻底底成了一个废人，拖累了妻子，拖累了全家。

有时，覃东荣望着眼前日渐憔悴的妻子发呆，看着看着，就禁不住潸然泪下了。

这个跟了自己二十二年的小女子，没有过一天好日子，勤俭持家操碎了心。她自己一身的病还坚持护理着自己，做丈夫的问心有愧啊！

第四十章 作诗明志

自从覃东荣住院后，教字垭镇的许多学校师生、领导和家长，陆陆续续来到医院，探望这位抗洪抢险英雄。

一天，外甥女熊金桃到中医院来看望他，带上了覃东荣最爱吃的水果——黄桃。

覃东荣很是感动：“金桃，你今天能来医院看我，我很感激！我以为前年不准你在学校卖东西，你会记恨姨爹一辈子，永远不理我。姨爹现在瘫痪了，不行了！”

外甥女眼眶湿润，擦了擦眼角：“姨爹，你当时做得对。不仅我敬佩您，我们覃家湾联组的所有乡亲都很敬重您，担心您！您是一个公而忘私、廉洁奉公的好人，您看您现在却搞成这样！姨爹，我来迟了，不要想那么多，安心地养病吧。病养好后，好回学校工作！”

一说到病，覃东荣的情绪又低落下来：“金桃啊，我这病恐怕是好不了啰……”

熊金桃安慰覃东荣："姨爹，您气色好。好人会一生平安的。"

"金桃，姨爹心里清楚，就我现在这身子骨，不行了！……"覃东荣说着说着，忍不住啜泣起来。

熊金桃强忍泪水："医生说，只要您心情舒畅，好好配合治疗，不久就能下床走路！"

覃东荣将头靠在了枕头上："但愿如此吧。"

"姨爹，那我回去了，您好好养病，记住一定要听医生的话。"

出了病房，熊金桃靠在一棵桂花树上，终于忍不住大哭起来……

一天下午，市教委彭主任带着组织的关怀来慰问覃东荣。

覃东荣感动得热泪横流，他挣扎着试图坐起来。

彭主任急忙走上前，握住覃东荣的手，动情地说："覃校长，别这样，不要动。你的情况，我们市教委领导都很清楚，我们对你关心不够，让你受苦了！"

覃东荣挥着右手，激动地说："彭主任，各级领导对我都很关心。这次若不是国家给我医治，我可能早已不在人世了！彭主任，您专程来看我，叫我如何安心啊！"

"我们市教委应该感激你，你对教育的贡献那么大。你放心，各级党委政府、教育部门会关心你的，你就安心养病吧。病养好出院后，好回学校工作！"

彭主任安慰他一番后，难过地走出病房。他也知道这位"拐杖校长"时日不多了，说多了反而会影响他的病情。

为了让覃东荣老校长爬起来，早日康复出院，学校为他特制了一把舒适的麦秆藤椅。

全校教职工及少先队干部，在新任校长伍贤科的带领下，手持鲜花，带着这把代表全校师生心意的藤椅，来到张家界中医院看望覃东荣老校长。

可惜病房太小，容不下那么多人。师生们只能排队，一一把鲜花献给他们尊敬的老校长。

覃东荣望着这一束束五颜六色的鲜花，和那把精致的藤椅，心中不悦。

伍校长代表大家说：“覃校长，您是我们的老校长。期望您能早日战胜病魔，从病床上起来，坐在这把藤椅上工作。”

覃东荣严肃道：“买这些鲜花和这把藤椅要花钱，今后不要这样，回校要注意安全！把教学工作抓好，就是对我最大的安慰。我只要能下得了床，就一定会回校给学生上课的！”

伍校长望着这位一生清正廉洁、一身正气、德高望重的老校长，眼眶湿润了。

伍校长强装微笑道：“覃校长，就按您的意思办。以后不买鲜花了，但这藤椅，您得收下。”

覃东荣立刻高兴了：“藤椅可以留下，但要补齐买藤椅的钱。这是我们共产党员的作风，伍校长，不能让我违反党的纪律吧！”

…………

覃东荣这次的病实在过于凶险，瘫痪在床很久，还是没能爬起来。虽然他不能回到教字垭镇中心完小去看一看，可他的心早已飞回校园无数次了。他不断幻想着与同事们一起备课，一起讨论，一起批改作业，一起浇灌着祖国的花朵。

覃东荣想得高兴之余，写成《念完小》诗一首作为纪念：

前山天门对院开，后依廻龙紫舞台。
左侧英雄烈士塔，右邻玉皇麻崆山。
澧水蜿蜒城中过，群山起伏飞舞来。
呑根生涯几十载，桃李天下咱们栽。

为希望自己早日出院回到学校努力工作，又作《园艄曲》以表心意：

园丁四季育桃李，艄公苦渡船复启。
英雄豪杰入史册，吾身公残弟子医。
同壕战友最知心，不辞劳累慰友人。
唯愿吾身早康复，重返教坛献余春。

住院期间，覃东荣夫妻收到一封来自湖南省物资学校学生代新华的信，其信感人至深，内容如下：

尊敬的覃校长及师母：

你们好！新年快乐！

祝你们全家在新的一年里获取更大的成功，诸事顺意！

今年春节没有看望你们两老，我深感抱歉！

虽然你们也许能原谅我，但我自己都不能原谅我自己。每每想起过去你们全家对我的如海深情，我就感到汗颜，无地自容！我早年丧父，母亲年老体弱多病，家境贫寒。我那两个成绩优异的姐姐已双双失学。而我忍痛含泪也将步入姐姐的后尘时，是你们，是你们那颗宽大的爱心，把我从失学的边缘拉了回来！其实你们家三个子女正在读书，本来就够困难了。可你们不让穷孩子失学，收留了我们六个贫困学生，不仅管我们吃住，还为我们代交学杂费！

当今社会，能有几人有你们这样的爱心与毅力？

你们俩是世界上最伟大的校长及师母！

没有你们的爱心，我小学都读不完，更不用说能读完初中考中专了。你们是我的再生父母啊！这里，我追忆过去，憧憬未来，在记忆的最深处只有默默祝福你们福如东海、寿比南山！并衷心祝愿覃校长早日康复，早返校园！

我生活得很好，上学期成绩也较为理想。但我会更加努力，学好本领，不辜负你们的期望，长大后像你们一样做一个有爱心的人！

就此落笔。

祝你们全家生活和谐美满！

被你们收留的学生：新华

一九九四年农历正月二十五

读完这封信，覃东荣脸上露出难得的笑容。他为有这样勤奋好学的学生深感欣慰自豪。

1994 年 4 月 4 日，地级大庸市更名为张家界市。

1994 年农历三月十一，覃东荣卧在病床度过了他的五十六岁生日，这也是他在病房过的第一个生日。

长子覃梅元因工作忙，没有前来陪父亲过生日，冷冷清清的。

覃东荣清楚地记得，1984 年 3 月，四叔覃遵众（时任贵州省体委正厅级干部）回到阔别四十一年的教字垭乡七家坪村覃家岗，覃家一片欢腾。

下午，一家人（覃章锦后人）合影，他没请假参与合影。放学后，他回家看望四叔，和四叔寒暄客套了几句，便又匆匆去了学校。

如今，临到长子公事在身，不来医院，覃东荣不责备儿子，反而称赞他做得对，一切以工作为重。

望着医院白色的床、白色的墙壁，覃东荣不由想起母亲已病故了十四年。儿生母辛苦，母亲吴幺妹是他一生中最尊重的人。

母亲虽然没读过书，没文化，但他觉得母亲是个了不起的人，是女中强人。

母亲教他如何做人，教他如何工作，教他怎样为国尽忠。第一任妻子向佐梅生下长子只六天就不幸仙逝，若不是母亲含辛茹苦地喂养长子，长子又怎能长大成人？母亲为他付出太多，但是没有过上一天好日子就含泪离开了人间。

想着想着，覃东荣不禁泪水沾襟，遂在病床上作了《五十六岁寿思》诗一首，以感激父母的养育之恩：

尺五成人父母育，寿思慈母心中忧。
特请吾父坐上席，敬献故母一杯酒。

暑假的一天中午，伍良平的母亲领着伍良平、伍凤华、吕飞跃、吕启银、代新华、陈霞，提着鸡蛋、红糖来到病房。

伍良平的母亲走到覃东荣病床边，看到覃东荣的左手打着吊水，用自己那双细长的手，握住覃东荣的右手，泪流满面，哽咽着说："覃校长，您受苦了，我们对不住您呀！您家那么穷，不该收留……"说完泣不成声。

覃东荣道："伍良平的母亲，不要哭，应该的。我若不这样做，对不住自己的良心！……"

曾被覃东荣收留的六个孩子，早已泪流满面。他们依次握住覃东荣那只消瘦的右手，颤抖不已。

伍良平的母亲深情地说："覃校长，你们夫妻是世界上最好的人！好人会有好报的。您会慢慢好起来的！"

覃东荣语重心长地说："谢谢你们！今天看到孩子们健康成长，学习进步，我很高兴！我现在很好，你们不要担心。不要再来看我了，来回一趟要花很多钱。山区路远，伍良平的母亲，早点带他们回去。"

伍良平的母亲说："好，覃校长，您安心养病，那我们就回去了。"

覃东荣要伍友妹把鸡蛋退还给伍良平的母亲，可是她不收。伍友妹趁她不注意，将二十元钱放在红糖上，迅速包好，硬塞给了伍良平的母亲。伍良平的母亲含泪与六个孩子走出病房。

学生家长来了，给他带来了鸡蛋、糕点。覃东荣要伍友妹退还给家长，弄得家长们很不好意思。

老支书代表七家坪村的党员、群众给他带来了一根漂亮的拐杖，拐杖上面刻了一颗心，盼望覃校长早日康复出院。

覃东荣要伍友妹付给老支书买拐杖的钱，心意他领了，但是不能白拿，这是覃东荣做人的一贯作风。

春节将近，病人们纷纷出院回家过年。整个住院部空荡荡的，不能回家在医院过年的，寥寥无几。

市中医院领导特地为在医院过春节的病人及家属安排了丰盛的年饭。市区领导也专程来医院慰问覃东荣及其家属。

这么多好心人牵挂着英雄，祈祷英雄早点站起来，回归学校。然而上苍就是这么无情，不给覃东荣站起来的机会。

第四十一章

捷报频传

覃东荣住院后，接任校长的伍贤科以覃东荣老校长为榜样，把学校管理得井井有条。

学校在不欠一分债的情况下，入学率、巩固率年年都是双百，率先在贫困山区实现了普及九年义务教育的目标，成为全省教育目标管理创优集体。

为促进永定城乡教育大发展大繁荣，为把永定教育办成全市、全省教育名区，推动永定经济文化快速腾飞，永定区委、区政府研究决定，在教字垭镇中心完小召开全区教育目标管理先进经验交流现场会。

1994 年 5 月上旬的一天上午，风和日丽，阳光灿烂。

永定区委、区人大、区政府、区政协领导，在时任区教委主任王立章的陪同下，率领永定区教委领导及二级机构负责人、各分管教育的副乡（镇）长、区直学校校长、教育办主任、联校校长、中学校长及完小校长一行两百余人，浩浩荡荡地来到教字垭镇中心完小。

学生们穿着整洁的校服，排着整齐有序的队伍，挥舞着彩旗、彩带、花环，站在学校门口前蜿蜒平整的大道上，高兴地迎接嘉宾的到来。

区领导及校长们观看了该校步调一致、整齐划一的大型体操表演，甚是赞叹。随后，听教导主任覃遵兵代表学校做教育目标管理先进经验介绍。

覃遵兵主任声音铿锵有力："要把一所贫困山区小学办成全国先进单位、普及九年义务教育的全省创优集体确实不容易！我校的入学率、巩固率每年能够达到双百，是我们的'拐杖校长'拄着拐杖拖着残腿，手脚并用爬遍青山打拼出来的。他为了不让一个学生因贫困而失学，十二年来，为贫困生代交学杂费、书本费、生活费三万多元。并在自己月工资不到两百元，自家三个子女正在读书家境相当贫困的情况下，毅然收留了六名失学儿童。这位'拐杖校长'，他就是我们的老校长覃东荣！他因公负伤，现在瘫痪在张家界中医院的病床上，不能来学校与各位领导和校长们见面！"

"在此，我代表全校一千多名师生，向把自己的全部心血献给贫困山区教育事业的覃东荣老校长鞠个躬。"覃遵兵边鞠躬边哽咽着说，"祝愿他早日站起来，早日康复回学校工作……"

会场上顿时响起了经久不息的雷鸣般的掌声！

在座的各位领导及校长们也被深深打动了。他们都在想，难怪这所山区小学办得这样好，这样出色，入学率、巩固率达双百，教学质量名列市区前茅。原来是因为有一个廉洁奉公、以身作则、以校为家，把自己毕生精力奉献给山区教育事业的好当家人呀！

听完覃遵兵主任的教育目标管理先进经验介绍后，与会领导及校长们参观了该校简陋的档案室，认真查看了教育目标管理的软件资料。

当详细有序、字迹工整的"普九"资料展现在各位领导及校长们的眼前时，他们无不叹服！

这是对教字垭镇中心完小取得的成绩给予的高度评价，也是对覃东荣自1981年9月担任校长职务十二年来,艰苦办校、砥砺前行的充分肯定。

这次经验交流现场会后不久，从共青团湖南省委、共青团张家界市委又传来喜讯：该校少先队辅导员向小桃被评为“全省优秀少先队辅导员”“全市十佳少先队辅导员”，被邀请到朝鲜参观考察学习。

在前后不到三个月的时间里，卧病在床的覃东荣，听到教字垭镇中心完小连续荣获多项殊荣，心里异常兴奋！他在病床上也感动得流下了自豪的泪水，这多项殊荣中，都有他的辛勤付出啊！

1995年初秋的一个星期天上午，覃遵兵、李嫣两位副校长走进病房，看到覃东荣精神好多了，双眉舒展，很是高兴。

覃遵兵坐在覃东荣病床边，微笑着说：“覃校长，今天我专程来这里，就是要告诉你一个好消息。”

覃东荣坐在床上看向覃遵兵，疑惑地问：“覃校长，看你们这么高兴，是什么好消息呢？”

覃遵兵瞅了一眼覃东荣，说：“从我们学校毕业的彭朝华、石振清分别考取了北京大学、清华大学！”

覃东荣大笑不已，说：“确实，这的确是个好消息！今年是教字垭镇中心完小建校七十周年，又有学生考入北大、清华，意义非凡，意义非凡呀！这是我们学校最大的幸事！你们两个，一个是德育副校长、一个是教学副校长，一定要协助校长好好总结，再接再厉。”

此时，李嫣来到病床前坐下，微笑着对覃东荣道：“覃校长，您放心，我和覃副校长会全力协助校长工作的。学生考上北大、清华，这真的是我们乡村学校的光荣！覃校长，还有个好消息与您有关。”

覃东荣吃惊：“与我有关？”

李嫣道：“对，与您有关。人民日报的一位记者路过张家界，听说您的英雄事迹后很感动，想给您来个专访。”

覃东荣着急道：“不，不要，千万要拦住他。我做的都是分内之事，采访我没有价值，不值得采访！”

李嫣笑着说：“登了报纸，上了电视，大家都向您学习，多有价值呀！”

伍友妹走过来道：“李校长，你不知道，他呀，是一个怪人！”

李嫣点了点头，噙着泪笑了笑道：“我和覃校长共事十四年了，今天，才算真正了解他了！”说完她用手帕擦了擦眼角，郑重地向老校长鞠了一个躬，转身和覃遵兵离开病房。

覃东荣对家人道：“如果不是共产党和人民政府，我覃东荣一生一世莫想踏进学校的大门。我所做的这些工作，是作为一名党员应该做的。回想我从 1962 年 9 月参加教育工作以来，先后在青鱼潭、七家坪、宋柳、甘溪峪、罗家岗、中坪、教字垭七所小学主持工作。三十一年的教学生涯虽然取得了一点儿成绩，但这点成绩与党的要求还相差甚远，是微不足道的！我的这点儿成绩不值得宣扬，我们共产党人干工作不是为了名，不是讲花架子，而是讲实效。不要采访我，如果硬要来采访我，我就拔掉针头，不住院了！”

那位记者从覃东荣家人的口述中，听到这一番话后，更加佩服覃东荣了。为尊重他的意愿，主动放弃了对他的专访。

为此，有的人说他蠢，有的人说他傻，有的人说他憨！

这些人说，有的人想上中央党报宣传，不知要花费多少精力、多少财力去运作，还要托很多关系哩！而他却这次把送上门来宣传他的机会都推掉了。不知是傻、憨，还是脑子有毛病。

但更多人说他是一个不计较个人得失、淡泊名利的人，是一名真正的共产党员！

1996 年 5 月 31 日，覃东荣微笑着对妻子道：“友妹，麻烦你把我头用枕头支高点，再把西北边的窗户打开。”

伍友妹疑惑地问：“打开窗户干什么？”

覃东荣看向妻子道：“让我再看看教字垭镇中心完小，看看辛勤的同事们和可爱的孩子们。”

伍友妹瞅着丈夫疑惑道："三四十公里远，你看得见？"

覃东荣焦急道："你打开，我会看见的。"

伍友妹走过去，噙着泪推开窗户，转过身来，看到丈夫面带微笑，目不转睛地遥望着西北方出神。

医院西北方向正是他日思夜想的教字垭镇中心完小。在那里他华丽转身，成为名满湘西的优秀教师。

覃东荣呼吸平缓，双眼紧闭，往事一幕幕浮现在眼前：

1938 年农历三月十一，我出生于大庸县西北部西教乡七家坪村。

1953 年 3 月，十五岁的我在共产党的关怀下，发蒙读书。从踏进学堂那一刻起，我就发誓要报答党恩，长大后当个老师，要让所有穷人的子弟都能上学读书。

1962 年 9 月，二十四岁高中毕业后，在青鱼潭小学当民办教师，担任负责人。

1964 年 9 月，组织调我回故乡七家坪小学任校长。同年农历十月二十六，与贤妻向佐梅结成夫妻。

1966 年农历六月十八长子覃梅元出生，六天后向佐梅去世，自己大哭七天七夜，每月筹二十元钱请奶妈带养孩子。

1971 年 1 月，转为国家教师。此后，一生深深扎根山村教育。

1972 年暑假，与农村姑娘伍友妹结婚，后育有一女一儿。

1973 年 5 月 10 日下午三点，我在甘溪峪小学任校长时，在洪水中抢救一名落水学生，左腿骨折，拄上了拐杖。

1981 年 9 月，任教字垭公社中心完小校长，严谨治校，率先进行素质教育探讨，首创"立体式德育网络教育"。

1985 年 9 月，同几个老师去伍良平家劝学，为伍良平兄妹负责学杂费，把伍良平接到自家生活。

1986 年春季开学后，把伍良平的妹妹伍凤华接到自家生活。同年 6 月加入中国共产党。同年秋季，陆续收留了吕飞跃、吕启银、代新华、陈霞，送他们上学读书六七年。

1987年农历九月初八，为了让收留的六个孩子有房住，借债六千多元修建了三间土砖屋。

1989年，地级大庸市德育工作先进经验交流现场会在我校隆重召开，我在大会上作德育工作先进经验介绍。

二十年来，自己拖着残腿拄着拐杖，上坡手脚并用爬、下坡手脚并用滑，爬遍青山劝接资助贫困学生上学，为贫困生垫付学杂费、生活费三万多元，全校没有一名学生因贫困而失学，并率先在贫困山区实现普及九年义务教育的目标。

1993年7月27日下午三时许，在调查受灾师生受灾情况的路上，光荣负伤……

1994年5月，张家界市永定区教育目标管理先进经验交流现场会在我校隆重召开。

自己一生扎根山村教育三十四年，除因公负伤住院三年外，担任乡村小学校长职务三十一年，把一所贫困山区教字垭镇中心完小办成了“全国读书读报先进单位”“全国少先队红旗大队”“全国雏鹰红旗大队”。

自己多次被党和政府授予区县、市州级荣誉称号和奖励。为报党恩，自己用一生默默兑现了当初“要让贫下中农子弟都能上学读书”的诺言，无怨无悔。

…………

覃东荣老师，甘做坚定不移的乡村教育守望者，奋斗了一生，节俭了一生，坎坷了一生，奉献了一生，高风亮节，令人高山仰止！

覃东荣同志是一个真真正正的仁者，一个与命运抗争的勇士，一个书写传奇的坚定信仰者。

第四十二章

英雄长眠

湖南，张家界。

1996年6月1日，儿童节，阳光灿烂。

这一天，是孩子们最快乐的日子，可以跳呀、唱呀，热热闹闹地庆祝属于自己的节日。

可这一天，整个教字垭地区，都沉浸在忧郁焦急的气氛之中。教字垭镇中心完小的师生及全镇的干部群众，时刻牵挂着他们的老校长覃东荣，他们怎么也高兴不起来。

几天前，张家界市中医院来了电话，说他们尊敬的覃东荣校长，在世上的时日已不多了，恐怕就在六一节前后，覃校长的大限之期就到了。

覃东荣因公负伤躺在病床上，仍在思考着怎样早日重返校园，重返课堂。他知道，只有把病治好了，才有可能再去为学生上课。

他积极配合治疗，顽强地与病魔搏斗了近三年。只是他的身体透支过度，治疗没有多大效果，并没有出现多大的转机。

这天下午五点十五分，覃东荣在病床上吃力地对妻子伍友妹说：“友妹，感谢你三年来一直护理我，遇到你是我这辈子的福分。我这一生主要做了两件事：一是在洪水中抢救出两个落水儿童；二是我们夫妻共同收留了六个失学儿童，为了供他们吃住、上学，虽欠了两万元的债务，但值得！看来这些账我还不了了，只有靠你偿还了。我走后，告诉师生和乡亲们，不要为我开追悼会，不要为我搞宣传，不要为我立碑，寿衣就穿我自己的旧衣，要多扶助那些即将失学的贫困生，不然，我死不瞑目……”

说着说着，覃东荣的声音逐渐低下去了，继而瞳孔放大，脑袋无力地歪向一侧，心脏停止了跳动，呼吸也随之消失。可是他的双眼仍是睁开的，没有合上。

“东荣，你怎么啦……东荣……你怎么啦……”

一心在听覃东荣唠叨的伍友妹，好一阵子没有听到覃东荣说话了。她伸出大手，探了探丈夫的鼻息，这才发现丈夫已经走了。丈夫走得很平静，只是还有不少牵挂。

伍友妹随即摁下了呼叫按钮。医护人员到了，马上给覃东荣做了全身检查，确定他已经脑死亡了，而后无力地对伍友妹说：“覃校长已经走了，阿姨，您准备后事吧。”

啊？东荣真的没了，这不可能！刚才还好好的，在跟我说话呢。这怎么可能？不会的，我们说好出院后，要去望军岩山顶的……

不知所措的伍友妹瞬间崩溃了，一边流泪，一边自言自语。

医护人员拿出一块白布，轻轻盖在了覃东荣的遗体上，而后心情沉重地离开了病房。

“东荣啊……你怎么就这么狠心呀……丢下我不管了……呜呜呜……你快醒来啊……呜呜呜……东荣啊……”

伍友妹伏在白布上，号啕大哭起来。无论她怎么呼喊，覃东荣都没有再醒来。

附近病房的病友都劝说伍友妹："伍护士，人死不能复生，你就节哀顺变吧……"

伍友妹无力地摇头："我丈夫他没有死，没有死，他只是睡着了……"

"是是是，覃校长只是睡着了。"

覃东荣永远告别了与他朝夕相处的妻子、儿女，永别了他心爱的学生及与他同甘共苦的同事，离开了他奋斗一生的教育事业。这一年，他才五十八岁。有诗云：

青鱼甘溪教字垭，历程三载校为家。
危难之中救学生，爬遍青山劝学生。
收留儿童建寒舍，义务普九诺初心。
桃李天下无数计，盛年正茂却倒下。

这天，苍天悲泪，老天也鸣不平。

本来晴空万里的天空，突然间乌云翻滚，电闪雷鸣，瓢泼似的暴雨在大声哭泣！

当夜，教字垭地区教育办的几名领导，听说覃东荣同志逝世的消息后，连夜派车，将覃东荣的遗体运回生他养他的故土七家坪覃家岗。

灵车驶达七家坪村覃家岗时，已是第二天凌晨三点。当时没人声张，但稀稀落落的犬吠声传来，却和往日不一样。

乡亲们还是猜测到了覃东荣校长已经去世。他们有的拿着手电筒，有的提着马灯，有的打着火把，各自撑着雨伞，早早地等候在通往覃东荣家小路的两旁。

覃东荣的遗体一下车，人们就用伞遮着车门，生怕他们的"拐杖校长"被雨淋着。大伙儿簇拥着，抬起装着覃东荣遗体的担架，缓缓前行。

遗体运至覃东荣家后，乡亲们帮助装殓入棺，那棺材是镇中心完小帮助置办的。乡亲们为他换寿衣时，在他身上原来穿的旧衣口袋里，没有发现一分钱，只找到一张陈旧发黄的材料纸，上面记着他生前从别人那借的多达两万元的账单。

覃东荣家没有衣柜，衣服都堆放在一张破床上。李大娘、老支书及几个老师、乡亲含泪在那破床上翻来翻去找了好长时间，却找不到一件像样的衣服，不是有补丁就是有破洞。

如此寒酸，寿衣也没有，大家禁不住落泪了。他们都知道，九年前，为让收留的六个孩子有地方住，覃东荣修房子借了六千元，还要给这六个孩子垫付学杂费、生活费。他月工资才四百多元，负重前行，哪里还有钱给自己买衣服啊？

李大娘实在看不下去了，她边哭边捶打着自己："覃校长啊，覃校长，你每月还是有四百多元的工资！难道你生前连买一件衣服的钱都没有？人家扶贫助学都是有钱人，而你家三个儿女都在读书，自家本来就穷困潦倒，还资助无数贫困学生上学！覃校长啊，都怪我，我对不住你呀！你当时已经收留了四个贫困儿童，送他们读书。你家那么穷，我不该叫你再收留我那亲戚的孩子，送他俩读书呀，是我害了你呀！覃校长啊，你去世后竟找不到一件像样的寿衣，覃校长，你……苍天啊，你作的什么孽呀！"

没办法，几个老师、乡亲最后只好将几件旧衣和两件破烂的运动衫作为寿衣，穿在覃东荣的遗体上。

覃东荣的右脚踝腐烂，双脚也只穿了一双有破洞的袜子和一双旧布鞋，好不凄凉！

在场的人见了这场面，无不为之流泪、叹息……

坐在旁边的伍友妹泪流满面，也很难过。但她深知丈夫是不会责怪她的，因为他们夫妻做的都是善事。穷一点，装殓差一点，不算什么。丈夫生前多次叮嘱过她，死后不要为他花费钱，连寿衣也不让买，说只要有旧衣穿就行了……

这就是被当地百姓称赞为一身正气、两袖清风的“拐杖校长”！

这就是以校为家，义务守校，加班加点不计报酬，把自己的一切献给贫困山区教育事业，被张家界市教委领导誉为“一条山区教育战线默默耕耘的老黄牛”的覃东荣校长！

这就是清正廉洁、高风亮节，被当地百姓称为“焦裕禄式的共产党员”的干部！

这就是“捧着一颗心来，不带半根草去”的教育楷模覃东荣！

当人们沉浸在一片悲恸之中时，突然，一阵呼天抢地的哭喊声又响起。

人们不约而同地望着覃东荣校长的灵柩，只见灵柩前跪着七个青年模样的人，五男二女。原来他们是曾经被覃东荣校长抚养或抢救过的学生，他们闻讯赶来吊唁了。

第一个是被覃东荣校长抚养的伍良平，头额使劲地磕着地，抽泣道：“覃校长啊，覃校长！我们的好校长……您怎么走得这么早？您是为了抚养我们这些贫困学生才累倒的！我们还没有报答您半滴恩情……呜呜……您自己舍不得吃，舍不得穿……东借西凑，拼命抚养着我们，供我们上学。覃校长……覃校长啊……我们对不住您！哪怕只为您称半斤糖、买一件衣……我们的心里也会好受些……我对不住您啊！覃校长……我太无用了！呜呜……”

一个三十多岁的高大汉子，头碰灵柩，悲痛欲绝。他，就是当年被覃东荣校长从汹涌的洪水中舍命救起的学生杨贤金。

此刻，只见他手扶灵柩，痛哭流涕道：“覃校长啊……覃校长……我的再生父亲！我的救命恩人……我还没有报答您恩情……您就这样走了！……呜呜，我对不住您啊！……那么大的洪水……除了您……谁敢救！您瘫痪在床三年，我却没有侍候您一天……您这样走了……我的良心不安啊，我太无能了！呜呜……”

在灵柩前哭泣不止的，还有赵如秋。

此时只见他号啕大哭道：“覃校长啊，您走得太早了，当年您看我把红薯当正餐，经常吃不饱饭的您，两年如一日，坚持每餐给我分饭吃……呜呜……没有您的爱心，我赵如秋可能已不在人世了，您的大恩大德，我永世难忘！您是为了贫困山区教育事业累死的。我赵如秋一生一世最佩服的人就是您，您把自己的一切，献给了党和人民的教育事业，我们甘溪峪村的父老乡亲，永远不会忘记您啊！呜呜呜……”

覃东荣的父亲覃服周拄着拐杖来到灵柩旁，老泪长流。白发人送黑发人，怎不让老人伤心！更何况两年前，他的次子覃正柏去世时才五十三岁，今天他又失去了五十八岁的长子。

老人一手拄拐，一手抹泪，竟哭出了声，极度悲伤。几个乡亲赶紧把老人扶走，免得老人伤心。

长子覃梅元自父亲去世后，一个人忙里忙外。他三天三夜守在父亲的灵柩旁，茶饭未进，脸脚未洗，脚底与袜子都黏在一起。

此时覃东荣的眼睛始终睁着不闭。覃东荣的几个亲友和同事想让他的眼睛闭上，未能如愿。

老支书走过来含泪说：“梅元，你父亲眼睛睁着不闭，你来一下。”

覃梅元走过去用手抚摸着父亲那瘦削的脸，痛哭流涕道：“爹，爹爹啊，您走得太早了！您这一走，叫我如何是好，我们三姊妹该怎么过？爹爹，您是一个苦命人。我母亲生下我只六天就去世了，您同爷爷奶奶把我抚养大，容易吗？呜呜……我还没有报答您，您没有过上一天好日子就这样走了！爹，我对不起您啊！爹，您放心，我会像您那样做一个对社会有用的人，做一个让别人瞧得起的人。我会继承您的遗志，沿着您开辟的扶贫助学之路一直走下去。我会想尽一切办法，成立一个教育基金会，让我们贫困山区读不起书的学生都上得起学！爹爹，您放心，我会照您讲的去做，不会让您在九泉之下不安的。爹爹，您就放心地去吧！呜呜……”

覃梅元的哭声刚一落音，奇迹出现了。父亲覃东荣安详地闭上了双眼，眼角还滴出了几滴清泪，或许这就是心灵感应吧。

覃校长安心地走了，乡亲们、同事们放心了。

这时，几个乡亲想让伴随覃东荣多年的拐杖随他而去。

伍友妹哭着拦住了他们："不，不能，东荣说过，拐杖不能随他而去，他要将那根拐杖一代一代地传下去。拐杖千万不能放在棺材里，要不投胎转世，还要拄拐杖走的……"

乡亲们心领神会，只好作罢。

得知覃东荣去世后，李嫣和丈夫坐车急匆匆地赶到了七家坪。

在到达七家坪村覃家岗之前，李嫣的丈夫犹豫起来，停住了脚步："李嫣，我和覃校长非亲非故，又不怎么熟，我还是不去了。"

李嫣一愣："在家不是说好了吗？怎么现在又突然变卦了？"

丈夫冷冷地说："他是你的同事，是你的校长，与我何干？"

到这个时候了，丈夫竟说出这样的话来！

李嫣立刻火了："行，你不去可以，我看你以后怎么做人！"

李嫣说完，丢下丈夫，就噔噔往前边去了。

丈夫狠狠抽了自己一个耳光，赶紧追了上去："李嫣，你等等我……我错了，你等等我……"

"别跟着我，回你的城里去！"李嫣没有理睬丈夫，反而走得更快了……

第二天，覃东荣校长病逝的消息在全镇传开了。

中午时分，成千上万的师生、家长、干部群众，竟都自发地冒雨从四面八方涌至望军岩山下的七家坪村覃家岗。

大雨滂沱，小路泥泞，他们全然不顾，都想见尊敬的覃东荣校长最后一面，都想为他送行。张家界市永定区教委、区教育工会领导，赶来慰问覃东荣校长的亲属。

人们还是要违背覃东荣老校长的意愿，自发地为他举行追悼大会。人们胸戴白花，臂缠黑纱，在低沉的哀乐声中，整个会场显得庄严、肃穆。

追悼会由教字垭教育办副主任主持，教字垭教育办主任致悼词。

集体默哀三分钟后，教字垭教育办吴主任悲痛地说：“各位领导、乡亲们、老师们、同学们，我们今天自发地冒雨来到这里举行追悼大会，沉痛悼念覃东荣校长。他是为了贫困山区教育事业累倒的，是在调查师生受灾情况的路上负伤致残的！他对教育事业的贡献是巨大的，他的逝世是我们教字垭教育事业的巨大损失，我们永远不会忘记他！”

吴主任哽咽着，实在讲不下去了，等情绪稳定后，他擦干眼泪，继续说：“当学生发生危险时，他宁愿舍弃自己的生命。他为了抢救落水学生，落下左腿残疾。他为了不让穷孩子失学，拖着残腿拄着拐杖，踏遍了我们教字垭镇的每个角落。他为了早日实现普及九年义务教育的目标，在自家三个子女读书、家境相当穷困的情况之下，毅然收留了六名失学儿童，不仅供他们吃住，还供他们上学读书。在他那爱心的感召和帮助下，教字垭镇中心完小没有一个学生因贫困而失学，率先在贫困山区实现普及九年义务教育的目标。他是一名真正的共产党员！他不仅是教师的榜样，党员干部的楷模，而且也是全社会的楷模。他是新中国成立以来我镇最优秀、最受人尊敬的‘拐杖校长’！他把一所山村小学办成了全国先进单位……覃东荣同志永垂不朽！”

一篇不到五百字的悼文，吴主任断断续续竟然说了二十分钟，这就是榜样的力量！在场的人们无不失声痛哭。

6 月 3 日早晨，老天爷可能也被覃东荣的事迹所感动，被成千上万的悲泣声所感化。

一会儿，太阳冲破了重重乌云，探出头，万道光芒照射着大地，照射着覃东荣的灵柩，照射在前来为覃东荣送行的人们的脸上。压在人们心中的巨石终于落下了。

为了送英雄最后一程，为了看覃东荣校长最后一眼，为了感激“爱心校长”，四乡八里的人早早地站满了，从覃东荣家到望军岩半山腰覃氏祖坟两里长的崎岖山路上，黑压压的一片。

送葬队伍浩浩荡荡，宛如一条长龙。蜿蜒陡峭的山道上，人山人海，天哭地泣！

泪流满面的李嫣和丈夫走在送葬队伍的最后面。走了没多远，李嫣丈夫见身后没人，悄悄从怀里掏出来一张折叠的信笺，递向正在哭泣的李嫣。

“什么呀？”李嫣没有接信笺。

“我给你代写的调动申请书……”丈夫小声地说。

“我真服了你，人走茶凉之事，就你做得出来！”

李嫣一把夺过信笺，内容看都没看，当场撕得粉碎，随即抛向空中。碎纸屑满天飞舞，飞向了覃东荣灵柩，飞向了望军岩，飞向了“教”字岩，飞向了周围群山……

“你……”丈夫一时懵了，脸色很是难看。

李嫣哽咽地对丈夫说：“……这么好的一个人，说没就没了，五十八岁就这么走了，他是为这里的教育累死的。假如我调走了，会内疚一辈子的！也对不起覃校长他多年对我的培养！我要同他的儿子覃梅元，还有那些乡村教师，一起为这里的教育扎根奉献一辈子！……请你理解。”

说完，李嫣号啕大哭。前边的人不知发生了什么事，忍不住回头看向李嫣。眼眶湿润的丈夫，瞬间被妻子的决心给感动了，赶紧说“没事”。他一边扶着李嫣一边帮妻子抹眼泪，随着送葬队伍缓缓前进……

上午十一时，覃东荣正式入土。

入土时没有鞭炮声，也没有举行仪式，只有一阵阵催人泪下、惊天动地的哭喊声。

这哭喊声胜过鞭炮声，胜过闪电，胜过雷声！

覃东荣的亲人在流泪，覃东荣的同事在流泪，覃东荣的学生在哭泣，成千上万的群众在哽咽，茹水河在呜咽，望军岩在痛哭……

人们尊敬的“拐杖校长”，学生的好“父亲”，老师的好同事，大山的好儿子覃东荣，在坚强地为党和人民的教育事业拼搏三十四年后，终于支撑不住，倒下了。真正地倒下了。

他，走了，走了，悄悄地走了。

走时没有一点儿响声，他走得那样早，走得那样匆忙，走时甚至连一件像样的寿衣都没有！

中国现代教育家陶行知有诗云：“捧着一颗心来，不带半根草去。”覃东荣献身祖国教育事业三十四年，真正做到了这一点。

覃东荣去世了，但他在贫困山区人们的心中仍然活着！

这样“默默耕耘的一条老黄牛”，他不会走，他自己也舍不得走。贫困山区的教育离不开他！即将失学的贫困儿童，还等待着他去家访啊！

覃东荣没有走，这样一位清正廉洁、一身正气、两袖清风的共产党员，人民怎会让他走？

覃东荣的精神不能丢失，我们这个社会正需要他那廉洁奉公、淡泊名利、勤俭节约、高风亮节的崇高精神！

青山是您的归宿，大地是您的温床！

清风为您放声歌唱，明月为您照耀前方！

安息吧，覃东荣老师！安息吧，覃东荣校长！

安息吧，土家族勇士！安息吧，茹水河英雄！

第四十三章

薪火相传

覃东荣倒下了，妻子伍友妹毅然接过爱心接力棒，继续完成丈夫未竟的心愿。

覃东荣去世后，也许是还没从丧夫的悲痛中走出来，不到四十五岁的伍友妹，不觉间苍老了许多。

一贫如洗的覃东荣，生前没给妻子留下一分钱。他欠下的债务还有那么多没有偿还，只留下三间破旧的土砖房。

坚强的伍友妹没有被贫困所压倒，她像丈夫生前一样，仍时常牵挂着那些贫困学生。

有时候，她拖着疲惫的身体，拄着丈夫曾经拄过的那根拐杖，到覃东荣生前所管理的教字垭镇中心完小看一看、听一听。看看学校有没有变化，听听学校是否有因贫困失学的孩子。她要把丈夫毕生高举的扶贫助学火炬传递下去！

有一次，伍友妹听镇中心完小的老师说，该校四年级有个叫陈成的学生，父母双双去浙江打工，家里还有七十多岁患多种疾病的老爷爷和四岁的小弟弟。陈成的母亲在浙江某厂的车间打工时，突感身体不适，昏倒在地，被工友们送到当地医院进行抢救，医生初步诊断为白血病。

要想根治这种病，必须尽快进行骨髓移植，至少四十万元的手术费用，这对于一个连吃饭都靠邻居施舍度日的贫困农民家庭来说，想都不敢想。

为了给陈成的母亲治病，陈成的父亲把家中所有的粮食及唯一用于春耕生产的耕牛卖掉。陈成的父亲不得不放弃农活，到处打工挣钱。家中的一切家务就落在十岁的女孩陈成身上。

陈成每天都很忙，凌晨五点起床做饭，给弟弟穿衣，给母亲梳头、洗脸、喂药。

每天上学和放学回家，她都拿着编织袋，只要路上有能卖钱的破烂，她都捡起来。

放学后，饥肠辘辘的她回到家，立即给母亲和弟弟做饭吃。晚饭后，先给母亲喂药、洗脚后，再给弟弟洗脚。安顿好母亲和弟弟后，她再提着马灯，背着一家人的衣服去溪里洗。

晚上，夜深人静时，她还要给母亲翻身喂水，给弟弟端尿。懂事的陈成在母亲面前强装微笑，开导妈妈，背地里却偷偷流泪。

一个才十岁的孩子，在家里忙前忙后的，能有多大的精力呢！

一个秋天的星期六上午，她下溪洗衣。刚走到一个溪潭边，因过度劳累，眼前突然一黑，一头栽倒在溪潭里，浸泡在冰冷刺骨的潭水里。

幸好被一路过的大娘看见，不然后果不堪设想！大娘立即跑下溪，把在溪潭中无力挣扎的陈成救起来，并帮她洗完了衣服。

伍友妹听说了陈成家的情况后，心急如焚，想看看这个有孝心的孩子，于是拄着拐杖来到镇中心完小。

伍友妹从陈成班主任口中得知，学校已决定号召全校师生向陈成同学学习，减免了她读书的一切费用，正准备为她捐款，伍友妹放心了。

不一会儿，陈成随班主任来到办公室。伍友妹站起来，和蔼可亲地向陈成招手："成成，来，到奶奶身边来，让奶奶看看你！"

陈成懵懵懂懂地走到伍友妹身边，她抚顺着陈成的头发，心疼地说："真是个孝敬父母的乖孩子！你妈没有白疼你，有你这样一个好女儿，她的病会慢慢好起来的。你是我们学习的榜样！千万不要因为母亲的病耽误了自己的学习。你家距学校较远，上学不方便，假如你愿意，可以到我家来住。"

陈成感激地说："谢谢奶奶！我每天回家要护理妈妈，照料弟弟，他们不能没有我。"

伍友妹和蔼地说："哦，是这样。成成，不要着急，你看这么多老师、同学都很关心你。各级党委政府和社会好心人都会关心你母亲的。我知道，为了给你母亲动手术进行骨髓移植，你父亲现在四处凑钱，奶奶这里有一百元，积少成多，你先拿着。"

陈成不收："谢谢奶奶的好意！您自己这么大年纪了，身体又有病，还需要很多钱，我怎能拿您的钱？"

伍友妹眼眶湿润，心疼地说："好孩子，真体贴人！拿着，这是奶奶的一点儿心意。记住，不管有多困难，千万不能放弃读书。"伍友妹边说边把钱塞进陈成的上衣口袋……

陈成同学自强自立、孝敬母亲、照料弟弟的感人事迹，经《潇湘晨报》、《张家界日报》、湖南金鹰之声、市区电视台等媒体报道后，在社会上引起了强烈反响。

社会上许多爱心人士纷纷向陈成的母亲献出爱心。当时的张家界市委副书记、市长对此事相当重视，当即批示市民政局给予救济，解决陈成一家的基本生活困难。

在庆祝全国第五个公民道德宣传日到来之前，张家界市文明委决定在全市表彰一批道德模范。

伍友妹在自家三个子女正在读书、家中已相当贫困的情况下，毅然收留六名失学儿童，又三年如一日、无怨无悔地护理因公受伤瘫痪在病床的丈夫，还成立过免费“乡村婚姻介绍所”，挽救过刚出生的小婴儿生命，利用祖传秘方免费为许多乡亲治病，她的光辉事迹感动了文明委各成员单位。

市文明委综合市民与市委宣传部、市文明办、市总工会、市妇联、团市委投票，确定伍友妹等十人为张家界市首届道德模范。

2007 年 9 月 18 日晚，张家界市委胡书记亲切会见了全市首届道德模范，并高兴地与入选道德模范一一握手。

当看到行动不便的伍友妹拄着拐杖站得非常吃力时，胡书记急步走上前，亲切地握住伍友妹的双手：“伍大姐，你身体不好，站着头晕，就坐在沙发上吧！”

胡书记边说边把伍友妹扶到沙发上坐下，深情地说：“伍大姐，你和你丈夫的事迹，我听说过，你们夫妻都是好人，确实不容易！我代表市委市政府及全市人民，向你表示衷心的祝贺和崇高的敬意！”

伍友妹一边擦眼泪一边说：“谢谢胡书记，这是我应该做的！”

第二天，晴空万里，阳光灿烂。张家界市委礼堂前彩球高悬，条幅高挂，一派节日的气氛。

上午八点半，张家界市首届十大道德模范表彰大会暨“我为旅游城市添光彩”演讲比赛在市委礼堂隆重举行，相关市区直属单位人员参加了会议，座无虚席。

在会上，市委组织部部长宣读了《张家界市精神文明建设指导委员会〈关于表彰十大道德模范的决定〉》。伍友妹被授予“助人为乐模范”称号。

当身披绶带的伍友妹拄着拐杖，在小儿媳妇的搀扶下，微微颤颤走向主席台时，会场上立刻响起了雷鸣般的掌声，如雷贯耳、惊天动地、经久不息。

所有的目光都投向了她，所有的摄像机、照相机都对准了她。全场人都被这个相貌平凡、身体虚弱的农家妇女的事迹，感动得热泪盈眶，他们为她感到欣慰，感到自豪！

张家界崇实小学的少先队员为市道德模范擂鼓助兴，激越献词。

张家界市市委常委、宣传部陈部长作了热情洋溢的总结讲话。

他说，全市人民要以社会主义核心价值体系为导向，继承传统美德，弘扬民族精神。以先进模范为榜样，学习他们扶贫助学、善待游客、见义勇为、匡扶正义、明礼诚信、回报社会、立足本职、乐于奉献、尊老爱幼、勤俭自强的道德情操。要为促进张家界的经济发展，建设世界旅游精品和实现富民强市的目标而努力工作。

市领导给十大道德模范颁发了荣誉证书和奖金。散会后，市级党报的记者们围着行走不便的伍友妹采访。

有记者问：“伍大娘，我们知道你家当时三个儿女正在读书，就已经相当贫穷了，是什么力量促使你收留了六个贫困学生，并送他们读书六七年？”

伍友妹沉思良久，一边抹眼角一边说：“良心！我不会讲话。但我知道，今天到这里领奖的不应该是我，而应该是我丈夫。可惜他已离开这个世界十一年了，不然的话，他最有资格领取这个奖！”

在长达数十年的扶贫助学路上，覃东荣夫妇走得太艰难了。宁可自己的孩子吃苦，也不愿他人的孩子吃苦。

尽管两人能力有限，还是坚持收留了六个贫困生，给了他们最温暖的生活，给了他们父母般的爱，给了他们走出大山的机会。

如果覃东荣在天有灵，遥闻妻子获得全市首届十大道德模范荣誉，他一定会忍不住拉一首二胡曲《十五的月亮》，聊表心中的喜悦。

第四十四章

天不假年

张家界市道德模范伍友妹爱心无限，毅然接过扶贫助学火炬，孤独地奋力前行，可上苍留给她的时间不多了。

随着健康状况每况愈下，伍友妹想在有生之年，协助长子覃梅元创建覃东荣教育基金会，希望越发渺茫。

为此，伍友妹常常唉声叹气，说自己对不住死去的丈夫。她何曾想过，一个教育基金会的创建是何等的艰难，丈夫都做不到，她区区一个弱女子，又怎么能做到？

中国人民永远不会忘记“5·12”四川汶川大地震。几万名同胞刹那间就被埋在废墟里，离开了这个美丽的世界，几十万人瞬间陷入困境。

在汶川大地震发生后的第五天，伍友妹吃过早饭，拄着拐杖，想到教字垭镇中心完小去看看。

当她一瘸一拐、步履蹒跚地走到教字垭镇农校后上坡，前往镇中心完小路段时，脚下一滑，突然摔倒在地，昏迷不醒。

路人救起了伍友妹，随后一大群好心人自发送伍友妹到张家界市中医院，进行紧急抢救。

很快，诊断结果出来了，医生说伍友妹患有多发性脑梗、Ⅱ型糖尿病、心脏病等多种疾病，情况很不妙。

说来也怪。伍友妹进院后住着的这张病床，十二年前丈夫覃东荣曾经躺过一千零九十五个日日夜夜。当时，伍友妹就在这张病床边，没日没夜地伺候过丈夫。

而今，伍友妹自己也躺到了这张病床上，一切都是冥冥中注定。

时隔十二年，这里的医生、护士及医院领导依然认识她，关心她，都希望心地善良的她尽快脱离危险，康复回家！

在她生命垂危之际，许多人纷纷来医院看望她。有的是伍友妹的亲朋好友，有的是经她牵线搭桥的小两口，有的是曾经被她帮助过的人，有的是被她的道德故事深深感染的人。

张家界市文明办全体干部，在伍友妹入院的第三天，前往张家界市中医院进行了看望。

黄主任走到伍友妹的病床前，难过地说："伍大姐，你受苦了！我们知道你家三个子女读书，本来就艰难，你还坚持收留六名失学儿童，并将他们培养成才，确实不容易！你这种助人为乐的精神很值得全社会学习。你安心养病，党和政府及社会好心人都会关心你的。这一千元是我们几个人的一点心意，你收下吧！"说罢，黄主任将现金塞进伍友妹的手掌心里。

此时的伍友妹说不出话，只能以两行热泪表示对各位领导的无比感激！

随后，黄主任一行到医生办公室了解伍友妹的病情。当听说伍友妹每天的医疗费高达近千元钱时，几个人眉头紧锁，心情沉重。他们都在想怎样才能更好地帮助伍友妹。

当天下午，市文明办的全体干部，紧急召开了关于救助市道德模范伍友妹的专题会议。他们决定向市委反映，争取得到市委领导的支持，便起草了《关于请求救助我市道德模范伍友妹的请示》呈报给市委宣传部、市委相关领导。

张家界市委领导、市委宣传部领导对此事高度重视，作出重要批示：请市民政局、市劳动和社会保障局从救济款、农村合作医疗经费中予以救助，同时请各文明单位捐款给以救助。

一天，伍友妹正处于救治中，持续高烧不退。护士想方设法，在伍友妹的头部周围放了许多用塑料袋封住的冰块降温。

这时，伍友妹的病房来了两个三十多岁的青年男子。两人一走进病房，看到昔日胖胖墩墩的师母变成了瘦骨嶙峋的老人，倏忽之间眼泪夺眶而出，泪流满面。

两人紧紧握住伍友妹那双干枯的手，失声痛哭。

其中一位哭道："师母，你是我们亲爱的'妈妈'，当年如果您和覃校长不把我们六个失学儿童收留在您家，您也不会累成现在这个样子啊！这次，您千万要挺过来啊！"说不出话的伍友妹，只能以两行热泪，来表达自己对曾收留过的六名失学儿童的思念。

男儿有泪不轻弹，一旦哭起来，就更让人悲哀、伤心！医院的医护人员及病人家属看到如此场景，情不自禁地跟着伤心、流泪，抹眼角。

这一震撼人心的感人场面，恰好被路过的张家界市电视台新闻晚报记者拍摄到。节目播出后，社会反响强烈。教字垭联营车队的司机们，当即捐出了一千三百多元钱，来表达对这位"编外妈妈"的崇敬！

5 月 24 日，《张家界日报》第三版以《救救"编外妈妈"》为题，向社会发出呼吁救助文章。

张家界新闻网及张家界公众论坛，刊载了《救救市道德模范"编外妈妈"伍友妹》的文章。

中国红十字报湖南记者站通联部主任路过张家界，听说伍友妹的感人事迹后，到市中医院对伍友妹进行了专访报道。

6月19日，新华网湖南频道首页刊载了《“编外妈妈”伍友妹重病无力支付医疗费》的文章。

市区电视台对伍友妹的事迹作了专题报道，在社会上引起了强烈反响。人们都说，这样一个时刻为别人着想的好人，不能让她就这么走了，我们一定要把她抢救过来。

很快，永定区委常委、周副区长主持召开了救助市道德模范伍友妹的专题会议。参会的有永定区委宣传部、区文明办、区民政局、区民委、区教育局、区卫生局、区合管办、教字垭镇民政所等单位的领导及张家界中医院的院长及内二科主任。与会领导听取了医院内二科张主任对伍友妹病情的详细报告。

张主任拿着伍友妹的病历，忧心忡忡地说：“各位领导，市道德模范伍友妹的病情很严重，主要是因为糖尿病引起多发性脑梗，致使右半身瘫痪。这种病是因她几十年来没有及时医治，劳累过度造成的。但我相信，只要经过精心治疗，是有可能治好的，目前医疗费是个大问题！”

周副区长环视了一下众人，郑重其事地说：“伍友妹同志，是我区人民的光荣，是我区妇女最杰出的代表，她的事迹确实很感人！上级领导对此事很关心，都作出了重要批示。伍友妹在自家那么困难的情况下，毅然收留了六名失学儿童，不仅供他们吃住，还送他们读书，这是一般人根本做不到的。现在她有困难了，我们都应该帮帮她！”

会后，周副区长率区直各有关单位领导，在张家界市中医院领导的陪同下，去内科二楼抢救室看望伍友妹，并送去慰问金。

一个普普通通的农村妇女病倒了，竟然有这么多领导来探望。伍友妹的子女受宠若惊之余，泪水涟涟。

周副区长走近伍友妹的病床，握住她的手说：“伍大姐，你受苦了！你是我们市里的道德模范，你的事迹我听说过，社会反响强烈，你是一个好人！”

周副区长转身望着她身旁的区教育局叶副局长询问：“她的丈夫就

是那个被人民称作‘拐杖校长’的覃东荣吗？”

叶副局长看向周副区长回答道：“是的。覃东荣校长是我局的楷模！”

周副区长深情地说：“她的丈夫‘拐杖校长’对你们教育战线的贡献是非常大的。现在他的家属有困难了，你们教育局要多多关心她呀！”

叶副局长连连点头：“应该的，应该的！”

周副区长转过身，继续握住伍友妹的手：“伍大姐，你安心养病，党和政府及社会好心人都会关心你的，争取早日康复出院。这点儿钱是这些单位的领导给你捐的，你收下吧！”

热泪不止的伍友妹不能说话，但心里明白，不愿接。

周副区长只好将五千元钱塞进伍友妹的枕头下，转身含泪离开了抢救室。

几天后，市机关工委、市编委、市妇联等许多市级单位的领导，也前去中医院看望了伍友妹，送去慰问金。

张家界电视台新闻频道记者许化，对市妇联、市交通局两位领导进行了采访。

记者问及两位领导为什么要对伍友妹进行救助，两位领导感慨不已：伍友妹是一个好人，她家那么困难还抚养别人家的孩子，并送他们上学，这种精神很值得我们学习。现在她有困难了，我们就应该帮助她，这也是弘扬社会正气的体现，希望社会上更多的好心人都对这位“编外妈妈”奉献出一点爱心。

在张家界市中医院内二科抢救室，伍友妹整整躺了五十四天。

7 月 10 日，伍友妹终于能开口说话了。她想，自己住院五十四天来，一直躺着，子女为护理自己身体都垮了，而自己好起来的希望很渺小。

虽然农村合作医疗能报销一部分，但不能再让党和政府及社会好心人为自己的治疗而操心了，于是她有了想回家的想法。

主治医生及病友都劝她不要回家，在医院治疗还是有效果的。伍友妹出院回家的心意已决，心想不能再白白浪费国家的钱，不能让好心人再牵肠挂肚。

子女们只好顺从母亲的意愿，请求中医院派救护车将他们的母亲送回家。

五十四天里，病魔缠身的伍友妹渐渐消瘦。体重由原来的一百二十斤锐减到不足七十斤，身高也在渐渐变矮，从一米五收缩到一米四。整个人看上去瘦骨嶙峋的，仅剩皮包骨了。

伍友妹回到家的十八天内，并不是没有活下去的欲望，只是病魔太无情了，让她根本吃不下食物，连茶水都喝不进去了。

这年农历七月二十八凌晨四时许，与病魔顽强抗争七十余天的伍友妹辞世，不到五十七岁！

农历七月二十九下午三点多，教字垭镇七家坪村覃家岗组这个偏僻的小山村喧闹了起来，几辆小汽车缓缓驶来。

车上走下来的是张家界市委宣传部、张家界市文明办、永定区委宣传部、永定区文明办的领导。在教字垭镇党委政府、镇中心学校及村领导的陪同下，一行人臂缠黑纱，胸戴白花，手持花圈，怀着无比沉痛的心情，代表市委领导、市区宣传部、文明办悼念了这位被称作“编外妈妈”的市道德模范伍友妹，亲切慰问了她的家属。

当天晚上，天空没有一点星光，伸手不见五指，黑黢黢一片，悄无声息。在两百瓦电灯的强光照耀下，教字垭镇七家坪村党支部和七家坪村民委员会为市道德模范伍友妹同志召开了一个简短而隆重的追悼大会。

第二天凌晨三点，伍友妹收留的第一个贫困生伍良平到了。他边哭边往师母的头部、腰部、腿部及两脚之间有空隙的地方，堆放瓦片，为的是不让师母遗体在灵柩内晃动。伍良平颤抖着用食指将师母嘴唇外的白色残留物轻轻拭去。

长子覃梅元看到继母两眼不断地流眼泪。他知道这是因为继母不放心，她没有完成丈夫交给她的任务，心存内疚，感到无脸去天堂见自己的丈夫。

覃梅元哭泣着说：“ 伍姨，您就放心地去吧，爹不会埋怨您的，您做得太多了！您与爹爹开辟的扶贫助学之路，我们会一代一代地走下去，您未做完的事，我会接替您继续做下去！”

说来挺神的。长子的话一说完，继母伍友妹的眼角终于停止了流泪。难道这就是传说中的心灵感应吗？

俗话说，生得亲不如养得亲。伍友妹二十一岁嫁到覃家，其时覃梅元才六岁，经过二十四年的磨合，覃梅元虽没有叫过伍友妹一声“娘”。但覃梅元内心还是挺尊重、感激继母的。在继母病重倒下后，他为继母的医药费奔走呼号，请人护理继母。

护理的人曾问过伍友妹：“友姑，你的三个孩子，哪个对你好些？”话讲不清楚的伍友妹吃力地说：“梅……元……”

后来，听在场的人讲，心地善良的覃梅元在继母去世后，哭得比继母亲生的两个儿女还要伤心！

伍友妹的儿子覃兵自 1995 年中专毕业后，一直没有工作，待业在家，也没有妻子，四年前得了脑梗。作为同父异母大哥的覃梅元，常垫钱送弟弟去医院抢救，护理他，为他的生活操劳。

令人欣慰的是，党和政府没有忘记最美师魂覃东荣和市道德模范伍友妹昔日的功劳，给予了两人后代一片温暖。2022 年 4 月，永定区民政局给无田土、无工作、无妻儿且身患重病的覃兵以城市低保 B 级待遇，每月五百元的救助金，够他基本的生活了。

凌晨五点，灵柩上的大公鸡扑着翅膀，大声鸣叫了两声。鸣叫声把整个七家坪村的村民吵醒了，这声音在山谷中久久回荡。

乡亲们遵照伍友妹的遗愿，将她埋葬在一个荒坡上。此荒坡离蜿蜒的村道不到五十米。伍友妹的坟墓坐北朝南，居高临下。学生早上上学，下午放学回家，伍友妹在荒坡上总能看得见。她生前曾对子女说，她去世后，要是看不到学生上学、放学，心里会不安的。

覃东荣去世时刚满五十八岁，而今她去世时离五十七岁还差五个月。

他们两口子都是苦命人。他俩都是为了早日实现普及九年义务教育目标而累倒的！

天不假年，覃东荣夫妻都没能活到花甲，未得寿而终。他们在困难重重中强行突围，尽绵薄之力抚养了六个“异姓子女”，先人后己，含辛茹苦，无怨无悔。

坚守信仰的丈夫走了，救死扶伤的妻子也走了，留下的只有他们大爱无疆的故事。这些故事拨人心弦，说之者悲伤，闻之者落泪。

夕阳斜照下的七家坪覃家岗，那土家族木板房还在，那土砖灶房还在，那三间砖瓦房还在，那棵千年桂花树还在。它在万丈霞光中默默地等待，等待着魂兮归来。

第四十五章

青山依旧

清明时节雨纷纷，路上行人欲断魂。

——杜牧《清明》

青山埋忠骨，白花祭英雄。

他离开这个世界二十余年了，每当教师节来临之际，人民就会想起他，举行报告会、座谈会，缅怀这位将自己的一生无私奉献给贫困山区教育事业的“拐杖校长”。

清明节正当时，他的众多弟子及当地群众都会不约而同地来到他简易的坟茔前为他扫墓、祭奠。

清明节，草哭泣，山饮泪。

汩汩溪流，盘绕着刚被人添上新土的坟茔。成百上千的群众自发组织起来，手持山花、清明条，从四面八方涌至张家界西部边远山区，永定区教字垭镇七家坪村望军岩山脚下的祠堂岗。

教字垭镇中心完小、张家界第二中学的师生胸戴白花、手持清明条，排着整齐的队伍，浩浩荡荡地涌至他的坟茔前。

人群中一位耄耋老人拄着拐杖，拖着病体，一小步一小步地往前挪动，人们纷纷给老人让出一条狭窄的通道，老人来到坟前，手扶坟茔，老泪纵横。

山冈上校旗、队旗、团旗、彩旗飘展，周围人山人海……

人们沉浸在一片哀思之中，山冈庄严、肃穆。

一些身在异乡、留学海外的学子，给他的家人发短信、传唁电，以此表达对这位昔日师长的感激和怀念。美国特拉华大学博士石振清、法国巴黎综合理工大学博士覃岭，分别从太平洋彼岸、西欧发来了唁电，中国原子能研究院彭朝华发来了短信。

悲声切切，眼泪汪汪。

在汹涌的洪水中被他舍命抢救上来的杨贤金、吴胜发敬献花圈后，跪俯在坟前悲痛欲绝，久跪不起。

他收留的六名贫困生，手持花篮在坟前哀痛哭泣。

困难时期时常受他照顾的同事赵如秋，手持清明条在坟前，泪流满腮。

受过他资助的周志城率孩子们，跪在坟前烧纸磕拜。

李嫣和丈夫各拿着一束鲜花在坟前跪拜，悲愧交集。

数以千计的历届学生、家长、同事、干部群众伫立于坟前默默祈祷着……

这座简易坟茔的主人，正是湖南省张家界市永定区教字垭镇中心完小首任“领头羊”、优秀教师、优秀共产党员覃东荣。

扫墓活动由教字垭镇中心完小副校长覃遵兵主持。

覃遵兵深情地高声吟道：“余观七家坪山清俊秀，聚集八方群众心中情。结伴同追老校长事迹，携手共创未来美好梦。在这山色清秀、松柏常青的清明时节，我为覃东荣老校长主持扫墓活动，现在我宣布：诗祭覃东荣活动正式开始。”

全体肃立，向老校长覃东荣默哀三分钟。

教字垭镇中心完小少先队辅导员简介覃东荣老校长的生平事迹：“老师们、同学们、在场的所有同志们，你们好！凛冬在春风中消退，岁月在奋斗中远去。今天我们怀着无比沉痛的心情，来到覃东荣老校长的坟前。现在让我们一起追忆他的音容笑貌，缅怀他的丰功伟绩，告慰他的在天之灵。历史定格，英雄长眠。时至今日，我们无法忘记老校长生前的种种事迹。1973年5月10日，覃东荣校长正任甘溪峪小学负责人，这天晌午，突然下起倾盆暴雨。由于山洪暴发，当时正在转移的一名六年级学生突然掉进激流中，所有在场的师生都被这一幕惊呆了。千钧一发之际，覃东荣校长飞快地跑来，不假思索地从离水面三丈多高的独木桥上和衣跳了下去，在湍急的洪水中救起那位学生，这造成他左腿残疾，此年他只有三十五岁，可他无怨无悔！从此他以拐杖为伴，教字垭人民亲切地称呼他为‘拐杖校长’……他仍然活在我们心中！”

覃东荣昔日收留的第一个贫困生伍良平泪流满面地说：“尊敬的各位领导、敬爱的老师、亲爱的同学、父老乡亲们，大家好！我代表覃校长收留的六名贫困生及覃校长的家属，对各位的到来表示衷心的感谢！覃校长是天底下最善良的教育工作者。他是我的恩人，是我的‘再生父亲’！当时我连书包都买不起，是覃校长一家人收留了我们六个失学儿童……呜呜……覃校长，我对不住您啊！呜呜……呜呜……我要以覃校长为榜样，像他一样做一个对社会有用的人，继承弘扬他的精神，尽自己的绵薄之力扶助那些读不起书的贫困学子，将覃校长扶贫助学的火炬一代一代地传递下去。在此，请让我们六人与贤金、胜发大哥，齐声叫一声覃校长‘父亲’吧！”

教字垭镇联校原校长深情地说：“当今社会，像覃东荣校长这样思想过硬、廉洁奉公、高风亮节的人不多。我和他一起工作了十五年，他的确是当今社会，特别是党员干部、教师们学习的楷模！他这种以身作则、无私奉献、忠于职守的职业操守，值得各行各业领导干部与职工学习。

作为教师，就要像覃东荣那样关爱学生，爱生如子；作为学生，就要像覃东荣校长那样做人，做有理想、有道德、有文化、有纪律的社会主义新一代。”

…………

现场师生及群众集体朗诵当代诗人臧克家的诗《有的人》：

（领读）有的人活着

（全体）他已经死了；

（领读）有的人死了

（全体）他还活着。

（领读）有的人

（全体）骑在人民头上："呵，我多伟大！"

（领读）有的人

（全体）俯下身子给人民当牛马。

（领读）有的人

（全体）把名字刻入石头，想"不朽"；

（领读）有的人情愿作野草

（全体）等着地下的火烧。

（领读）有的人

（全体）他活着别人就不能活；

（领读）有的人

（全体）他活着为了多数人更好地活。

（领读）骑在人民头上的

（全体）人民把他摔垮；

（领读）给人民作牛马的

（全体）人民永远记住他！

（领读）把名字刻入石头的

（全体）名字比尸首烂得更早；
（领读）只要春风吹到的地方
（全体）到处是青青的野草。
（领读）他活着别人就不能活的人
（全体）他的下场可以看到；
（领读）他活着为了多数人更好地活的人
（全体）群众把他抬举得很高，很高。

诗祭现场，记者特意采访了覃东荣的小儿子覃兵。记者问：“听说你父亲当年收留的六个贫困儿童的年纪和你差不多。你父亲当时那么做，你怨恨过他吗？”

覃兵如实回答：“怨恨过，那时我和哥姐三人正在读书，哥哥读高中，姐姐读初中，我读小学。家里本来就穷，每过两周的星期六下午，父亲借钱称几斤肉提回家。有时候，母亲炒好一碗肉后，父亲会特意把我和姐姐叫去谈话，让收留的六个学生先吃。当我和姐姐回来时，肉已经被吃完了。在市一中读高中的哥哥，那两年吃的是没有油水的菜，营养不良，每晚起夜三四次小便，至今落下病根。父亲去世时家里穷，他是穿着几件旧衣和两件破烂的运动衫上路的。”

记者又问：“事情过去这么久，时隔这么多年了，那你现在还怨恨他吗？”

覃兵哽咽着说：“父亲去世这么多年了，看到这么多人给他扫墓，现在回想起来，他当时那样做是对的。现在我不记恨他了，反而会时常想念他，觉得对不起他！”

父亲早已作古，化作一抔黄土，为人子女，唯有无尽的追思。

苦难深重的覃东荣同志，只是千百万乡村教师中的一员，踏着前人的足迹，以自己的实际行动，守望着教字垭这片土地三十余载，不曾离去。

一花一草一世界，一树一叶一菩提。身残志坚的覃东荣坚守在大山深处，燃烧了自己照亮了别人，谱写了不朽的师魂传奇，成为一个时代深深的记忆。

时间都过去二十八年了，覃东荣同志依然活着，永远活在山区人民的心中。他的精神还在，不失为教字垭镇中心完小的一笔宝贵财富。

这笔财富是覃东荣同志用苦行僧般的生活换来的，是他一步一步爬出来的，是他用血泪凝聚而成的。他一生在渡别人，也在渡自己。

天地苍茫，青山依旧。

后 记

2014 年 9 月 9 日，习近平总书记同北京师范大学师生代表座谈时强调，好老师应该把自己的温暖和情感倾注到每一个学生身上。

在湖南张家界的广袤山川间，有这么一位令人敬仰的好老师、好校长——覃东荣，他用自己的行动诠释着师德的崇高与伟大，被誉为“张家界最美师魂”。他的一生，宛如一部深情的诗篇，所有的情感与热忱，都倾注在了那些他深深挚爱的学生身上。当生命即将走到尽头时，他依旧忧心忡忡，牵挂着那些可能因种种原因而失学的孩子，这份深情厚谊，足以让天地动容，让世人泪目。这就是师德，这就是师魂！正如那句名言所说：“一名好校长就是一所好学校。”

人虽离去，但精神永存。2005 年，在共产党员先进性教育学习的热潮中，当地的党员和群众不愿让覃东荣同志的精神被岁月掩埋，于是委托我将他与妻子献身贫困山区教育的感人事迹，创作成一部作品，以此弘扬社会正能量。当时，我倍感压力。毕竟，撰写一部传记，至少需要十五万字的篇幅，这对于我来说，无疑是一个巨大的挑战。然而，当我看到他们信任而坚毅的目光时，毅然决然地接受了这一任务。

为了不辜负当地民众的期望，我开始了艰苦的创作。首先，我购买了一本传记，希望能够从中汲取创作灵感和写作技巧，力求在撰写过程中能够有所借鉴。作为一名小学老师，白天我要忙于教学，只有到了晚上九点以后，才能抽出时间阅读。

在掌握了基本的写作技巧后，我开始利用节假日对覃东荣生前的亲朋好友进行深入采访，同时搜集资料、整理素材。每一次采访都让我深受触动。其中，最让我感动的是对覃东荣收留的第一个学生伍良平的采访。

伍良平在电话中回忆道："1986 年，在城里的一所高中里，覃校长的大儿子梅元哥为了节省伙食费，每餐只能吃'跑马油'菜，营养严重不良。有一晚，师娘哭着向覃校长诉说，梅元因为营养不足，身体已经出现了问题。覃校长听后，沉默了很久。梅元哥是覃校长亡妻向佐梅之子，出生仅六天母亲便因病离世。当时，覃校长在一棵千年桂花树下悲痛欲绝，痛哭七天七夜，茶饭不思，几乎想要追随亡妻而去。当他看到身边哇哇啼哭的婴儿时，才重新振作起来。"

听到这里，我感受到了覃校长内心的挣扎与坚守。伍良平继续说道："有一次，我因指间感染而手肿到胳膊肘，覃校长立刻带我到镇医院治疗。而他把原本打算给长子改善伙食的五元钱花在了我的身上。我当时就哭了……"电话那头，伍良平的声音哽咽起来，我也不禁潸然泪下。这种大爱无疆的精神，让我深感震撼。

为写好甘溪峪村土门潭地段抢救落水学生的故事，我三次前往现场踏勘，听取了目击者赵如秋老师的深情讲述。撰写时，我力求还原每一个细节，让读者能够真切地感受到覃东荣的无私与高尚。

十九年里，在各级相关部门的关怀和支持下，我多次深入采访，实地考察，精心构思，撰写打磨，四易其稿。我发现传主覃东荣身上有九大亮点值得书写、值得颂扬。

一是信仰坚定。自覃东荣十五岁起，他便立志要让所有贫下中农子弟都有书读。这份坚定的信仰驱使他不断前行，即使面临重重困难也从未放弃。

二是舍己为人。当学生面临危险时他毫不犹豫地挺身而出，即使自己身受重伤也在所不惜。学生得救，他却成了残疾，行走需要拐杖，人们称他“拐杖校长”。他的勇敢和无私赢得了人们的尊敬和赞誉。

三是身残志坚。虽然覃东荣身患残疾，但他依然坚守在教育的岗位上，拖着残腿，拄着拐杖，手脚并用爬遍青山，劝接资助许多贫困学生上学，凭借坚定的信念和不懈的努力，率先在贫困山区实现了普及九年义务教育这一目标。学生和家长称他“爱心校长”。他的坚韧和毅力让人肃然起敬，他用自己的行动诠释了教育的真谛和使命。

四是心怀群众。覃东荣始终把群众的利益放在首位，他关心老师，疼爱学生。那时，因物质匮乏，他连自己的饭菜都不够吃，却两年如一日地将自己的饭菜分给贫困老师。他家仅有两间简陋房舍：一间木板房和一间低矮灶房，容纳五口之家已显局促。然而，他心怀大爱，收留六位特困学生，即使自家三个子女上学已捉襟见肘，他仍坚持资助六个孩子接受教育六七载。

五是爱生胜子。他几乎每两周都会借钱让八个孩子吃上一顿肉。在分配食物时，他总是让收留的六个孩子先吃，自己的两个儿女后吃。这种无私的爱让他赢得了学生的敬爱。

六是以质立校。他是“一条山区教育战线默默耕耘的老黄牛”，注重教学质量，深化教育教学改革，首创“立体式德育网络教育”，成立家长委员会，办人民满意的教育。他的治校理念和管理方式，让学校的教学质量不断提高，成为全国先进单位。

七是勤俭办校。他倡导勤俭节约，规定在教职工宿舍的灯头和插口之间封上胶布、盖上公章防止撕毁换灯泡，晚上十点必须熄灯，教职工称他“灯泡校长”。他以身作则，以校为家，节假日义务守校、不计报酬地加班加点，其时间可折算成标准工作日两千多个。这种精神为学校节省了大量开支，也让教职工们深受感动。

八是清正廉洁。他严谨治校，改进教职工工作作风；他以身作则，严守规章制度。他与老师们一同蹲在地上，品味着大锅菜的朴实。他即便因公事主持开会迟到两分钟，也毅然自罚两元，并撰写检讨以示警醒。他淡泊名利，对“省劳动模范”的荣誉和中央媒体的采访都一一婉拒，始终保持着一身正气，刚直不阿。他坚持对事不对人，无论面对何种困难与挑战，都始终如一，被百姓亲切地称为“雄码校长”，也被称为“焦裕禄式的共产党员”。

九是心系党恩。在生命即将走到尽头的时刻，覃东荣依旧不忘党恩，嘱咐家人代他交纳党费。明明他离世时，家境贫寒，欠债累累；乡亲们为他的遗体穿衣时，竟找不到一件像样的衣服，只能含泪将几件旧衣和两件破旧的运动衫作为寿衣，这一幕令人唏嘘不已。

覃东荣，这位终年五十八岁的教育者，从教三十四年，除了因公负伤住院的三年，他先后担任了七所山村小学校长长达三十一年。他一生都在默默地奉献着，一生都在默默地兑现着初心诺言——“要让所有穷人子弟都能上学读书”，真正做到了“捧着一颗心来，不带半根草去”。

2012年1月28日《光明日报》头版头条以《岁月带不走最美师魂》为题报道覃东荣的感人事迹，引起了强烈的社会反响。他的事迹如同火种，点燃了人们心中的善良与奉献之火。

本人根据覃东荣的真实事迹改编的微电影《东荣校长》，在学习强国、省市主流媒体播出后广受好评，荣获了2023年华东地区暨全国部分省市微电影作品大赛二等奖。这部微电影是对覃东荣“红烛精神”的生动写照。

在覃东荣“红烛精神”的影响下，学生们纷纷以他为榜样，坚守初心，甘于奉献。李富实坚守乡村小学教育三十九年，荣登湖南“运达杯”十名最美乡村教师评选榜首；覃锐被授予“湖南省优秀共产党员”称号；博士后覃领、石振清在各自领域发光发热，贡献着自己的才华。曾从事乡村小学教育十一年的赵如秋，也因其见义勇为的事迹入选了湖南“见义勇为”好人和张家界市十大旅游新闻人物。

2020年11月，覃东荣的故乡七家坪村荣获“全国文明村镇”称号，这是对覃东荣“红烛精神”的最好诠释和褒奖。而在教育领域，他的影响依然在持续发酵。2024年4月20日，教字垭镇中心完小的继任校长张智勇荣获“湖南第四届乡村好校长”称号，这无疑是对覃东荣“红烛精神”的传承与发扬。

值此新中国成立七十五周年与教师节四十载之际，《拐杖校长》的出版意义非凡。此书适宜党员干部、教师、青少年等群体阅读，也可作为党纪学习教育、师德师风建设的鲜活教材，净化心灵，让读者更好地践行社会主义核心价值观。

在撰写过程中，本人因水平有限，未能将主人公的事迹完美地呈现出来。在此，恳请广大读者朋友提出宝贵意见，以便再版时加以完善。

衷心感谢所有关心支持本书撰写、出版发行的各界人士！愿社会上“覃东荣”式的好人越来越多，让这个世界因他们的存在而更加美好！

向晏漪

2024 年 6 月